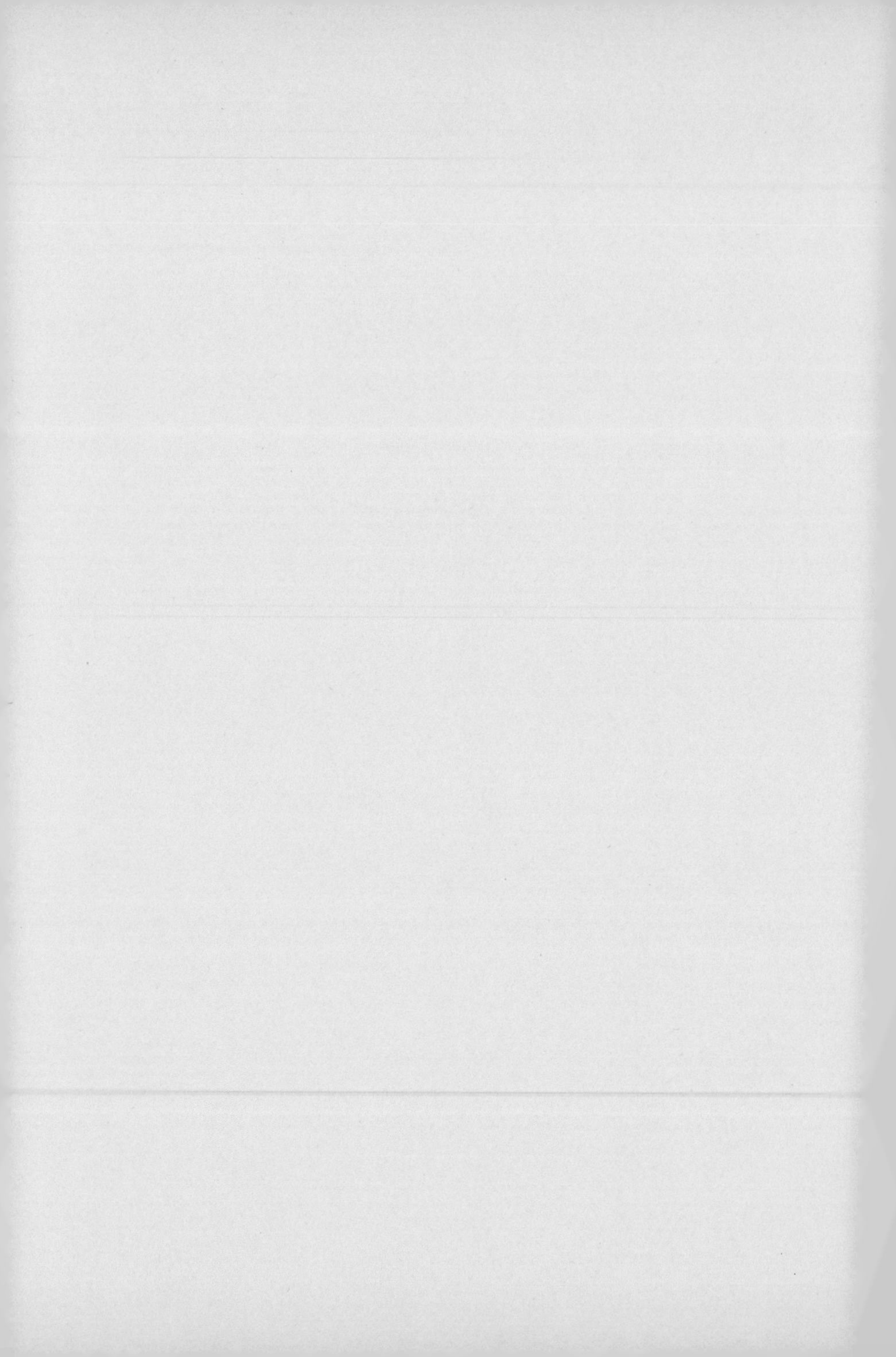

임진왜란 당시 평창 영월 제천 원주에서 포로 생활을 한 국내 포로일기
함께 포로였던 아들 權黈의 〈平昌日記〉 역주 첨부
지명 설명과 자연부락의 특정 및 관련 지도 삽입

남천 권두문 호구일록

南川 權斗文 虎口日錄

權斗文 원저 · 申海鎭 역주

머리말

이 책은 남천(南川) 권두문(權斗文)이 1592년 3월 당시 평창군수로 부임했다가 임진왜란이 일어나자 평창읍 천동리의 응암굴로 피신하여 항전하였으나 포로가 되었고, 그로 인해 갖은 고초를 겪고서 마침내 탈출했던 저간의 사정을 있는 그대로 기록한 〈호구일록(虎口日錄)〉을 번역하였다.

〈호구일록〉은 임진왜란 초기에 강원도의 지방수령이 왜적에게 사로잡혔다가 탈출을 감행해 성공한 과정을 기록한 국내 포로일기라는 점에서, 정유재란 때 일본에 끌려가 포로로 억류 생활을 하다가 송환된 호남의 사대부들이 남긴 포로실기와 구별되는 실기문헌이다.

1592년 8월 7일 왜적이 강원도 평창지역으로 침입하자 응암굴로 피신하였으나 적의 칼날에 부상을 입은 채 포로가 되어 평창, 영월, 제천, 원주 등으로 옮겨지며 억류 생활을 하다가 천신만고 끝에 9월 2일 적진에서 탈출을 감행하여 9월 13일 경상북도 영주(榮州)로 귀향하기까지 36일간의 일기가 바로 〈호구일록〉이다.

이 일기는 다른 실기문헌에서 찾아보기 힘든 왜적의 무기 보유 방식, 식습관, 야간 경계 태세, 행군 대형 등과 아울러 서로 웃고 지껄이며 하는 왜적의 농담까지도 자세히 묘사되어 있어 체험의 직접적인 기록으로서 특징을 잘 보여 준다. 포로라는 특수한 체험의 직접적인 기록은 체험할 때마다 그것을 서사화할 수 없는 것이어서 간단한 메모와 기억에 의존했을 가능성이 농후하다. 그렇다 하더라도 피신, 전투, 자결, 포로, 자살, 탈출 등의 과정을 눈에 잡힐 듯 매우 구체적이고 생생하게 기록하고 있다. 곧 "나는 두 손에 창을 잡고 서서 먼저 들어오는 자에게 찌르려 하였으나, 머리 한번 돌리는 사이에 적이 위로 날라 칼을 휘두르며 나를 공격하였다. 강녀(康女)가 곧장 달려와 나의 등을 감싸며 말하기를, '원컨대 첩을 죽이고 남편은 살려주오.'라고 하자, 아들 권주(權黈) 또한 울면서 감쌌다. 마침 석굴 안이 비좁아 칼끝이 벽에 부딪쳐 칼날이 몸에 닿지 않았으나, 단지 내 팔만 순식간에 다쳐 피가 물처럼 흘렀다."라고 한 대목은 그것의 한 예에 해당한다. 이 대목은 공격해 오는 왜적에 맞서 분전했으나 중과부적으로 오래 견디지 못하고 포로로 잡히는 장면인데, 그 밖의 여러 대목에서도 본문의 항쇄(項鎖: 죄인의 목에 채우는 형틀)에 대한 묘사처럼 사진 찍은 듯 매우 세세하고 구체적으로 기록되어 있다.

그리하여 실제 체험에 의한 일기라는 점에서 시간과 인물 그리고 장소에 대해 정밀하게 주석 작업을 할 필요가 있었다. 장소로는 자연마을까지 특정할 수 있는 것이면 최대한 노력을 기울여 주석 작업을 하였으나 여전히 채우지 못한 것이 있다. 부족함을 채우고 오류를 바로잡기 위해서라도 향토지명 연구가의 관심을 기다린다. 인물로는 사대부 인물에 대해서야 그런대로 설명을 덧붙일 수 있었지만, 아전과 하인 등 중하층의 인물들이 많이 호명되어 있는데도 현전 자료의 한계로 인하여 구체적으로 밝혀 설명할 수가 없었다.

권두문(1543~1617)의 본관은 안동(安東), 자는 경앙(景仰), 호는 남천(南川)이다. 지릉참봉(智陵參奉) 권성손(權誠孫)의 증손자, 부장(部將) 권담(權譚, 1500~1589)의 손자이다. 부친 장악원주부(掌樂院主簿) 권유년(權有年, 1522~1594)과 모친 생원 권극상(權克常) 딸 안동 권씨(1523~1589) 사이에서 장남으로 태어났다. 부인은 박해(朴海)의 딸 반남 박씨(潘南朴氏, 1543~1615)이고, 측실 강녀(康女, ?~1592)는 임진왜란 때 권두문의 부임지인 평창군에 있다가 정절을 지키기 위하여 자결해 훗날 강원도관찰사의 건의로 정려되었다.

권두문은 1572년 정시문과에 급제하여 교서관교감으로 관직에 들어선 뒤, 칠원현감으로 나갔다가 1586년 형조정랑에 올랐지만 다시 청도군수로 부임하였다. 1589년 모친상을 치른 뒤에 1592년 3월 평창군수가 되었으나, 4월 임진왜란이 일어나 왜적이 8월 평창군 일대로 쳐들어오자 군민을 이끌고 항전하였다. 끝내 패하여 평창에서 아들 권주(權黈, 1576~1651)와 포로가 되어 영월을 거쳐 원주감영으로 옮겨지기까지 갖은 고난을 겪고서 탈출하였다. 1593년 의주 행재소로 가서 선조(宣祖)를 알현하고 봉상시주부에 제수되었으며, 선조가 환도한 뒤에는 예천군수로 부임하였다. 1594년 부친상을 치른 뒤 1602년 간성군수가 되었고 1605년 통례원좌통례(通禮院左通禮)을 지냈다. 1614년 부인상을 당하고 나서 1617년에 세상을 떠났다.

〈호구일록〉은 그의 문집 《남천선생문집(南川先生文集)》 권2에 실려 있다. 권1 말미의 "갑자년 10월에 영주 구호서원에서 인행하여 만대헌(안동 소재)에 보내다.(歲在靑鼠小冬自榮川鷗湖書院印送于晩對軒.)"라는 구절과 10세손 권동철(權東轍, 1807~1877)의 생몰년을 고려하면, 1864년 10월에 목판본으로 간행했음을 알 수 있다. 4권 2책으로 된 문집의 권1에는 시(詩)·만사(輓詞)가 실려 있으며, 권2에는 호구일록이 실려 있으며, 권3에는 소(疏)·전(箋)·서(書)·제문(祭文) 등이 실려 있고, 권4에는 부록으로 행장(行狀)·묘갈명(墓碣銘), 〈호구일록〉의 발(跋), 녹(錄: 사우록, 문견록, 강절부여염실록), 정문(呈文), 봉안문(奉安文), 만사(輓詞) 등이 수록되어 있다. 이 초간본인 고려대학교 중앙도서관 소장본의 이미지를 이 책의 말미에 영인하였다.

권두문에게 사사를 받은 김응조(金應祖, 1587~1667)가 쓴 발문에 "아, 번득이는 흰 칼이 몸을 치는데도 이 무릎을 적에게 굽히지 않은 것은 충성이 아니고 무엇이겠는가? 지성이면 하늘도 감동한다더니 우레가 치면서 비가 쏟아지는 변고에도 끝내 몰래 부친을 업고 도망쳤으니 효도가 아니고 무엇이겠는가? 천 길이나 되는 깊은 저수지에 뛰어들어 한번 죽는 것이 기러기의 털보다 가벼웠으니 열부가 아니고 무엇이겠는가?"라고 하였는데, 충성을 행한 이는 문집이 간행되었고 절행을 행한 이는 정려가 내려졌지만 효성을 행한 이는 기리는 것이 없었다.

이에, 1922년 권주의 문집 《춘수당일고(春睡堂逸稿)》를 권점(權點, 1568~1640)의 11세손 권태영(權泰泳, 1879~1946)이 목판본으로 간행하였다. 언뜻 보면 큰집에서 작은집의 어른을 위하여 문집을 간행한 것으로 볼 수 있겠지만, 권점의 후사를 권주의 둘째아들 권후(權垕)가 이었기 때문에 기실 큰집도 권주(權黈, 1576~1651)의 직계 후손인 셈이라서 직계선조의 문집을 간행한 것이라 하겠다. 곧, 권후→1남 희학(喜學)→1남 면락(冕洛)→1남 임상(任相)→1남 덕현(德炫)→1남 용혁(龍赫)→1남 석구(錫龜)→2남 취영(就永)→1남 동봉(東鳳)→1남 중필→태영으로 이어지는 계통이다.

그런데 《춘수당일고》 권1 잡저(雜著)에 실린 〈평창일기(平昌日記)〉

가 권주에 의해 기록된 것인지에 대해서는 회의적이다. 같은 날 같은 시간에 일어난 일을 동시에 보고 들은 사람들에게 그 일을 글로 표현하도록 하면, 분명 그 글은 거의 서로 다른 어휘와 방식으로 구사되어 일치하는 부분은 아주 제한적일 것이 분명하다. 그런데 〈평창일기〉는 날짜별로 〈호구일록〉과 견주면 〈호구일록〉에서 권주와 관련된 사실만 적출했다는 혐의를 벗어나기가 어렵기 때문이다. 그렇다고 해서 〈호구일록〉에서 기록된 권주의 행적을 부정해서는 안 될 것이고, 다만 〈평창일기〉가 권주에 의해 기록되어졌다고 보는 것은 타당하지 않다는 것이다. 이러한 점들을 확인하도록 부록으로 〈평창일기〉의 번역과 원문을 덧붙여 놓았다.

또한 전남대학교 인문학연구원 한의숭 교수의 옥고도 부록으로 수록해 놓았다. 절차탁마의 전형으로 나의 번역 원고를 읽어 주며 좋은 의견을 주는 한 교수의 호의에 고마운 마음을 전한다. 한결같이 하는 말이지만 나름대로 최선을 다하고자 했다. 그러함에도 불구하고 여전히 부족할 터이니 대방가의 질정을 청한다. 끝으로 편집을 맡아 수고해 주신 보고사 가족들의 노고와 따뜻한 마음에 심심한 고마움을 표한다.

2023년 12월 빛고을 용봉골에서

무등산을 바라보며 신해진

차례

• 번역과 원문

1592(만력 임진년)

• 참고자료

• **부록**

일러두기

이 책은 다음과 같은 요령으로 엮었다.

01. 번역은 직역을 원칙으로 하되, 가급적 원전의 뜻을 해치지 않는 범위 내에서 호흡을 간결하게 하고, 더러는 의역을 통해 자연스럽게 풀고자 했다. 다음의 자료가 참고되었다.
    - 이채문 외 5인 역, 『國譯 南川先生文集』, 동양대학교 한국선비연구원, 2016.
02. 원문은 저본을 충실히 옮기는 것을 위주로 하였으나, 활자로 옮길 수 없는 古體字는 今體字로 바꾸었다.
03. 원문표기는 띄어쓰기를 하고 句讀를 달되, 그 구두에는 쉼표(,), 마침표(.), 느낌표(!), 의문표(?), 홑따옴표(' '), 겹따옴표(" "), 가운데점(·) 등을 사용했다.
04. 주석은 원문에 번호를 붙이고 하단에 각주함을 원칙으로 했다. 독자들이 사전을 찾지 않고도 읽을 수 있도록 비교적 상세한 註를 달았다.
05. 주석 작업을 하면서 많은 문헌과 자료들을 참고하였으나 지면관계상 일일이 밝히지 않음을 양해바라며, 관계된 기관과 여러분께 진심으로 감사드린다.
06. 이 책에 사용한 주요 부호는 다음과 같다.
    (　　) : 同音同義 한자를 표기함.
    [　　] : 異音同義, 出典, 교정 등을 표기함.
    "　　" : 직접적인 대화를 나타냄.
    '　　' : 간단한 인용이나 재인용, 또는 강조나 간접화법을 나타냄.
    〈　　〉 : 편명, 작품명, 누락 부분의 보충 등을 나타냄.
    「　　」 : 시, 제문, 서간, 관문, 논문명 등을 나타냄.
    《　　》 : 문집, 작품집 등을 나타냄.
    『　　』 : 단행본, 논문집 등을 나타냄.
07. 이 책과 관련된 안내 사항은 다음과 같다.

• 방기철, 「임진왜란기 조선 관료가 바라본 일본군: 평창군수 권두문을 중심으로」, 『군사』 60, 국방부 군사편찬연구소, 2006.
• 한의숭, 「남천 권두문의 《호구일록》을 통해 본 유교이념의 가족윤리 전유 양상과 의미」, 『영남학』 69, 경북대학교 영남문화연구원, 2019.
• 우명길, 「권두문의 〈호구일록〉에 나타난 충 이념의 구현 양상」, 『동양고전연구』 87, 동양고전학회, 2022.
• 한의숭, 「공통의 경험에 대한 기록과 기억의 거리: 《호구일록》과 《평창일기》를 중심으로」, 『어문론총』 97, 한국문학언어학회, 2023.

남천 권두문 호구일록

南川 權斗文 虎口日錄

번역과 원문

1592
만력 임진년

3월에 평창 군수로 제수를 받았는데 4월에 왜란을 만나게 되어 고을 사람들을 이끌고 고을의 남쪽으로 15리쯤 되는 곳에서 방책(防柵)을 쌓기로 하였다. 정동(井洞: 泉洞里)의 아래쪽으로 1천 길이나 되는 절벽이 마치 병풍처럼 깎아지른 듯 솟아 있었는데, 그 절벽의 아래에는 깊은 호수가 10리쯤 가로질러 흐르고, 절벽 중앙에는 위아래로 2개의 석굴이 있어 아랫 석굴은 수백 명이 들어갈 수 있었고, 윗 석굴은 10여 명이 들어갈 수 있었다. 평지에서 위로 쳐다보면 그 위에 석굴이 있는 줄 알 수 없었고, 석굴에 올라가서 내려다보면 눈앞에 서로 마주한 봉우리가 없어서 마치 허공에 떠 있는 듯하다.

배로 호수를 통과해서 물길을 따라 1, 2리를 거슬러 올라가면 벼랑이 있고, 벼랑에서 동쪽으로 작은 골짜기에 들어가 수십 걸음이나 되는 돌틈을 잡고 올라서야 비로소 발을 디디고 올라갈 수 있었는데, 10여 장쯤 되는 사다리를 만들어 놓아서 잡고 올라가면 그 위에 암대(巖臺)가 있어 100여 명이 앉을 수 있었으니 곧 외대(外臺)이다.

이 외대를 거쳐 서쪽으로 돌아 수십 걸음을 걸어가면 벼랑이 끝나는데, 큰 동아줄을 매어 놓아 원숭이 같이 동아줄을 더위잡고 올라가면 바로 석굴 안이다. 아랫 석굴에는 피난 온 여러 사람들이 들어갔고,

윗 석굴에는 고을 수령의 가솔들이 들어갔다.

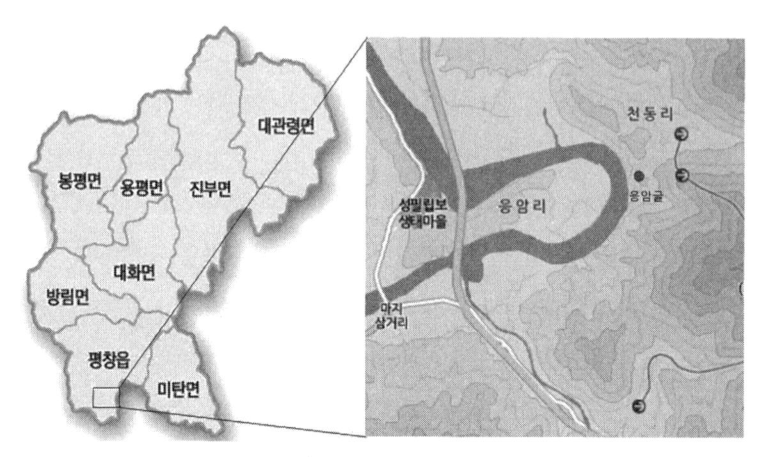

평창군 평창읍 응암굴

고을 사람인 전 봉사(前奉事) 지사함(智士涵)을 대장(代將)으로 정하고서 초병(抄兵) 100여 명과 결탁하여 심복으로 삼아 먼저 방패막이로 외대(外臺)에 방책(防柵)을 설치한 뒤 많은 군기(軍器)를 배치해 두고 석거(石車: 돌을 발사하는 기계)를 벌여 달아서 적을 방어하는데 대비하였다. 외대 건너편의 작은 골짜기에서 절벽 위를 서로 바라보니 또 작은 암대가 있어서 기계(器械)를 설치하고 또한 똑같이 하였다. 작은 골짜기의 입구에 있는 좌우의 두 벼랑이 문처럼 마주하였는데, 문안에는 시냇물이 있어서 목마름을 걱정할 필요가 없었고, 석굴 안에는 양식을 쌓아 두어서 굶주림을 걱정할 필요가 없었다. 온 산을 둘러싼 사방은 사람이 통행할 수 있는 곳이 없었고, 오직 석문(石門)으로만 드나들 수 있었다. 적이 비록 이곳에 이른다 하더라도, 우리가 먼저 배를 감추고 사다리를 거둔 뒤에 좌우의 석대(石臺)에서 일시에 화살을 쏘고 석거(石車)를 쏘면 참으로 '한 사람이 관문을 지키면 만 명의 사람이 와도 뚫지 못한다.(一夫當關萬夫莫開)'라고 할 만한 곳이었다.

그리고 혜정(惠正)의 산사(山寺)가 석굴의 남쪽으로 몇리쯤 되는 곳에 있는데, 초가삼간으로 절벽을 등지고 호수가 앞에 있어서 아속(衙屬: 관아에 속한 하인)들이 미리 이곳에 와 있은 지 한달 남짓 되었다.

萬曆壬辰。

三月除授平昌[1], 四月遭倭變, 率郡民, 約爲設險[2]郡南十五里許。井洞[3]之下, 有千仞絶壁, 削立如屛, 下臨深潭, 橫截十里, 壁之中央, 有上下二窟, 下窟可容數百人, 上窟可容十餘人。自平地而仰觀, 未嘗知有窟在其上, 登窟而俯視, 前無相對之峯, 勢若憑虛。舟通于潭, 沿洄[4]一二里而得崖, 由崖而東入小谷, 十數步而攀石隙, 始接足以上, 作十餘丈浮梯, 乃可攀登, 上有臺, 可坐百餘人, 卽外臺也。歷臺而西轉, 數十步而崖盡, 結巨索, 猿引而上, 方是窟中[5]。下窟卽避亂諸人所入也, 上窟卽衙眷[6]所入也。以郡人前奉事智士涵[7]定代

---

1 平昌(평창): 강원도 중남부에 있는 고을. 동쪽은 강릉시·정선군, 서쪽은 횡성군, 남쪽은 영월군, 북쪽은 홍천군·강릉시와 접한다.

2 設險(설험): 요충지나 험난한 지형에 방비 시설을 함. 주된 방법은 城柵을 쌓는 것이다.

3 井洞(정동): 강원도 평창군 평창읍 泉洞里. 좋은 샘이 있어 샘골, 생골이라고 불렸는데, 조선 中宗 때부터 정동으로 불리다가 임진왜란 이후로는 천동으로 불렸다.

4 沿洄(연회): 물길을 따라 오르내림.

5 窟中(굴중): 강원도 평창군 평창읍 응암리 매화마을에 있는 응암굴을 가리킴.

6 衙眷(아권): 지방 관아에 왔는 고을 수령의 권속.

7 智士涵(지사함, 1534~?): 본관은 堤川, 자는 養中. 아버지는 정략장군 智矩, 동생은 智士泓이다. 1583년 별시 무과에 급제하였다.

將[8], 抄兵百餘人, 結爲心腹, 先以防牌, 設柵於外臺, 多置軍器, 列懸石車[9], 以備禦敵。自外臺越小谷, 相望壁上, 又有小臺, 設器械, 亦如之。小谷口左右兩崖, 相對如門, 門內有澗, 渴不足憂也, 窟中峙糧, 飢不足憂也。環一山四面, 無人跡可通, 而惟石門, 爲出入焉。賊雖到此, 我先藏舟去梯, 而左右臺, 一時發矢放石, 則眞所謂一夫當關萬夫莫開[10]之地也。惠正僧舍[11], 在窟之南數里許, 草屋三間, 依壁臨潭, 衙屬[12]預到于此, 月餘矣。

8월 7일。 맑음。

영동(嶺東)의 적들이 모두 대령(大嶺: 벽파령)을 넘었다는 말을 듣고 병장기를 정비하도록 하고서 형세를 다 순시한 뒤, 강녀(康女, 협주: 권두문의 소실)에게 일러 말하기를, "나는 강토를 지키는 신하가 되어 의리상 이곳을 떠날 수가 없는 까닭에 이렇게 험지로 들어와 웅거하려는 계획을 세웠지만, 석굴은 위험하거늘 그대는 어찌 동촌(東村)으로 가서 깊이 숨지 않는 것이냐?"라고 하니, 강녀가 말하기를, "나으리가 이곳에 계시고 죽느냐 사느냐 위급한 상황에서 어찌 서로 떨어져 헤어질 수 있겠습니까? 하물며 동촌 또한 적이 침입해 오는 길에서 멀지

8 代將(대장): 남의 책임을 대신하여 출전한 장수.

9 石車(석거): 돌의 砲車로서 돌을 발사하여 적을 공격하는 기계.

10 一夫當關萬夫莫開(일부당관만부막개): 李白의 〈蜀道難〉의 "검각이 험난하게 우뚝 솟아 버티고 있으니, 한 사나이가 관문을 지키면 만 명이 공격해도 열지 못할 것이다.(劍閣崢嶸崔嵬, 一夫當關, 萬夫莫開.)"에서 나오는 말.

11 僧舍(승사): 승려가 불상을 모셔 놓고 불도를 닦으며 敎法을 펴는 곳. 이 승사는 강원도 평창군 평창읍 마지1리 고산골 절골에 있었던 것으로 추정되고 있다.

12 衙屬(아속): 衙隷. 지방 관아에서 부리던 하인.

않는데, 만약 처신하기가 어려운 일이 생기면 어찌하시겠사옵니까?" 라고 하였다.

권주(權黈, 협주: 권두문의 작은 아들인 진사공으로 호는 춘수당이다.) 및 고언영(高彦英, 협주: 수령을 따라다니며 시중을 들던 서울 사람이다.)이 모두 말하기를, "험지로 들어와 웅거하는 것이 비록 지키고 막기에는 편리할지라도, 적을 제압하는 요체는 형세를 헤아리는 데에 달려 있습니다. 지금 삼경(三京: 동경·개경 ·서경)을 지키지 못하여 무너지자 여러 성(城)들도 바람에 쓰러지듯 하였으니, 이를 생각건대 패잔병으로는 버마재비가 수레를 막는 것과 같아서 헛되이 죽을 뿐 아무런 도움이 되지 않습니다. 동촌(東村) 또한 우리 고을 땅으로 가장 험준한데다 영주(榮州) 고향과도 가까워 소식을 주고받기에 편리함이 있으니, 우선 그곳으로 가서 군사들을 숨겨 놓고 간혹 매복병을 두고 간혹 야간 기습을 하면 그런대로 조무래기 적일망정 붙잡을 수 있을 것입니다. 그러나 사세가 위급하면 일단 다른 곳으로 옮겨가 적의 흉포한 칼날을 피하고 나중에 충성 바치기를 도모하더라도 의(義)에 손상될 것이 있겠습니까?"라고 하였다.

봉사 지사함 및 여러 군관들이 모두 팔을 휘저으며 큰소리로 말하기를, "석굴이 이처럼 험하고 병장기를 마련해 둔 것 또한 이와 같은데, 비록 만 명의 적이 올지라도 어찌 두려워할 것이 있겠습니까? 자기 고향인 고을의 수령이 이곳을 버리고 떠난다면 대사(大事)가 그릇되고 말 것입니다."라고 하니, 내가 말하기를, "나의 뜻 또한 그러하다." 하였다.

저녁에 왜적의 선봉대가 정선(旌善)에서 우리 고을로 들어왔다. 이에, 배를 불러 강녀·권주 및 고언영과 노비 네댓 명을 데리고 석굴로 들어갔다. 지사함, 품관(品官) 지대성(智大成), 우응민(禹應緡), 지대용(智大用)·지대명(智大明), 이인서(李仁恕), 이대충(李大忠), 충주(忠州)에서 피난 온 최업(崔業)·우윤선(禹胤善) 및 관속(官屬: 관아의 아전과 하인)과 마을사람 등 모두 수백 명이 제각기 가솔들을 데리고 석굴로 같이 들어갔다.

八月初七日。晴。

聞嶺東之賊, 盡逾大嶺[13], 令整飭器械, 巡視形勢畢, 謂康女[14]【先生小室】曰: "吾爲守土之臣, 義不可去, 故爲此據險之計, 竆危矣, 汝盍往東村[15]深藏乎?" 康女曰: "進賜[16]在此。死生之間。豈可分離? 况東村亦不遠於賊路, 若有所難, 則奈何?" 黈[17]【先生小子進士公, 號春睡堂】及高彦英【中房, 京人.】, 皆曰: "據險雖便於守禦, 制敵要在乎量勢。方今三京失守, 列城風靡, 則顧此殘兵, 如螗拒轍[18], 徒死無

---

13 大嶺(대령): 정선군과 평창군에 걸쳐 있는 정선의 진산인 加里王山에 있는 고개인 星摩嶺과 碧波嶺 가운데 하나인 듯.

14 康女(강녀, ?~1592): 僉知中樞府事 康希哲의 딸 信川康氏.

15 東村(동촌): 강원도 정선군 신동읍 일대인 듯. 조선시대에는 평창군 동면의 관할이었으나, 1906년 평창군에서 정선군으로 평입되면서 신동면이란 지명을 갖게 되었기 때문이다. 신동면은 정선군의 동쪽이 아니기도 할 뿐만 아니라, 원문에 등장하는 인물의 대화에서 '우리 고을 땅'이라 하고 있다.

16 進賜(진사): 나으리. 지위가 높은 벼슬아치를 높이어 부르는 말.

17 黈(주): 權黈(1576~1651). 본관은 安東, 자는 子止, 호는 春睡堂·慕明齋. 權斗文의 둘째아들. 1592년 임진왜란 때 부친을 따라 平昌 근무지에서 왜군을 막기 위해 매복시킨 군대와 함께 왜군들을 방어하다가 왜군에게 붙잡혔으나 바로 탈출하였다. 1605년 진사시에 합격하였으나 관직에 나아가지 않고 자신을 수양하고 독서하는 일에 전념하였다.

18 如螗拒轍(여당거철): 螳螂拒轍. 사마귀가 앞발을 들고 수레바퀴를 멈추게 하려

益。東村亦郡地, 最爲險阻, 且近榮鄉, 通問有便, 姑往藏兵, 或設伏或夜襲, 猶可掠捕其零賊矣。事勢若急, 則姑且轉避兇鋒, 以圖後効, 何損於義乎?" 智奉事及諸軍官, 皆揚臂大言曰: "窟險如此, 械備又如此, 雖有萬賊, 何畏之有? 城主[19]去此, 則大事去矣." 吾曰: "吾意亦然." 夕先鋒倭, 自旌善[20]入郡。於是呼舟, 率康女·黠及高彦英·奴婢四五名, 入窟。智士涵, 品官智大成, 禹應緡, 智大用·大明, 李仁恕, 李大忠, 忠州避亂人崔業·禹胤善, 及官屬·村民幷數百, 各率家屬同入。

8월 8일。아침부터 비가 오다가 오후엔 갬。

상호장(上戶長) 이응수(李應壽)와 병방(兵房) 이난수(李蘭秀)가 고을에서 석굴로 와 고하기를, "적이 이미 고을 안에 가득 합니다."라고 하였다.

이날 밤에 지사함(智士涵)·지대성(智大成), 우응민(禹應民)·우윤선(禹胤善), 고언영(高彦英) 등을 왜군 진영에 보내어 잠복해 있다가 몰래 활을 쏘게 하였으나, 두려운 나머지 돌아왔다.

初八日。朝雨午晴。

上戶長[21]李應壽, 兵房李蘭秀, 自郡來告曰: "賊已滿郡內矣." 是

함. 제 역량을 생각하지 않고, 강한 상대나 되지 않을 일에 덤벼드는 무모한 행동거지를 비유적으로 이르는 말이다.

19 城主(성주): 조상의 무덤이 있는 지방의 수령.

20 旌善(정선): 강원도 남동부에 있는 고을. 북쪽은 강릉시, 북서쪽은 평창군, 남쪽은 영월군, 동쪽은 동해시·삼척시·태백시와 접한다.

21 上戶長(상호장): 조선시대 각 지방에 두었던 최고위의 鄕吏職.

夜, 送智士涵·大成, 禹應緡·胤善, 高彦英於倭陣, 使之潛伏竊射, 則畏㥘而還。

8월 9일。 맑음。

아침에 조파(潮波: 舟津里인 듯)의 복병군(伏兵軍)이 왜적에게 빌붙은 우리나라 사람 한 명을 붙잡아 왔는데, 그 까닭을 물으니 대답하기를, "왜장의 선문(先文: 도착 예정의 통지문)을 가지고 온 자입니다."라고 하는지라, 즉시 명을 내려 참하였다. 왜장(倭將) 풍신길성(豐臣吉成: 毛利吉成, 개명 毛利勝信)은 자칭 강원 감사(江原監司)라 하며 지나는 고을마다 반드시 선문을 보냈는데, 산골짜기의 어리석은 백성들이 휩쓸려 그것을 따르는지라 통탄스러웠다.

내가 지사함(智士涵) 등에게 일러 말하기를, "그대들은 모두 임금이 준 옷을 입고 임금이 준 음식을 먹으면서 어찌 제 몸만을 돌본단 말인가? 더구나 지금 온 가족이 한 석굴에서 죽고 사는 것이 장차 결판나려 하는데, 어찌 서로가 마음과 힘을 하나로 하지 않는단 말인가?"라고 하니, 모두가 말하기를, "감히 명대로 따르지 않겠습니까?"라고 하였다. 내가 말하기를, "고립된 군사로 험지에 웅거하는 것이 대규모 진용의 적과 대적하기가 어렵다는 것을 모르지 않지만, 감히 이렇게 하는 것은 다만 적을 피해 백성을 보호하려는 것뿐이다. 혹시라도 험한 지형만을 믿고서 적을 가벼이 보지 말라. 단지 우리 땅만이라도 지키면서 저들에게 응할 뿐이니, 조심하며 망령되게 행동하지 말라." 하니, 지사함이 말하기를, "우리 관동(關東)은 평소에 험준한 곳으로 일컬어졌는데, 이번 적들은 우리에게 인물이 없다고 하면서 거리낌 없이 제멋대로 움직였으니, 우리들이 비록 단촐하지만 진실로 호응하여 도와준다면 기회를 엿보아 몰래 공격하는 것은 참으로 어렵지 않을 것인데도 그저 분개만 하고 있으면 어찌하겠습니까? 지금은 이 석굴을 차지하고 있으니, 만명의 적이라 한들 누구도 감히 어찌하지 못할 것임을 성주(城主)는 의심치 마소서. 백성들이 아직 여기에 있습니다." 하였다. 내가 말하기를, "그대는 망령되이 말하지 말고, 그래도 조심하라."라고 하였다.

밤에 또 지사함(智士涵)·지대성(智大成), 우윤선(禹胤善), 최업(崔業), 지대명(智大明), 관노(官奴) 흑수(黑守) 등을 보내어 몰래 화살을 쏘게 하였으나, 또한 몹시 놀라 빈손으로 돌아왔다.

初九日。晴。

朝潮波[22]伏兵軍, 執我國付倭者一人來, 問之則曰: "持倭先文[23]者也." 卽令斬之。倭將豊臣吉成[24], 自穪江原監司, 所經之邑, 必出先文, 山谷愚氓, 靡然從之, 可痛也。吾謂智士涵等, 曰: "君等皆衣君食君, 寧顧其身? 况今擧家一竄, 死生將迫, 盍相與一乃心力[25]?" 僉

---

22 潮波(조파): 구체적인 위치는 알 수 없으나, 평창군 평창읍 舟津里인 듯. 왜적이 벽파령을 넘어서 평창으로 쳐들어 온 길목을 고려할 때 험한 산세를 피해 낮은 구릉을 이용했을 것인데, 물가와 관련된 지명을 찾아보면 주진리로 짐작된다. 향토 지명 연구가의 관심이 필요하다.

23 先文(선문): 도착하는 날짜를 미리 통지하는 공문.

24 豊臣吉成(풍신길성): 毛利勝信(?~1611)의 초명. 본래 성씨는 모리(森). 풍신수길로부터 모리 가문의 허락을 받아 毛利의 성씨를 받아 이름을 카츠노부(勝信)로 고쳤다. 1592년 임진왜란 때 제4군의 지휘관으로 1만4천 명의 병력을 이끌고 참전해 주로 강원도를 공격했으며, 여강·회양·철령·봉화·영원 산성·경주 등에서 전투를 벌였다. 1598년에는 사천 지역을 점령하면서 선봉대로 상륙해 성을 수축했다는 이야기가 전해진다.

25 一乃心力(일내심력): 《書經》 〈虞書〉를 보면, 禹가 舜임금의 명을 받아 묘족의 반란을 진압할 때, 군사들을 소집하여 명하기를 "이러므로 내가 너희 군사들을 거느리고

曰: “敢不從命?” 吾曰: “孤軍據險, 非不知大陣之難敵, 而敢爲此者, 只欲避賊, 保民而已。毋或恃險而輕敵。但可守我而應彼, 愼勿妄動.” 智士涵曰: “惟我關東, 素稱險阻, 此賊謂我無人, 恣行不忌, 吾輩雖單, 苟有應援, 乘機竊擊, 誠所不難, 徒憤奈何? 今得此窟, 萬賊誰何, 城主勿疑。民等尙在.” 吾曰: “君勿妄言, 尙愼旃[26]哉.” 夜又送智士涵·大成, 禹胤善, 崔業, 智大明, 官奴黑守等, 使之潛射, 亦大驚空還。

8월 10일。맑음。

적이 연달아 나흘 밤낮을 끊이지 않고 모두 모여들었는데, 낮에 약수(弱水: 평창읍 藥水里)·정동(井洞: 평창읍 泉洞里) 등지에서도 또한 모두 와서 진(陣)을 쳤다. 여염집들이 매우 드물고 적었기 때문에 더러 막을 친 임시거처에서 지내는 자가 많았으니, 그것을 바라 보고 두려워 떨지 않는 사람이 없었다.

저녁에 미처 배를 숨기고 사다리를 거두지 못했을 즈음, 문득 왜적 2명이 길을 찾다가 곧장 석굴 아래에까지 이르러서는 한참 동안 서 있으면서 손을 이마에 얹고 좌우를 둘러보았다. 왜적 한 놈이 숲속에 숨겨둔 반기(盤器: 그릇)를 발견하고 돌로 때려 부수고는 이어서 물에 들어가 배를 가져오니, 그의 뜻은 석굴로 가는 길을 찾으려는 것 같았

순임금의 말씀을 받들어 죄를 지은 자들을 정벌하노니, 너희들은 부디 마음과 힘을 하나로 하여야 능히 공을 세울 수 있을 것이다.(肆予以爾衆士, 奉辭伐罪, 爾尙一乃心力, 其克有勳.)”라고 한 데서 나온 말.

26 旃(전): 명령문의 끝에 쓰여 권유를 돕고 있는 어기사.

다. 지대성(智大成)이 마침 술에 취해 있다가 활을 당겨 쏘려고 했는데, 내가 그를 제지하면서 말하기를 "부디 경솔히 건드리지 말라. 거의 절반 정도 올라오기를 기다린 뒤에 석거(石車)를 쏘는 것이 좋겠다."라고 하였지만, 지대성이 말을 듣지 않고 편전(片箭: 짧고 작은 화살)을 쏘았으나 그의 옷에 잘못 맞았다. 적들이 처음에는 석굴 위에 사람이 있는 줄 알지 못하다가 화살이 날아온 뒤에야 비로소 알아차리고 몹시 놀라 도로 달아났다. 잠시 뒤에 무려 30여 명이나 되는 그의 무리를 데리고 와 물 건너편에 숲처럼 빽빽이 늘어서서 큰 소리로 일제히 외치니, 사람들은 모두 혼이 빠진 듯했다. 지대성이 일찍이 매 1마리를 길러서 석굴 벽 위에 우뚝하게 있었는데, 적들이 바라보고 소리치기를, "매를 가지고 싶다."라고 하였다. 내가 동여맨 것을 끊고 풀어 주도록 하자, 매는 스스로 힘차게 높이 하늘을 향해 날아갔다. 날이 이미 캄캄해진 뒤에 적들이 모두 물러갔지만, 산의 앞뒤에 벌써 복병을 두었다.

이날 밤에 꾼 꿈에서 족종(族從: 먼 촌수의 조카) 권계옥(權啓沃)에게 짚신 한 켤레를 주었는데, 강녀(康女) 또한 꾼 꿈에서 새끼줄로 그녀의 허리를 묶어 왜장 앞으로 끌어갔다고 하였다. 내가 말하기를, "두 꿈이 모두 불길하니, 하늘의 뜻을 기다릴 뿐이네."라고 하였다.

석굴 안에 있는 군사의 수는 비록 작다고 할지라도 모두가 날래고 용맹스러웠다. 그러나 나라가 태평한 나머지 군인들이 전투하는 것을 익히지 않아 적을 보기만 하면 먼저 겁을 집어먹고서 허겁지겁 위축되는지라 앉은 채로 도모할 기회를 잃었고, 배도 이미 빼앗긴 데다 사다리도 미처 거두지 못하여 형세가 장차 위태로우니, 하늘이라도 어찌하겠는가? 월대(越臺)를 분담하여 지키던 군사들 또한 두려워 떨면서 외대

(外臺)로 달려 돌아왔으니, 일의 형세를 보건대 다시는 믿을 만한 것이 없었다.

初十日。晴。

賊連四晝夜, 絡繹[27]畢至, 午弱水[28]·井洞等處, 亦皆來陣。閭閻稀少, 故或多結幕以處, 望見之, 莫不震懼。夕未及藏舟去梯之際, 忽有二倭, 尋路直到窟下, 良久立, 以手加額, 左右顧望。一倭見林中所藏盤器, 以石打破, 因入水取舟, 其意欲探窟路。智大成, 適醉酒, 彎弓欲射, 吾止之曰: "愼勿輕犯。待幾半上來, 後放石可也." 大成, 强發片箭, 誤中其衣。賊初不知人在窟上, 發矢後始知之, 大驚還走。須臾, 率其徒無慮三十餘, 隔水林立, 大聲齊呼, 人皆失魂。智大成, 曾有畜鷹一坐, 峙於窟壁上, 賊望見而呼之, 曰: "願得鷹子." 吾令割繫而放之, 鷹自洋洋, 向雲霄矣。時日已黑, 賊皆退去, 然已置伏兵于山前山後。是夜, 夢以一鞋, 給族從啓沃[29], 康女亦夢, 以索結其腰, 曳入於倭將前云。吾曰: "兩夢皆不好。待天而已." 窟中軍數雖小, 皆是精勇。而昇平之餘, 人不習戰, 見賊先㤼, 蒼黃畏縮, 坐失機謀, 舟旣見奪, 梯未及去, 勢將危矣, 奈何乎天? 越臺分守之軍, 亦震㤼趍還外臺, 觀其事勢, 無復可恃。

27 絡繹(낙역): 왕래가 끊이지 않음.

28 弱水(약수): 강원도 평창군 평창읍 藥水里. 대부분의 지역이 평지로 이루어진 농촌 마을이다. 본래 마을 어귀에 샘물약수가 흘러 약수리라고 불렸다.

29 啓沃(계옥): 權啓沃(1544~1606). 본관은 安東, 자는 時望. 거주지는 榮州이다. 아버지는 權鳳年이다. 1573년 식년시에 합격하여 진사가 되었다.

8월 11일。 맑음。

날이 밝기 전, 왜장은 건너편의 평원에 진(陣)을 치니 왜군의 무리가 산 위와 산 아래에 가득 찼고, 적의 선봉은 이미 작은 골짜기에 들어와 월대(越臺)를 오르고 있었다. 산마루에 오른 자는 모래와 흙이 뒤섞인 큰 돌을 던지고, 월대에 오른 자는 탄환을 마치 비오듯 쏘다가 함성을 일제히 지르니, 사방이 어둡고 캄캄한데다 산천이 진동하였다. 아군은 외대(外臺)를 가로막고서 싸우기도 하고 방어하기도 하였는데, 더위잡고 오르는 적들 가운데 화살에 맞거나 돌에 맞아 거꾸러진 자 또한 그 수를 알 수 없었다.

지사함(智士涵) · 우응민(禹應緡) · 이인서(李仁恕) · 지대충(智大忠)은 모두 탄환에 맞아 먼저 쓰러졌다. 고언영(高彦英)은 쏘고 있던 활 또한 탄환에 맞아 부러져 다시 다른 활을 잡았으나, 탄환에 또 맞아서 겨우 목숨만 건졌다. 나머지 군사들은 통솔자가 없자 겁을 집어먹고 떨다가 도망쳐 석굴 안으로 들어왔다.

적의 무리가 이미 외대(外臺)에 올라왔다. 선봉대 10여 명이 잔도(棧途)를 더위잡고 기어올라 먼저 아랫 석굴에 들어오자, 굴 안에 있던 남녀들이 꼼짝 못하고 사로잡혔다. 적들은 윗 석굴의 입구에서 칼을 뽑아 들고 나에게 나오도록 재촉하였는데, 나 또한 긴 창을 잡고 용맹을 과시하며 꾸짖어 말하기를, "이 창에다 너희들을 매달 것이니, 너희는 마땅히 물러가거라. 차라리 여기서 죽을지언정 나는 내려가지 않겠다." 라고 하였다.

석굴은 잔도(棧途)보다 세 길이나 높이 위치해 있어서 위 아래를 연결하는 사다리가 있었다. 적들이 사다리로 오르려 하자 내가 고언영에게 활을 당겨 쏘도록 하니, 적들이 모두 갈팡질팡 물러나 벼랑 잔도 밖으로 달아났다. 오랫동안 앞으로 나아가면서 말하면 살금살금 점차 가까이 다가왔다가 고언영이 활을 당기면 적이 다시 물러나 달아났는데, 이와 같이 하기를 여덟아홉 번이었다. 석굴로 통하는 잔도가 매우 협소해서 사람이 나란히 다닐 수 없었고, 석굴의 입구도 겨우 한두 명만의 왜적이 들어올 수 있어서 나머지 왜적은 모두 벼랑 밖 보이지 않는 곳에 있었다. 고언영이 비록 한 명의 필부에 불과했을지라도 만약 석굴의 입구에서 화살을 쏘았으면, 오히려 하나하나 맞혀서 쓰러뜨릴 수 있었을 것인데 겁을 집어먹고 감히 그렇게 하지 못하였으니 가증스러운 일이다.

조개와 도요새처럼 서로 지지 않으려고 버티는 동안 날은 이미 한낮이 되었다. 윗 석굴과 아랫 석굴에 있던 사람들 모두 사로잡혔고, 남아 있는 자는 오직 나와 강녀(康女)·권주(權黈)·고언영(高彦英), 노비 언이(彦伊)뿐이었다. 언이가 석굴 벽 위의 가장 높은 곳을 올려다보다가 들비둘기의 둥지 구멍이 있어서 더위잡고 오르려다 도로 떨어진 것이 두세 번이었으니, 살아날 방도가 궁함을 알 수 있었다.

형세가 이미 다급해져 자결하려 하자, 권주(權黈)가 울부짖으며 붙잡고 말하기를, "일단 형세를 살펴보시지요."라고 하였다. 나는 고언영을 꾸짖으며 말하기를, "어찌하여 화살을 쏘지 않았느냐? 몇 명의 적이라도 먼저 쓰러뜨렸다면, 나머지 적들은 모두 저절로 도망갔을 것이다."라고 하자, 고언영이 말하기를, "형세를 살피고 화살을 쏘아야 하는데, 적 또한 지세가 험하고 협소함을 두려워하였으니 아무래도 대비한 것이 있을 줄 알아서 함부로 쏠 수가 없었습니다." 하였다.

적이 포로가 된 왜놈 말을 배운 자를 데려와서 통역하여 말하기를,

"상관이 만약 나오지 않으면 내가 장차 죽일 것이나, 나오면 죽이지 않고 목숨을 살려 줄 것이다. 나를 믿지 못하겠다면 큰소리로 맹세하겠다." 하였고, 또 말하기를, "8도에서 승승장구하고 있어 우리를 감당할 자가 없는데, 믿을 것이 어디에 있어서 감히 대항한단 말이냐?" 하였다. 내가 대답하기를, "나가도 또한 무엇하겠느냐? 차라리 자결할지라도 네놈들에게 사로잡혀서 죽임을 당하지는 않겠다."라고 하였다. 고언영이 나를 돌아보며 답하고 묻는 사이에, 왜적 한 놈이 뛰어들어 돌진해 와 고언영의 옷을 잡고 끌어당기니, 고언영은 하는 수 없이 끌려서 내려갔다. 나는 두 손에 창을 잡고 서서 먼저 들어오는 자를 향해 찌르려 하였으나, 머리 한번 돌리는 사이에 적이 이미 위로 날라 칼을 휘두르며 나를 공격하였다. 강녀(康女)가 곧장 달려와 나의 등을 감싸며 말하기를, "원컨대 첩을 죽이고 남편은 살려주오."라고 하자, 권주(權黈) 또한 울면서 감쌌다. 마침 석굴 안이 비좁아 칼끝이 벽에 부딪쳐 칼날이 몸에 닿지 않았으나, 단지 내 팔만 순식간에 다쳐 피가 물처럼 흘렀다.

적이 나를 먼저 결박지어 내려보내고 또 강녀를 붙잡았다. 강녀는 장차 욕됨이 자신의 몸에까지 미치리라는 것을 알고도 온화하게 말하며 평온한 기색으로 석굴을 나섰는데, 적이 붙들어 내려가려 하자 말하기를, "남편이 앞에 있는데 첩이 어찌 가겠느냐?"라고 하면서 잔도(棧道)에 이르지 않고 곧바로 용감하게 자신의 몸을 날려 천길이나 되는 절벽 아래로 떨어지니, 왜적들 또한 다가가지 못하고 선 채로 오랫동안 탄식하며 아쉬워하였다. 내려와서 보니, 권주(權黈)는 나보다 먼저 결박되어 석굴에서 나와 있었고, 노비들은 어디로 끌려가 있는지 알지 못하였다. 곧 강가에 내려와서 장차 배를 타려는데 강녀의 시신이 바위 아래에 떨어져 있는 것을 보게 되니, 눈으로 우연히 보았으나 차마 다시 볼 수는 없었다. 왜장은 바위 위에 서 있고 강변은 온통 청색이었으며, 창칼과 깃발들이 숲처럼 벌여 있었다.

정동(井洞: 泉洞里)의 지대성(智大成) 집 앞길에 이르자, 적이 나에게 묻기를, "네가 상관(上官)이냐?"라고 하였는데, 내가 말하길 "나는 상관이 아니라 품관(品官)이다." 하였다. 많은 왜적들이 다투어 서로 물었지만, 나는 한결같이 품관이라고 답하였다. 적이 밥 한 사발을 주었으나 거절하고 먹지 않았는데, 권주(權黈) 또한 먹지 않았다. 권주가 입은 옷의 앞자락을 보았는데, 핏자국이 크게 있어서 그 까닭을 물어보았으나 권주 또한 그 사실을 알지 못하였다. 그래서 온몸을 두루 살펴보았지만 상처는 없었으나, 거친 기침과 함께 뱉어낸 가래가 피범벅인 것이 필시 붙잡혔을 때 오장(五臟)이 놀라 상처를 입어 토해 낸 것일 터라서 가련하였다. 왜적 한 명이 권주를 데리고 왜장 앞으로 들어갔다가 잠시 후에 도로 나왔는데, 묻는 것이 비록 많았으나 말이 같지 않아 한마디 말도 답할 수가 없었다고 하였다. 왜놈 옷을 입은 소년이 말을 통역하러 왔는데, 누구인지 물으니 자칭 중추부(中樞府)의 하인이라고 하면서 그의 이름은 말하지 않았지만, 필시 경성(京城)의 양반인 듯했다.

왜적 한 명이 말을 타고 앞서 갔는데, 위의(威儀)가 성대하게 펼쳐졌고 따르는 이들이 구름 같았다. 안장을 얹어서 짐을 싣는 말에 나를 태웠는데, 목을 매어 안장 뒤에 묶었으며, 또 뒷짐결박하고 그 새끼로 허리와 다리를 묶었다. 약수(弱水: 藥水里)를 지나는데 길가에 주둔하고 있던 왜적들이 다투어 모여들어서 구경하며 모두가 상관이냐고 물었지만, 나는 품관이라고 답하였다. 권주와 고언영은 결박된 채로 걸었고 포로가 된 사람들 또한 모두 뒤따랐는데, 언이(彦伊)·임손(林孫) 및 지대성(智大成)은 도중에 달아나 숨었다.

고을 안에 이르니 깃발이 들판을 뒤덮었는데, 마치 이역땅으로 들어오는 듯했다. 고을의 관문(官門) 밖에서 왜군은 나의 결박을 풀고 부축하여 말에서 내리도록 도와준 뒤 동쪽 상방(上房)으로 끌고 들어갔다. 적의 수괴 2명은 창앞에서 마주 앉아 있었는데, 비단옷을 입고 잘생긴 왜인 30여 명이 좌우에 시립해 있었다. 또 우리말을 배운 왜인이 눈을 부릅뜨고 큰 소리로 나에게 뜰에 꿇도록 재촉하였으나, 나는 꿇지 않고 편하게 앉았다. 왜군이 쇠 자물쇠를 내 목에 채우려고 했는데, 목이 굵고 자물쇠가 좁아서 채울 수가 없자 고언영의 목에 옮겨서 채웠다. 이른바 쇠 자물쇠라는 것은 쇠가닥의 길이가 몇 자 남짓 되는 것을 2개로 머리를 맞대고 합쳐서 못질을 한 뒤, 좌우 모두 구부려서 둥글게 만들어 겨우 목만 들어갈 정도였다. 그 양 끝단을 서로 합쳐서 하나의 자루로 만들고 다시 몇 자의 죽통을 그 자루에 꿰어 죽통 끝에 묶어서 자기 손으로 그것을 풀 수 없게 한 것이었다.

나와 권주는 삼(杉)을 삶아서 만든 새끼줄로 목과 양 어깨를 다 묶고 나서 그 새끼줄의 끝단을 등 뒤의 옷 밖으로 꿰었는데, 각기 세워진 나무기둥을 갖다가 매달고서 차례로 앉았다. 적의 수괴가 통역 왜인을 시켜 나에게 묻기를, "네가 상관이냐?" 하였는데, 답하기를 "품관이다."라고 하자, 여러 왜적들이 서로 웃으며 말하기를, "먼저 사로잡혀 온 사람들이 모두 네가 이 고을의 상관이라고 하였는데, 그런데도 너는 그것을 숨기려 하느냐?" 하였다. 권주를 가리키며 "누구인가"라고 하는지라, 내가 답하기를, "내 아들이다."라고 하였다. 고언영에게 묻기를, "누구인가?" 하자, 고언영이 말하기를, "나는 경성(京城)의 상인으로 장사하려고 이곳에 왔다." 운운하였다. 다시 권주에게 묻기를, "너는 글을 아느냐?"라고 하였는데, 권주가 고개를 흔들며 "알지 못한다." 하니, 여러 왜적들이 손에 든 것을 오래도록 주목하였다.

다시 나에게 묻기를, "우리 군대가 너희 국경 안으로 들어와 팔방을 두루 짓밟아도 우리에게 대항하는 자가 한 명도 없었다. 너희 나라는 이제 우리나라가 되었기 때문에 일본 천황(日本天皇)께서 나를 강원감사(江原監司)로 삼으셨다. 온 도(道)의 사람들이 뒤질세라 두려워하여 서둘러 달려오거늘, 너만 유독 어떤 사람인데 감히 험한 암벽에 웅거하여 우리에게 대항한단 말이냐? 너는 자신의 힘을 헤아리지도 않은 것이다. 너를 사로잡을 때 아군이 죽거나 다친 자 또한 많았으니, 네 머리는 네 머리가 아니다."라고 하니, 내가 말하기를, "너희는 많은 말을 하지 말고 속히 나를 죽여라. 우리나라가 짓밟히게 된 것은 하늘의 뜻이지만 강토를 지키며 목숨을 바칠망정 떠나지 않은 것이야말로 의로움일 것인데, 지금 너희에게 사로잡혀 임금의 명을 욕되게 하였으니 죽지 않고 무엇을 기다리겠느냐?" 하였다. 고언영이 옆에 있으면서 눈물을 흘리며 말하기를, "저들이 말하는 전황(戰況)을 들으니 우리의 목숨은 끝났습니다."라고 하는지라, 내가 정색을 하고 고언영을 꾸짖으며 말하기를, "임금이 욕을 당하면 신하는 마땅히 죽는 것이니, 개미 같은 하찮은 목숨을 어찌 아끼겠느냐? 너는 슬퍼하지 말라." 하였다.

적이 말하기를, "석굴 안에서 떨어져 죽은 사람은 누구인가?"라고 하자, 권주가 울면서 말하기를, "나의 서모(庶母)이다." 하였다. 왜장이 서로 탄복하고 칭찬하여 말하기를, "바다를 건너온 이래로 네 어미 같은 사람은 오직 단 한 사람이었을 뿐이다."라고 하였다. 듣건대 적이 시체 위에 섶을 쌓아 불살랐다고 하는데, 대개 왜인의 풍속은 화장(火葬)을 예의 차리는 것으로 삼았으니, 이는 필시 강녀가 죽어 절개 지킨 것을 높이 사서 예의를 차려 장례한 것이었다.

적의 수괴는 우리들이 끝내 굴복하지 않으리라는 것을 알았으면서도 오히려 화를 더 내지도 않았고 또 곧바로 죽이지도 않았으니 그 뜻을 알 수가 없었지만, 필시 장차 그의 대장에게 포로로 바치려는 것 같았다.

저녁에 음식을 주었으나 먹지 않았다. 뜰에는 먼저 여염집에서 이미 거두어 들인 목재로 우물 정(井)자처럼 울타리를 쳐 수십 개의 방을 만들고 포로로 잡힌 남녀들을 결박지어 그 안에 가두어 놓았다. 수직하던 왜적이 다시 더욱 단단히 결박지어 양 어깨와 목을 굽혔다 펴지 못하도록 하였는데, 참을 수 없는 통증으로 울부짖는 소리가 밤새도록 끊이지 않았다.

十一日。晴。

未明, 倭將作陣于越邊平原, 羣倭遍滿于山上山下, 賊鋒已入小谷而登越臺矣。上山巓者, 放大石雜以沙土, 登越臺者, 放丸如雨, 呼聲齊發, 天地晦冥, 川岳震動。我軍遮截外臺, 且戰且拒, 攀登之賊, 中矢觸石而倒者, 亦不知其幾。智士涵·禹應緡·李仁恕·智大忠, 皆中丸先倒。高彦英所射之弓, 亦中丸而折, 更執他弓, 丸又中之, 僅以身免。餘軍無統, 惶惻走入于窟。賊徒已登外臺矣。先鋒十餘, 攀緣棧途, 先入下窟, 窟中男女, 束手而就擒。賊當上窟之口, 拔劒促余出, 吾亦持長鎗, 示勇而叱之, 曰: "以此擔汝, 汝當退去。

寧死於此, 吾不可下.” 窟高於棧三丈餘, 有上下浮梯。賊欲上之, 吾令彦英, 彎弓欲發, 賊皆顚倒却走崖棧之外。良久, 且前且說, 寖寖[30]然漸近, 彦英彎弓, 賊又却走, 如是八九。通窟之棧甚狹, 人不並行, 窟口僅容一二倭。而餘倭皆在崖外未見處。彦英雖一夫, 若當窟口發矢, 則猶可箇箇射倒, 而恇㥘不敢, 可憎可憎。蚌鷸相持[31], 日已午矣。上下窟人, 皆爲所擄, 餘存者, 惟我與康女·黈·彦英·奴彦伊而已。彦伊仰見窟壁上最高處, 有野鴿巢穴, 攀登還墜者再三, 可見生道之窮也。勢已急矣, 欲爲自決, 黈呼泣而扶之, 曰: “姑且觀勢.” 吾責彦英, 曰: “何不發矢? 先倒數賊, 則餘皆自北矣.” 彦英曰: “當觀勢射之, 賊亦畏其地勢險隘, 且知有備, 不得輕犯.” 率被擄人學倭語者, 來通語曰: “上官若不出, 吾且屠之, 出則可保不死。謂余不信, 有大盟焉.” 且曰: “長驅八道, 無敢當我者, 有何所恃而乃敢抗耶?” 吾答曰: “出亦何爲? 寧爲自決, 不當爲汝虜所殺.” 彦英顧余, 答問之際, 一倭挺身突入, 執彦英衣而牽之, 彦英不得已被曳而下。吾以兩手持鎗而立, 欲向先入者刺之, 轉頭之間, 賊已飛上, 揮劒擊我。康女卽趍, 覆吾背曰: “願.” 黈亦呼泣覆之。適窟內陜窄, 劒頭觸壁, 而刃不犯身, 揮霍[32]之際, 只傷吾臂, 血流如水。賊先縛我而下, 又執康女。康女知將辱及其身, 溫辭平色而出窟, 賊欲扶下卽曰: “夫在前。妾焉往?” 未及棧道, 遂勇身自墜於千仞之壁, 羣倭亦

---

30 寖寖(침침): 浸沈. 스미어 젖어서 점점 번져 들어감.

31 蚌鷸相持(방휼상지): 조개와 도요새가 서로 안 먹히려고 싸우며 버틴다는 뜻으로, 서로 지지 않으려고 싸우며 버티다가 결국 제3자에게 이익을 주게 되는 다툼을 비유하여 이르는 말.

32 揮霍(휘곽): 신속한 모양.

爲之却立, 歎惜良久。下視, 黠則先我縛出, 奴婢輩不知所在。既下江邊, 將上船, 見康女之屍, 落在巖下, 目偶及之, 不忍更視。倭將立於巖上, 江邊盡是青色, 劍戟旌旗。羅列如林。至井洞智大成家前路, 賊問我, 曰: "汝是上官乎?" 吾曰: "我非上官, 乃品官也." 羣倭爭相問, 一以品官答之。給食一沙楪[33], 却而不食, 黠亦不食。見黠所着衣襟, 大有血痕, 問之則黠亦不省。周視一身而無傷處, 厲喉唾涎, 則乃純血也, 必是被執時, 五內驚傷而吐出者, 可憐也。一倭率黠, 入其將倭前, 俄而還出, 所問雖多, 語音不同, 不能答一辭云。有少年倭服者, 來通言語, 問之則自稱中樞府下人, 而其名則不言, 疑必京中兩班也。一賊騎馬先行, 盛陳威儀, 趍從如雲。騎我於卜鞍馬, 繫項索于鞍後, 又以北結[34]索, 纒之腰脚。過弱水, 諸倭之屯於路傍者, 爭與聚觀, 皆問上官乎? 吾以品官答之。黠與彥英, 結縛步行, 被擄諸人, 亦皆隨後, 彥伊·林孫及智大成, 則中路逃躱[35]。至郡內, 旌旗蔽野, 如入異地焉。郡門外, 倭軍解余纒縛, 扶持下馬, 牽入于東上房。賊魁二人, 當牕對坐, 有錦衣好面者, 三十餘倭, 侍立左右。又倭人之學我國語者, 張目大聲, 督促跪余于庭, 吾不跪而平坐[36]。倭持鐵鎖, 着諸吾項, 項大鎖陜, 不能着之, 移着於彥英之項。所謂鐵鎖者, 以鐵條長, 可數尺餘者二枝, 交頭而合, 釘之, 左右皆彎屈而圓之, 僅可容項。以其兩端, 相合而爲一柄。又以竹筒

33 沙楪(사접): 사기로 만든 대접.
34 北結(북결): 뒷짐결박함. 두 손을 등 뒤로 젖히고 묶는 것이다.
35 逃躱(도타): 죄인이 감옥을 부수고 도망하는 행위.
36 平坐(평좌): 격식을 차리지 않고 편하게 앉음.

數尺, 貫其柄, 而結之於筒端, 使不得自手解之者也。吾與黈, 則以熟麻索, 合繫項與兩肩, 而貫其索端於衣背之外, 各立柱木而懸之, 相次而坐。賊魁使通事倭問吾, 曰: "汝是上官乎?" 答曰: "品官也." 羣倭相與笑曰: "先擄之人, 皆謂汝爲此邑上官, 而汝欲諱之耶?" 指黈, 曰: "誰?" 答曰: "吾兒." 問彦英, 曰: "誰?" 彦英曰: "我是京商人, 以興販[37]事來此."云云, 又問黈, 曰: "汝解文字乎?" 黈撓頭曰: "未也." 諸倭手持, 目屬[38]久之。又問吾, 曰: "我軍入汝國境, 遍踏八方, 無一抗我者。汝國今爲我國, 故日本天王, 以我爲江原監司。一道之人, 爭趍恐後, 汝獨何人, 敢據巖險而拒我耶? 汝其不量力也。擒汝之時, 我軍之死傷亦多, 汝首非汝首也." 吾曰: "汝無多言, 速殺我也。我國之爲蹂躪者天也, 守土之效死不去者義也, 今爲汝擄, 致辱君命, 不死何竢?" 彦英在旁而垂淚曰: "聞其言勢, 吾等之命已矣." 吾正色叱彦英, 曰: "主辱臣當死, 蟻命何惜? 汝勿悲也." 賊曰: "窟中墜死者, 何人?" 黈泣且言曰: "我之庶母也." 倭將相與歎美而言曰: "自渡海以來, 惟一汝母而已." 聞賊積薪於屍上而焚之, 盖倭俗以火葬爲禮, 此必取其死節而葬之以禮也。賊魁知我等終不屈, 而猶未之加怒, 且不卽殺, 其意未可知也, 必將以獻俘於其大將也歟。夕給食不食。庭中先已撤入閭閻之材, 設柵如井, 間數十餘房, 被擄男女, 縛囚其內。守直之倭, 更加堅縛, 使不得伸屈兩臂與項, 痛不可忍, 呼泣之聲, 徹夜不絶。

---

37 興販(흥판): 물건을 한번에 많이 흥정하여 매매하는 일.

38 目屬(목촉): 屬目. 눈을 쏘아 봄. 주목함.

8월 12일。 맑음。

아침에 밥을 주었으나 먹지 않았다. 동쪽에 있는 상방(上房)의 부엌이 있던 곳으로 쓰지 아니하는 빈 칸에 울타리를 치고 우리 세 사람을 옮겨 가두었다. 땅바닥에 앉으려니 냉기가 심했는데, 마침 찢어진 호피(虎皮) 방석이 섬돌 위에 있어 권주(權黊)가 수직(守直) 왜적에게 청하여 그것을 가져다 내게 깔아 주었다. 오른팔의 칼 맞은 상처에서 피가 흘러내려 옷소매를 가득 적셔서 옷소매의 무겁기가 들기 어려울 정도였는데, 왜적 한 명이 콧등이 시큰할 정도로 가엾게 여겨 칼을 뽑아 소매의 솔기를 자르니, 피가 마치 병에 든 물을 뒤집어 쏟아 붓는 듯이 흘렀다.

낮에 통역 왜인이 권주를 불러서 적의 수괴 앞으로 데리고 들어가자, 묻기를, "너의 이름이 무엇이냐?"라고 하자, 권주가 속여서 대답하기를, "나의 이름은 한신(漢臣)이다." 하였으며, 또 묻기를, "너는 문자를 알고 있지 않느냐?"라고 하여 알지 못한다고 대답하였다. 왜장이 꾀어서 말하기를, "너는 상관(上官)의 아들인데다 용모 또한 영민하고 비범한데 어찌 배우지 않았다고 하느냐? 네가 만약 문자를 안다면 나는 너를 죽이지 않을 것이다. 장차 비단옷도 입혀 주고 진귀한 음식도 먹여 줄 것이며, 너에게 좋은 칼도 차게 해주고 너에게 좋은 말도 타게 해줄 것이며, 시종도 딸려 주어 존귀하게 대우할 것이다. 만약 일본으로 돌아간다면 응당 좋은 벼슬을 얻어 부귀를 누릴 수 있을 것이니 또한 즐겁지 않겠는가?"라고 하자, 권주가 말하기를, "부모와 자식은 인륜의 지극함인데 지금 죽을 처지에 이르러서 형세상 목숨을 모두 보전하지 못할 것이니, 만약 내 아버지를 살려 풀어 보내 준다면 나는 이곳에 있을지라도 안심할 수 있을 것이지만, 그렇지 않다면 어찌 아버지가 죽는데 자식만 홀로 살려고 할 이치가 있겠는가?" 하였다. 왜장이 말하길 "네 아버지가 지금까지 죽음을 면한 것은 오로지 너 때문이다. 당연히 너희 부자(父子)를 사면할 것이니, 함께 일본으로 돌아가면 네 마음을 기쁘게 해줄 것이다."라고 하니, 권주가 말하기를, "내 아버지에게는 늙으신 부친이 계시는데 여생이 얼마 남지 않았는데도 끝내 형제마저 없고 봉양할 사람도 없어 멀리 떠날 수가 없는데다 몸에 병까지 있어서 거의 죽을 지경에 이르렀으니, 내 마음을 기쁘게 해주려 한다면 아버지를 풀어주는 것만 한 것이 없다. 다른 의심은 하지 말라." 하였다. 왜장이 말하기를, "그렇다면 네 아버지의 노친에게 편지를 보내 불러와서 함께 일본으로 가면 더욱 좋겠다."라고 하자, 권주는 또한 아무런 답을 할 수가 없었고 다만 머리를 바닥에 찧으며 울부짖을 뿐이었다. 왜장은 권주를 어루만지며 위로하여 말하기를, "너는 우선 울지 마라. 당연히 네 말대로 할 것이다." 하였다. 왜적이 종이와 붓을 주고 글자를 쓰게 하였는데, 권주가 몇 줄을 적으며 말하기를, "내 아버지가 평소에 병이 많은 데다 또 이처럼 상하였으니, 비록 칼을 대지 않더라도 필시 절로 죽을 지경에 이르게 될 것이다. 바라건대 속히 아버지를 풀어주고 자식을 남기도록 하라." 하니, 적이 또한 위로하면서 답하여 말하기를, "경성(京城)에 대장이 있으니 마땅히 네 뜻을 아뢰겠다. 너는 의심치 말라." 하였다. 왜적은 권주가 쓴 글을 본 뒤에 자못 기쁜 기색이 있었으니, 비록 결박한 것을 풀어 주지는 않았더라도 돌보고 아끼는 마음이 있는 것 같았다.

계집종 언진(彦眞)이는 머리를 풀어헤친 채로 지 봉사(智奉事: 智士

涵)·지대성(智大成)·우응민(禹應緡) 등의 가솔 및 관비(官婢) 몇 사람과 함께 뜰 가운데 설치한 울타리 안에 같이 있었다. 때때로 멀리서 나를 보고 우니, 나 또한 흘러 내리는 눈물을 금치 못했다. 심사가 어수선하니 의식이 흐리멍텅하여 누웠다가 종일토록 일어나지 못하였다. 저녁에 밥을 주었으나 먹지 않았다.

밤마다 여인들의 울부짖는 소리가 울타리 안의 곳곳에서 나왔으니, 필시 왜놈들이 여인들을 겁탈한 것이었다.

十二日。晴。

朝給食不食。東上房竈舍, 空間設柵, 移囚吾等三人。地坐冷甚, 適虎皮破方席在階上, 黈請於直倭, 取以坐我。右臂劒傷處, 血流滿袖, 袖重難擧, 一倭鼻酸而憐之, 拔劒割袖縫, 血瀉如倒甁水。午通事倭, 招黈入賊魁前, 問曰: “汝名爲誰?” 黈詒應曰: “吾名漢臣也.” 又問: “汝知文字否.” 答以不知。倭將誘之曰: “汝是上官之子, 容貌且英邁, 豈未之學乎? 汝若識字, 則我不殺汝。將錦衣衣之, 珍食食之, 佩汝好刀劒, 騎汝美鞍馬, 給以徒從, 待之尊重。若歸日本, 則當作美官, 可享富貴, 不亦樂乎?” 黈曰: “父子人倫之至, 今到死地, 勢不俱全, 倘活我父, 放而送之, 則我雖在此, 可以安心, 不然, 安有父死而子獨生之理乎?” 倭將曰: “汝父之至今免死者, 專爲汝也。當赦汝父子, 並歸日本, 以悅汝心.” 黈曰: “我父有老親[39], 臨年[40], 而終鮮兄弟, 奉養無人, 不可遠離, 身且有病, 幾至死域, 欲悅我心, 莫若

39 老親(노친): 부친 權有年(1522~1594)을 가리키는 것이지, 모친 생원 權克常 딸 안동 권씨(1523~1589)를 가리키지 않음. 대동보에 근거하였다.

40 臨年(임년): 늙은 나이.

放父。勿爲他疑.” 倭曰: “然則, 汝父之老親, 通書招致, 共往日本尤好.” 黈亦無以爲答, 但碎頭呼泣。倭將撫而慰之, 曰: “汝且勿啼。當如汝言.” 賊給紙筆, 令書字, 黈寫數行曰: “我父素多疾病, 又此傷毁, 雖不加刃, 必致自殞。願速放父而留子也.” 賊又慰而答之, 曰: “京城有大將, 當以汝意, 禀之。汝其勿疑.” 賊見黈書後, 頗有喜色, 雖不解縛, 而似有眷愛之意。婢彦眞被髮, 與智奉事·智大成·禹應緡等家屬及官婢數人, 同在庭中設柵之內。時時望余而泣, 余亦淚下不禁。心思煩亂, 因昏塞[41]顚臥, 終日不起。夕給食不食。夜夜女人呼泣之聲, 出於柵中處處, 必是倭徒侵之也。

8월 13일。

아침에 밥을 주었으나 먹지 않았다. 왜적이 말하기를, “너희는 어찌하여 먹지 않는 것이냐?”라고 하였는데, 내가 말하기를, “사람이 태어나 이 지경에 이르렀는데, 밥이 어찌 목구멍으로 넘어가겠는가? 다만 속히 죽기를 기다릴 뿐이다.” 하였다.

낮에 왜적의 수괴가 무리들을 거느리고 석굴 안으로 가서 살펴본 뒤에 돌아와서 말하기를, “참으로 천연의 험지이다. 그대들이 만약 굳게 지켰다면 나 또한 어찌할 수 없었겠다.”라고 운운하였다. 적진이 옮겨 가게 되었을 때 포로로 잡아들인 평민들은 으레 모두 풀어 보냈다고 하였다. 그래서 출입하는 아전을 통해 종이와 붓을 얻어 집에 보내는 편지를 써서 언진(彦眞)에게 부탁하려 했으나, 왜적들이 만나서 이야기

---

41 昏塞(혼색): 병으로 인해 정신이 흐리멍텅하고 의식이 흐릿한 것을 가리킴.

하는 것을 엄히 금하였으니, 정말 어찌하겠는가? 내가 고언영에게 일러 말하기를, "평민들은 왜적들이 모두 풀어 보내주었는데도 너는 경성(京城) 사람인 데다 용모가 양반과 유사한 까닭에 나와 같이 갇혀 있으니, 가련하구나."라고 하자, 고언영이 말하기를, "석굴에 있을 때에 소인이 활을 쥐고서 적을 막았으니 왜적들이 저를 미워하는 것이 틀림없습니다." 하였다.

관아의 아전 손수천(孫壽千)·이응수(李應壽)·이순희(李順希)·이붕(李鵬), 관노(官奴) 명천(命千)·몽현(夢賢)이 잇달아 사로잡혀 들어왔는데, 나를 가엾게 여겨 걱정하는 마음을 차마 볼 수가 없었다. 심신이 상란(喪亂)을 겪느라 종일토록 곤히 잤다.

저녁에 밥을 주었으나 먹지 않았다. 밤 삼사경(三四更: 밤 11시부터 새벽 3시)쯤 목을 매어 자결하려 했으나, 권주가 울면서 극구 말린 데다 고언영 또한 달려와 맨 줄을 풀어주니 거의 목숨이 끊어질 뻔하다가 다시 깨어났다. 뜰 가운데 민가(民家)를 철거한 나무로 장작불을 크게 피우고, 울타리 안에 또한 기름등을 밝혀 놓으니, 밤새도록 환히 비추었다. 왜적은 군사들을 많이 정하고서 서로 번갈아 자고 깨며 굳게 수직(守直)하여 한 순간이라도 게을리 하지 않았다. 우리들이 만약 혹여 깊이 잠들면 왜적은 반드시 우리가 죽었을까 의심하여 흔들어 깨웠는데, 오히려 우리가 자진하는 것을 두려워한 것이다. 이런 일은 우리가 사로잡혀 온 이후로 밤이면 그렇게 하지 않은 적이 없었는데, 수직하는 군사는 반드시 포수(砲手)로 하되 당번을 나누어 날마다 교대하였다.

十三日。

朝給食不食。倭曰:"汝等何不食乎?"吾曰:"人生到此, 食何下咽? 只待速殞而已." 午倭魁率徒衆, 往見窟中, 還曰: "眞天險也。汝若固守, 我亦無如之何."云云。賊陣移去之時, 擄入常人, 例皆放送云。故因出入官吏, 得紙筆, 欲修家書, 以付彦眞, 而賊徒嚴禁其通接言語, 奈何奈何? 吾謂彦英, 曰: "常人則賊皆放送, 而汝以京人, 貌類兩班, 故同我被拘, 可憐." 彦英曰: "在窟時, 小人執弓以禦, 倭徒之憎我, 必矣." 官吏孫壽千·李應壽·李順希·李鵬, 官奴命千·夢賢, 相繼擄入, 而其向吾憐悶之意, 不堪見矣。心神喪亂, 終日困睡。夕給食不食。夜三四, 結項欲自决, 而䵷泣而力止, 彦英亦趍而解之, 幾絶復蘇。庭中撤民舍而大設燎火[42], 柵內又張油燈, 達宵洞照。多定軍徒, 相遆眠覺, 守直之固, 一刻不怠。吾等若或睡熟, 則倭必疑其死而撓覺之, 猶恐其自盡也。此則擄入之後, 無夜不然, 守直之軍, 必以炮手, 分番日遆。

8월 14일。 맑음。

아침에 통역 왜인이 지나갔는데, 내가 그를 불러서 말하기를, "어찌 하여 나를 죽이지 않는가? 바라건대 속히 죽여다오."라고 하니, 통역 왜인이 들어가 적의 수괴에게 말하고서 곧바로 수괴의 말을 가지고 돌아와 알려주기를, "살고 죽는 것은 내 마음대로 할 수 없다. 천장(天將: 왜장)이 경성(京城)에 있으니 명을 받은 다음에 결정할 것이다." 하였다. 내가 말하기를, "여기서 경성까지의 거리가 매우 먼데, 그 사이에 어찌 구차하게 살아 있겠는가? 부디 속히 나를 죽여라." 하자 통역

---

42 燎火(요화): 마당에서 어둠을 밝히기 위해 피우는 장작불.

왜인은 아무런 대답을 하지 않고 갔다.

저녁에 밥을 주었으나 먹지 않았다. 고언영이 말하기를, "'저무는 해에 고향으로 돌아갈 마음 끊겼네.(落日歸心絶)'라고 한 말이 바로 이를 두고 한 것입니다."라고 하는지라, 내가 말하기를, "네가 고시(古詩)를 알고 있다만, 마땅히 소무(蘇武)의 절개를 지니기를 취해야 하지 이릉(李陵)의 마음을 배우지 말아야 한다."라고 하니, 고언영이 말하기를, "나으리의 말씀에 족히 감복합니다." 하였다.

밤에 수직(守直) 왜적이 잠시 졸고 불빛도 잠시 희미해진 데다 고언영도 잠이 들었다. 나는 앉아 있다가 부엌 입구에 기대어 몰래 일어나서서 목을 맬 줄이 들보에 매단 것을 여러 번 감고 단단히 묶어 줄이 짧아지도록 한 뒤에 털썩 주저앉으며 저절로 목숨이 끊어지고 권주가 알지 못하길 바랐다. 권주는 내 목구멍에서 나오는 소리가 평상시와 다른 것을 듣고 곧바로 달려 들어와 새끼를 풀며, 또 발로 고언영을 차 깨워 간호하도록 하였다. 수직 왜적들 또한 무슨 일이 있었는가 의심하여 등불을 들고 살펴보는데, 모두 소란스럽지 않게 조용히 아무런 일도 없었던 것처럼 간혹 거짓으로 코고는 소리를 내자, 왜적들은 물러가서 제자리에 앉았다. 나는 두 눈이 빠질 듯했고 피가 입에서 나왔지만, 권주는 밤새도록 몰래 울면서도 감히 소리내지 못하였다.

十四日。晴。

朝通事倭過去, 吾呼而言曰: "何不殺我? 願速死." 通事倭入言于賊魁, 卽以賊魁之言, 還報曰: "生殺, 吾不可自擅。天將在京城, 取旨[43]後, 當決之." 吾曰: "此去京城甚遠, 其間何可苟生? 須速殺我." 通事倭不答而去。夕給食不食。彦英曰: "落日歸心絶[44], 正謂此也."

吾曰: "汝知古詩, 可取當持蘇武[45]節, 莫學[46]李陵心." 彦英曰: "進賜之言, 足以感服." 夜直倭暫睡, 火光暫微, 彦英就眠。吾坐依竈口, 潛起而立, 以項繩之懸梁者, 累屈而重結之, 令繩促短, 旋卽頹坐, 期於自盡, 而使䵹不知。䵹聞吾咽喉聲殊常, 卽趁入緩其繩, 又蹴起彦英, 使之看護。直倭等, 亦疑有何事, 明火視之, 則皆默默無所爲, 或佯出鼾鼻聲, 倭等退而坐。吾兩眶如拔, 血自口出, 䵹達曙潛泣, 不敢出聲。

8월 15일。비。

아침에 밥을 주었으나 먹지 않았다. 통역 왜인이 정선(旌善) 관아의 아전을 불러서 말하기를, "너는 가서 속히 환곡(還穀)을 거두어서 기다리면 10월 행차에 다시 올 것이다."라고 운운하였다. 또 본군(本郡: 평창군)의 아전을 불러 촌사람을 속히 데려오도록 하였는데, 관아의 아전과 관속 또한 모두가 있는 수대로 다 데려왔다고 하였으나 일찍이 들어온 대여섯 명 외에는 다시 와서 나타난 자가 없었다.

---

43 取旨(취지): 임금에게 허가를 받음. 여기서는 왜장으로부터 허가를 받는다는 말이다.

44 落日歸心絶(낙일귀심절): 李白의 시 〈蘇武〉 구절. 지는 해의 처량함을 바라보면, 고향으로 돌아갈 희망마저 끊길 정도로 절망에 빠진다는 말이다.

45 蘇武(소무): 중국 前漢 때의 명신. 單于에게 붙잡혀서 항복할 것을 강요당했지만 이에 굴하지 않아 北海(바이칼호) 부근에서 19년 동안 유폐되었다. 식음을 전폐한 채 백설을 먹고 가죽을 씹으면서도 지조를 지켰다.

46 李陵(이릉): 중국 前漢 때 장수. 흉노와 싸우다가 항복하여 흉노에 머물러 單于의 右校王이 되었다. 친구인 蘇武가 흉노에 억류되었을 때 설득했었고, 소무가 귀국할 때 河梁에서 만나서 '헛되이 죽음은 때로 보아 절개를 세움만 못하다(虛死不如立節)'는 시를 주었다.

낯에 나는 눈물이 샘물처럼 흘렀는데, 고언영(高彦英)이 말하기를, "부디 눈물을 쏟지 마십시오. 적들은 눈물 쏟는 것을 가장 꺼립니다."라고 하는지라, 내가 말하기를, "남아가 죽으면 죽었지 불의에 굽힐 수는 없는 것이다. 하물며 위로는 성상(聖上)이 파천한 것을 생각하고, 다음으로는 늙은 부친이 달아나 숨은 것을 생각하고, 아래로는 이 몸의 운수가 기박한 것을 슬퍼하니, 눈물이 어찌 나오지 않겠느냐?" 하였다. 이어서 권주(權黈)를 어루만지며 말하기를, "너는 나이가 어려 아직 관례도 치르지 않았지만 다소 배움에 뜻을 두어 정진할 줄 알아 장래가 유망하였으나, 지금 이 지경에 이르러 이미 다 끝났으니 무슨 말을 하겠느냐?"라고 하자, 권주가 말하기를, "벼슬길이 열리고 막히는 것에는 운명이 있는 데다 죽고 사는 것은 하늘에 달려 있으니, 하필이면 자식 때문에 마음속으로 애통히 여기십니까? 단지 천지일월(天地日月)·산천귀신(山川鬼神)이 서로 도와주기를 바라서 아버지가 호랑이 아가리로부터 벗어날 수만 있다면, 자식으로서 제 한몸이야 비록 적의 칼날에 죽는다 한들 무슨 여한이 있겠습니까?" 하였다. 마침내 서로 함께 눈물을 흘렸다.

우리나라 양반가의 자식으로 머리를 깍고 오랑캐의 옷을 한 자가 나이는 열일고여덟쯤 되었는데 우리를 찾아와서 말하기를, "가련하다, 가련하다."라고 하였다. 내가 말하기를, "왜적들이 언제 나를 죽인다고 하더냐?"라고 하니, 답하기를, "내일 대진(大陣)을 옮길 것인데, 옮길 때면 반드시 참할 것입니다. 그러나 저 어린 동자는 적장이 애지중지해서 죽음을 면하는 것은 의심할 여지가 없으니, 부자(父子)가 영원히 이별할 날이 겨우 하룻밤밖에 남지 않았을 뿐입니다."라고 운운하였다.

내가 말하기를, "빨리 죽으면 다행이겠다."라고 하자, 권주가 오열하면서 피눈물을 흘리며 말하기를, "차라리 한 칼에 죽을지언정 혼자 살아 무엇하겠습니까?"라고 하니, 고언영이 말하기를, "운명인가 봅니다. 우리가 살아서 부모형제와 처자식들을 다시는 볼 수 없게 되었습니다." 하였다. 오랫동안 말을 주고받았는데, 왜적들은 의심이 생겨 큰소리로 꾸짖으며 금하여 양반가 자식의 이름을 물을 겨를이 없었다.

통역 왜인이 권주를 서쪽에 있는 상방(上房)으로 끌고 가 부장(副將) 원개연(源介緣)의 앞에서 묻기를, "너는 부장에게 소속되었으니 지금부터 좌우에서 가까이 모시도록 하라. 너는 이곳에서 자고 이곳에서 지낼 것이니, 두 마음을 갖지 말라." 하였는데, 권주는 그 장수가 아비를 죽이고 자식을 살려 두는 것을 필시 지난번 들었던 대로 할 것 같아 염려한 까닭에 즉시 대답하기를, "늙으신 아버지의 병이 위중하여 잠시라도 곁을 떠날 수 없다. 하물며 병가(兵家)에서도 효제(孝悌: 효도와 우애)를 우선으로 하였거늘, 어찌 남의 아비를 죽이고서 그 아들의 마음을 얻고자 하려는 것이냐? 만약 내 아버지를 풀어 보내주지 않는다면, 나는 마땅히 아버지와 함께 죽을 뿐이다."라고 하자, 왜장이 그의 무리들과 함께 서로 돌아보고 많은 말을 하였으나 그 말을 알 수가 없었으니 한참 뒤에 말하기를, "우선 너의 말에 따라 네 아버지가 있는 곳으로 돌려보내겠으니, 때때로 이곳에 와야 할 것이다." 하였다.

저녁에 왜적의 선봉이 어제 이미 나뉘어 영월(寧越)의 주천(酒泉)으로 향했다는 것을 듣고서 내일 새벽에는 대군(大軍)이 장차 출병하리라는 것을 알았고, 우리들을 출병하기 전에 반드시 죽일 것으로 생각하였다. 이에, 마음이 동요하지 않을 수 없었는데, 손수천(孫壽千)이 뜻을 지나가서 그를 부르니 왜적을 두려워하여 오지 않다가 틈을 내어서 왔다. 내가 묻기를, "오늘 밤에 도망쳐 나가고 싶으나 복병이 별처럼 늘어서 있는 것을 알지 못하는 것이 아니니 반드시 잡히게 될 것이다. 잡히게 되면 죽임을 당할 것은 의심의 여지가 없으나, 오직 속히 죽기만 바라는 까닭에 탈출하려고 한다."라고 하니, 손수천이 말하기를, "탈출하여 산에 오르면 어느 누가 잡을 수가 있겠습니까?" 하였는데, 권주가 말하기를, "과연 무사히 빠져 나갈 수만 있다면 네 덕일 것이다."라고 하였다. 고언영은 나만 혼자 탈출하면 해가 그 자신에게 미칠까 두려워 난감한 기색이 있는 듯하였으니, 이는 일의 형편이 그런 것이다. 고언영은 내가 도망쳐 살지 못하게 하려고는 하지 않았다. 수직(守直) 왜적 또한 서로 번갈아가며 경계하여 살펴서 결의(決意)를 실행하지 못했다.

저녁에 왜적들이 다투어 깃발과 창을 들고 나와 제각기 행장(行裝)을 차리니, 이때 심신의 막막함이란 이루 말할 수 없었다.

十五日。雨。

朝給食不食。通事倭呼入旌善官吏, 言曰: "汝去, 速捧還上[47]以待, 十月行次重來."云云。又呼本郡吏, 使速率村民以來, 衙吏官屬, 亦皆專數[48]率來云, 而曾入五六人外, 更無來現者。午吾淚下如泉, 彦英曰: "愼勿出涕。賊輩最忌出涕." 吾曰: "男兒死則死耳, 不能爲不義屈。況上念聖主播遷, 中念老父奔竄, 下哀此身命薄, 涕豈無從而出乎?" 仍撫黈, 曰: "汝年少未冠, 稍知向學, 將來有望, 而今

47 還上(환상): 還穀. 각 고을의 社倉에서 백성에게 꾸어 주었던 곡식을 가을에 받아들이는 일.

48 專數(전수): 있는 수대로 다.

乃至此, 已矣何言?" 黈曰: "通塞有命, 死生在天, 何必爲子傷懷[49]? 但願天地日月山川鬼神相助, 使父得脫虎口, 則子之一身, 雖死賊刃, 何憾?" 遂相與泣下。有我國兩班子削髮卉服[50]者, 年可十七八, 來見吾等, 曰: "可憐可憐." 吾曰: "倭等, 何時殺吾云耶?" 答曰: "明日, 大陣當移, 移時必斬。然彼年少童子, 則賊將愛之重之, 免死無疑, 父子永別, 只隔一宵."云云。吾曰: "速死則可幸." 黈, 嗚咽血涕曰: "寧死一劒, 獨活何爲?" 彦英曰: "命矣夫。吾生父母兄弟妻屬, 不可得以復見矣." 答問良久, 倭徒生疑, 大聲訶禁, 不暇問名。通事倭, 引黈往西上房, 副將源介緣之前, 問曰: "以汝屬副將前, 自今昵陪左右。汝可宿於此遊於此, 毋有貳心." 黈慮其將殺父存子, 必如前所聞者, 故卽應之曰: "老父病重, 不可暫離。況兵家以孝悌爲先, 寧有殺人之父而欲得其子之心者乎? 若不放送我父, 則我當俱死而已." 倭將與其徒, 相顧多話, 而未解其言, 久之, 曰: "姑從汝言, 歸汝父所, 時時來此可也." 夕聞先鋒倭, 昨已分向寧越酒泉[51], 而知明曉大軍將出, 吾等以爲臨發必殺。於是, 不能不動心, 孫壽千過庭, 招之則畏倭不來, 竢間乃至。吾問曰: "今夜欲逃出, 非不知伏兵星羅[52], 必爲所獲。獲則見殺無疑, 而惟願速死, 故欲出." 壽千曰: "出則登山, 誰能獲之?" 黈曰: "果無事出去, 汝之德也." 彦英懼吾獨出, 則害及其身, 似有難色, 此則事勢然也。非彦英不欲我得生也。直

49 傷懷(상회): 마음속으로 애통히 여김.

50 卉服(훼복): 오랑캐의 옷.

51 寧越酒泉(영월주천): 영월군 주천면. 강원도 영월군 주천면 신일리 望山 기슭에 있는 샘이 酒泉인데, 주천면의 지명이 유래된 곳이다.

52 星羅(성라): 하늘의 별과 같이 많이 늘어선 모양.

倭亦相遆警察, 未果決意。昏羣倭爭出旗鎗, 各自理行, 此時心神漠漠, 不可勝言。

8월 16일。 맑음。

새벽에 밥을 주었으나 먹지 않았다. 수직(守直) 왜적들은 먼저 권주(權黈)를 끌어 냈고, 뒤에 항쇄(項鎖: 죄인의 목에 채우는 형틀)를 가진 자가 와서 장차 나의 목에 채우려 하였다. 내가 목은 굵은데 항쇄는 협소하다면서 큰소리로 거절하자, 그 왜적은 곧바로 모두 왜장에게 고하고 되돌아와 새끼줄로 묶어서 나와 고언영(高彥英)을 대문 밖으로 끌어 내니, 권주는 이미 말에 올라타 있었다. 또한 우리 두 사람에게 말을 타도록 하였는데, 내가 찢어진 방석을 손으로 쥐고 안장 위에 얹어 놓자, 적이 금하여 방석을 버리도록 하였으나 내가 억지를 부린 뒤에야 허락하였다. 말은 곧 아마(兒馬: 길들이지 않은 망아지)로 덩치가 작았는데, 잘 놀라 날뛰기도 하고 기세등등하게 잘 싸우기도 하여 5리나 10리 안에 거의 떨어질 뻔한 것이 한두 번이 아니었다.

수직 왜적 2명이 뒤따랐으며, 또 얼굴은 얽고 검은 데다 옻칠한 가죽옷을 맨몸에 걸친 왜적 한 명이 잘 걷는 살찐 말을 타고 앞장서 우리들을 영솔하여 갔다. 말 위에서 고성으로 이야기하며 웃는 소리가 끊이지 않아 참으로 경전을 외는 듯하였는데, 앞뒤의 많은 왜적들은 모두 배를 부둥켜 크게 웃었다. 때때로 우리를 돌아보고 못 견디게 굴며 길을 재촉하였지만, 말이 둔하여 나아가지 않자 말로 꾸짖고 채찍질을 쉬지 않아서 그 고통을 거의 견딜 수가 없었다.

약수(弱水: 藥水里의 오기)를 지나자 돌길에 가파른 바위가 있어 내가 탄 길들이지 않은 망아지가 발을 헛디뎌 거꾸러졌다. 일어섰다가 다시 쓰러졌는데, 오른발이 등자(鐙子: 발걸이)에서 미처 빠지지 않아 말의 배 아래로 빨려 들어갔고, 길 가운데 돌부리가 마치 개 이빨처럼 들쭉날쭉한 것에 부딪쳐서 엄지손가락이 어긋나 부러져 통증이 극심해 나도 모르게 소리질렀다. 그러나 결박되어 있는 몸이라서 스스로 찬찬하고 날쌔지 못하였는데, 수직 왜적이 달려와 부축하면서 발로 말을 차 일으켜 세우자 말이 겨우 일어섰다. 또한 다른 말이 길을 다투며 걷어찬 뒷발질에 내 다친 발을 정통으로 맞아서 기절하여 정신을 잃었다가 한참 뒤에야 다시 깨어났다. 그 다른 말은 영솔해 가던 왜적이 타던 것이었다. 주인이 이미 흉악한 데다 말 또한 포악하니, 그 모습이 마치 호랑이 같아서 몹시 무서웠다.

멀리 정동(井洞: 泉洞里)의 석굴을 바라보니, 마침 낙마한 곳과 서로 가까워 단지 강 하나를 사이에 두고 있었다. 생각건대 강녀(康女)의 주검이 바위 아래로 떨어져 있으니, 지금 내가 마음 아파하는 것을 강물은 응당 알고 있을 것이다. 권주가 탄 말이 우연히 뒤따라 와서 서로 볼 수 있게 되어 기뻐하며 떨어져 다친 이유를 다 말해 주자, 권주가 비록 말에서 내려 살펴보려고 했지만 살펴볼 수 있었겠는가? 뒤쫓아 온 왜적이 말을 채찍질하여 빨리 몰아가서 앞서기도 하고 뒤처지기도 하여 서로 이야기를 나누지 못하도록 하였으니, 권주는 놀라고 근심스럽게 여겨 슬피 울며 지나갔다. 영솔해 가던 왜적이 달리는 말에 채찍질을 더하여 와서 수직 왜적 2명을 불러서는 눈을 부릅뜨고 꾸짖었다. 이에, 말과 왜적이 오래도록 돌진하여 내달려 갔는데, 이것은 일부러 우리들을 괴롭고 고통스럽게 하려는 것이었다. 다친 발이 길가의 돌에 부딪치기도 하고 초목의 끝에 긁히기도 하여 고통히 극심해서 내 몸이 살아 있는지도 알지 못하였다. 피가 또한 소매에 가득하여 그 옷 무게를 몸이 감당할 수 없을 정도였으니, 목숨이 끊어지지 않았을지라도 겨우 실낱 같았을 뿐이다.

적의 행렬은 가득하였고 말은 나는 듯이 달렸는데, 종놈 희수(希守)가 머리를 깎은 왜적의 모습으로 말을 타고 길가에 서 있었다. 눈길이 마침 마주치자 제각기 울부짖었지만 지나쳤고 다시는 볼 수 없었다. 고덕현(古德峴)에 이르자 길이 협소한 데다 옆에는 막히고 좁아서 사람과 말이 길게 늘어섰는데, 사람들의 시끄럽고 떠들썩한 소리와 말들의 날뛰는 모습이 놀라워서 볼 수가 없었다. 고개를 넘자 고개 아래의 길가에 왜적 한 명이 먼저 와 있었는데, 땅을 파고 불을 지펴 음식을 끓이는 기구들을 갖추어 눕힌 듯 놓아 두었으니, 이곳은 왜적들이 점심을 먹는 곳이었다. 연평역(延平驛)을 지나자 영월(寧越)과의 거리가 멀지 않아서 행군을 더욱 재촉하였는데, 나는 갈증이 심하여 마실 것을 요구했으나 얻을 수가 없었다. 노산묘(魯山廟: 端宗陵인 莊陵) 앞에 이르자 영솔해 가던 왜적이 잠시 말을 멈추고 말에서 내려 물을 마시도록 하였으나, 웅덩이 물이 매우 탁해서 한 움큼도 마실 수가 없었다. 뒤쫓아 온 왜적이 곧 부축하여 말에 올라탔는데, 행렬이 노산의 사당 문을 지나가 안장 위에서 예를 표하니 흐르는 눈물을 금할 수 없었다.

수직 왜적이 나와 고언영을 끌고 가다가 창고 앞에서 멈추니, 해가 이미 중천에 떠 있었다. 권주가 어디 있는지 알지 못하였지만, 조금 뒤에 왜장들이 모두 이르렀다. 저녁이 되어서 수직 왜적이 우리 두 사람에게 밥을 보내주었는데, 며칠 동안 굶주린 뒤끝이고 또 말을 빨리 몰아 달려 피곤한 데다 배가 허기지고 기력이 없어서 시험삼아 한두 젓가락을 입에 떠 넣었으나, 한 젓가락 밥에 돌이 두세 개씩 이상이고 겨가 밥보다 갑절로 많아 물에 말아서 대략 건져 먹고 말았다. 매 끼니는 네다섯 홉 남짓 밥에 왜간장 반 사발, 무청 한 줌이었으며, 젓가락은 보이는 대로 나뭇가지를 꺾어 주었으며, 물은 끓인 것을 주기도 하고 찬 것을 주기도 하였는데, 이는 그간 주던 것을 총괄하여 말하는 것이다.

그 무리들이 먹는 것을 관찰하니 또한 그러하였는데, 적의 수괴에게 바친 아침저녁의 음식은 매우 정갈하고 간소하였다. 왜적 한 명이 먼저 자그마한 밥상에 붉은 빛의 칠기(漆器)로 큰 종지와 같은 것을 올려 적의 수괴 및 좌우에서 시립해 앉은 자들 앞에 벌여 놓았다. 또 다른 왜적 한 명이 목기(木器)로 마치 국자 모양의 조금 긴 것에 흰밥을 담고 기름종이로 덮어 수괴 자리 곁에 올려 놓았다. 어린 왜적 한 명이 왜장 앞에 이미 늘어놓은 빈 목기(木器)를 가지고 나와 큰 나무젓가락으로 조금씩 나누어 담아서 올렸다. 왜적의 수괴가 먼저 밥을 먹고 나무젓가락을 내려놓자, 다음으로 국을 올리는 것도 이와 같이 하였고, 다음으로 심청(沈菁: 순무로 담근 김치)을 올리는 것도 이와 같이 하였고, 다음으로 해어(海魚: 바다 생선) 몇 조각 삶아 찐 것을 올리는 것도 이와 같이 하였는데, 다 먹고 나니 다시 올리기를 전과 같이 하였다. 무릇 밥과 반찬을 올릴 때 오직 그 간소함만을 취할 뿐이지, 그 가짓수에 구애되지 않고 두세 개씩 또는 네댓 개씩으로 그 먹는 양의 많고 적은 것에 따랐다. 맨 마지막에는 끓인 물을 올렸다가 치웠다. 한낮에는 수박 몇 조각을 올리거나 복숭아와 밤 몇 개를 올렸을 뿐이다. 술과 고기반찬은 보지 못했다. 왜적에게 포로가 된 우리나라 사람 한 명이 길가에 죽어 있는 소를 보고 고깃덩어리를 베어 가지고 있었는데, 그의 계획은 장차 구워 먹으려는 것이었다. 적들은 그것을 보더니 더럽다면서 침을 뱉고 화를 내어 꾸짖고 몽둥이로 그의 등을 때리며 그로 하여금 빨리 던져 버리게 하였는데, 필시 왜놈들의 풍속에 소고기 먹는 것을 좋아하지 않는 모양이었다.

날이 저물자 왜적이 우리 세 사람을 봉서루(鳳棲樓) 아래에 가두었는데, 방패막이로 목책(木柵)이 이미 먼저 설치되어 있었다. 본군(本郡: 영월군) 사람들 또한 포로로 잡혀온 자가 많았다. 밤이 되면 도망쳐 나갈 계획을 세우려고 방패막이 너머에서 대변을 보며 북쪽 담장을 두루 살펴보았는데, 복병(伏兵)이 겹겹이 에워싸고 있어서 설움에 겨워 바라볼 뿐이었다.

十六日。晴。

曉給食不食。守倭等, 先引黓出去, 後持項鎖者來, 將着吾項。吾以項大鎖陜, 大聲拒之, 其倭卽俱告于將倭, 還以索繫之, 引吾及彦英出大門, 則黓已上馬矣。亦使吾二人騎馬, 吾手持破方席, 加于鞍上, 賊禁令棄之, 强而後許。馬卽兒馬[53]體小、喜驚[54]驕騰善鬪, 五里十里之內, 幾落者不一再。直倭二人隨之, 又有一倭面縛[55]且黑, 着柒甲於赤身, 騎善步肥馬先之, 領吾等而行。馬上高聲言笑不絶, 眞如誦經然, 前後衆倭, 皆絶倒大笑。時時顧瞻吾等, 驅迫促行, 馬鈍不前, 訶策不歇, 殆不勝其苦矣。過弱水, 石路巉巖, 所騎兒馬, 顚

53 兒馬(아마): 길들이지 않은 망아지.

54 喜驚(희경): 잘 놀라 날뜀.

55 縛(박): 얽음. 얼굴에 천연두를 앓은 자국이 있는 것을 말한다.

躓而落。且起且倒, 右足未脫鐙子, 壓入馬腹下, 見觸於路中石齒如犬牙處, 拇指違折, 痛極失聲。而纏縛在身, 不自周便, 直倭趍扶, 蹴馬以起之, 馬纔起立。又有他馬爭路而踶, 正中吾所傷之足, 氣絶不省, 良久復蘇。他馬卽領去倭之所騎也。主旣凶惡, 馬亦暴戾, 其狀如虎, 甚可畏也。望見井洞之窟, 適與落馬處相近, 只隔一水。想康女之尸, 落在巖下, 此時傷心, 江水應知。黈所騎之馬, 偶追及, 喜得相見, 具言落傷之由, 黈雖欲下馬見之, 得乎? 從倭, 策馬疾驅, 或先或後, 使不得相語。黈驚憫痛泣而過。領去倭, 躍馬加鞭, 呼直倭二人, 瞪目怒叱之。於是, 馬與倭, 長走馳突, 此則故令吾等困苦之也。傷足, 或觸於路傍之石, 或曳於草樹之上, 痛苦之極, 不知有此身也。血且滿袖, 衣不勝體, 命之不絶, 僅如縷耳。賊行彌漫, 馬疾如飛, 奴希守削髮爲倭形, 騎馬立路傍。目適及之, 各自呼泣而過, 仍復不見。至古德峴[56], 道陜而傍且阻隘, 人馬騈闐[57], 喧嘩勇躍之狀, 駭不可視矣。踰峴, 峴底路邊, 有一倭先至, 鑿地燃火, 俱湯具而臥, 此賊倭晝點處也。過延平驛[58], 距寧越[59]不遠, 行軍益促, 吾渴甚求飮, 而不可得。至魯山廟[60]前, 領倭暫駐馬, 使之下飮, 而滂

56 古德峴(고덕현): 강원도 영월군 북면 연덕리 院洞 뒤에 있는 고개. 영월군과 평창군의 경계가 된다.

57 騈闐(변전): 사람이나 수레 따위가 길게 늘어섬.

58 延平驛(연평역): 강원도 영월군 북면 연덕리에 있던 역참.

59 寧越(영월): 강원도 남부에 있는 고을. 동쪽은 태백시, 서쪽은 원주시, 남쪽은 충청북도 제천시·단양군 및 경상북도 영주시, 북쪽은 평창군·정선군 등과 접한다.

60 魯山廟(노산묘): 端宗陵인 莊陵. 강원도 영월군 영월읍 영흥리에 있다. 1457년 노산군 신분으로 세상을 떠나자, 영월호장 嚴興道가 단종의 시신을 거두어 현재의 자리에 가매장하였다. 이후 1698년 단종대왕으로 복위되면서 묘소를 능제에 맞게

水甚濁, 不可掬也。從倭卽扶上馬, 行過廟門, 式於鞍上, 淚下不禁矣。直倭引吾與彦英, 止于倉前, 日已午矣。鮭則不知所在, 俄而將倭等皆至。夕直倭饋吾二人以飯, 累日飢餓之餘, 又困於驅馳, 腹虛氣乏, 試抄一二箸而入口, 則一箸之食, 石不下二三介, 而糠則倍之, 浸水畧吃而止。每食四五合許, 甘醬半沙楪, 菁莖[61]一掬, 箸則隨所見折木給之, 水或湯或冷, 此則總言前後也。觀其徒衆所食亦然, 賊魁朝夕之供, 則極潔而簡。一倭先以小盤盛一紅漆器如鍾子[62]大者, 排於倭魁及左右侍坐者之前。又一倭以木器之如斗樣[63]而稍長者, 盛白飯, 盖以油紙, 奉置於坐側。少倭一人, 持出將前曾排之空木器, 以大木匙, 分盛小許以進之。倭魁先飯, 迄以木匙, 次進羹如是, 次進沈菁[64]亦如是, 次進海魚數片之蒸熟者亦如是, 吃盡復進如前。凡飯與饌之進, 惟取其簡, 不拘其數, 或二三度, 或四五度, 隨其量之大小。最後, 進湯水而撤。當午, 則或進西瓜[65]數片, 或進桃栗數箇而已而止。酒與肉饌, 則未之見也。有一擄人, 見路傍牛斃, 割持塊肉, 其計將欲炙食。賊徒見之, 唾鄙而怒叱, 以杖打其背, 使之速速投去, 必是倭俗, 不喜啖牛也。昏囚吾三人于鳳棲樓[66]下, 防牌木柵, 已先設之。本郡之人, 亦多擄入。夜欲爲逃出計, 仍

다시 조성하였다.

61 菁莖(청경): 배춧잎줄기나 무청을 말린 시래기.

62 鍾子(종자): 간장을 담은 종지.

63 如斗樣(여두양): 북쪽 하늘에 국자 모양을 이룬 일곱 개의 별 같은 것.

64 沈菁(심청): 순무로 담근 김치.

65 西瓜(시과): 수박.

66 鳳棲樓(봉서루): 강원도 영월군 읍치에 있었던 客館.

遺矢[67]防牌外, 而周視北墻, 則伏兵重匝, 悵望而已。

8월 17일。 맑음。

오후에 사로잡혀 들어온 사람들이 어지러이 뒤섞여 그 수가 얼마나 되는지 알 수 없었으나, 그 가운데 달아나다 결박되어 온 자가 있었다. 왜적이 그 사람의 용모가 준수한 데다 영춘(永春) 땅에서 사로잡혔기 때문에 영춘 현감으로 잘못 알고 우리와 함께 가두자, 그가 우리를 보고 눈물을 흘리며 말하기를, "저는 사산 감역(四山監役) 이사악(李士岳)입니다."라고 하였는데, 나 또한 일찍이 그의 이름을 들은 적이 있었으나 지금에서야 비로소 보고 서로 마주하였지만, 한참 동안 제각기 눈물을 흘리느라 미처 다른 말을 물을 겨를이 없었다. 이에 기력이 곤하여 누우니, 다친 발의 통증이 매우 심하여 권주(權黈)에게 불을 구해 뜸을 뜨게 하였다.

이날은 아침과 저녁으로 모두 먹은 것이 없었다. 권주가 포로로 잡혀 온 사람에게 순무 뿌리를 얻어 왔는데, 몇 뿌리를 씹으니 목구멍이나 장을 조금이나마 축일 수 있었다.

十七日。 晴。

午後, 擄入之人, 紛不知其幾許, 而其中有北結而來者。 賊以其容貌俊美, 且擄於永春[68]地, 故誤認爲永春縣監, 而並囚之, 見吾等垂淚, 言曰: "我是四山監役[69]李士岳也." 吾亦曾聞其名, 而今始見之

67 遺矢(유시): 대변을 봄.

68 永春(영춘): 충청북도 단양군 영춘면 지역. 조선시대에는 영춘현이었다.

69 四山監役(사산감역): 조선 전기에, 서울의 북악산, 인왕산, 남산, 낙산의 城堞과

相對, 良久各淚下, 未暇問及他言。仍氣困而臥, 傷足甚痛, 令黖取火熨之。是日朝夕, 皆無所食。黖得菁根於擄入之人, 咀嚼數本, 喉腸稍沃。

8월 18일。 맑음。

아침에 이 감역(李監役: 四山監役 李士岳)이 나의 자(字)를 물었는데, 내가 말하기를, "이런 사지에 들어와 자를 물어 어디에 쓰려고 하는가?" 라고 하면서 이로 인해 서로 이야기를 나누었다. 또 내가 말하기를, "그대와 나는 모두 녹을 먹는 신하인데도 스스로 죽지 못하고, 이런 곳에서 며칠 동안 목숨을 겨우 이어가고 있으니 감히 하늘에 있는 해를 바라볼 수가 없네."라고 하자, 감역이 말하기를, "적들이 곧장 우리를 죽이지 않는 것은 한편으로 우리를 빌미로 삼아 장차 저들의 나라에서 큰 공을 인정받으려는 것이요, 다른 한편으로 어르신의 귀한 아드님을 중한 보물로 여겨 우선 어르신에게 칼을 대지 않는 것 같습니다. 구차히 사는 것은 비록 의(義)에 맞지 않는다고 하지만 헛되이 죽는 것 또한 아무런 도움이 없을 것이니, 어찌 사세를 보지도 않고 죽을 곳을 찾는단 말입니까? 하물며 소무(蘇武)와 문산(文山: 文天祥)이 어찌 진실로 충신(忠臣)과 의사(義士)가 아니라서 또한 화를 면하지 못했겠습니까? 힘이 다하게 되니, 형세가 그럴 수밖에 없었던 것입니다." 하였다. 이어서 서로 손을 잡고 울었다.

어떤 노파가 순무 뿌리를 가지고 와서 우리에게 보내주었는데, 굶주

松林을 지키던 무관 벼슬. 네 명을 두어 각 산을 나누어 맡게 하였다.

린 가운데 그것을 얻어 씹고 제각기 물을 마신 것으로 인하여 굶주림을 넉넉히 잊을 만했다. 노파는 충주(忠州)의 북촌(北村) 사람이었고, 이름은 덕비(德非)라고 하였다.

군리(郡吏: 영월군 아전) 엄수일(嚴守一) 또한 황태(黃太: 메주콩) 몇 되를 가져와 보내주니, 이는 엄수일이 왜적에게 부림을 당하여 관청을 드나들 때에 가져온 것으로 권주(權黈)가 군기(軍器)인 철두구(鐵頭具: 쇠투구)로 자리 곁에서 볶아 나누어 먹었다. 엄수일이 또 말하기를, "우리들이 구차히 살아 이곳에 이르렀지만, 하늘이 혹시라도 우리를 도망치게 한다면 어찌 제각기 몇 움큼씩이라도 숨겨서 요기할 준비를 하지 않겠습니까?"라고 하였는데, 이내 포로로 잡혀온 사람에게 포목을 빌리고 또 덕비(德非)에게 조그마한 자루 4개를 만들도록 청하였다. 네 사람은 각기 자루 하나씩 가지고 메주콩과 순무 뿌리 또는 복숭아·밤을 나누어 담았다. 평창군 아전 네댓 명 또한 와 적중(賊中)에서 복무하였는데, 우리가 이곳에 이르러 그것을 보았지만 비록 분개한들 어찌하겠는가?

十八日。晴。

朝李監役問吾字, 吾曰: "入此死地, 問字何用?" 因相與言之。且曰: "君吾皆是食祿之臣, 不能自死, 延此數日之命, 不敢仰視天日." 監役曰: "賊徒之不卽殺之者, 一則以我等爲奇貨[70], 將徼大功於渠國也, 一則以貴胤爲重寶, 姑不加刃於尊丈也。苟活雖非義, 徒死亦無益, 盍觀事勢, 以求死所乎? 況蘇武·文山[71], 豈不誠忠臣義士而

70 奇貨(기화): 어떤 일을 빌미로 삼음.

71 文山(문산): 宋나라 충신 文天祥의 호. 자는 宋瑞, 信國公에 봉해졌다. 원나라

亦不免矣? 力之所窮, 勢固然也." 仍與握手而泣。有老嫗持菁根, 來饋吾等, 飢餓中得而嚙之, 因各飮水, 足以忘飢。嫗乃忠州北村人也, 名曰德非云。郡吏嚴守一, 亦以黃太數升來饋, 此則守一爲倭所使, 出入於官廳時, 所取來者也, 黈以軍器鐵頭具, 炰之於坐邊, 分嚙之。且曰: "吾等苟活到此, 天或使我逃脫, 則盍各藏數掬, 以備療飢乎?" 仍借布端於擄入人, 又請德非造四小帒。四人各持之, 太與菁根或桃栗, 得輒分儲之。平昌吏四五人, 亦來服役於賊中, 吾到此視之, 雖憤奈何?

8월 19일。맑음。

낮에 영월(寧越)의 사인(士人) 고종원(高宗遠)·고종길(高宗吉) 형제가 포로로 잡혀 들어왔는데, 먼저 내 앞에 이르러 눈물을 훔치며 말하기를, "공(公: 권두문)은 어쩌다 이런 지경에 이르게 되었습니까?"라고 하는지라, 내가 답하기를, "평소에 악을 많이 쌓았는지 몇 년 이래로 혈육의 상사(喪事)를 연달아 겪었는데 지금 또 부자가 함께 호랑이 아가리로 들어오게 되었습니다. 늙으신 부친은 올해 연세가 71세이지만, 지금 도피 중에 있으나 또한 어떻게 할 수가 없습니다. 그래서 오직 속히 죽기만 바랐으나, 적들이 당초에 죽은 첩(妾: 康女)이 칼을 무릅쓰고 나를 감쌌기 때문에 곧장 나를 죽이지 못하였습니다. 그 후로 왜적 또한 아들 권주(權黈)를 달래고 기쁘게 하려는 마음으로 우선 죽이는 것을 늦춘 것인데, 오늘은 비록 살아 있을망정 내일이야 어찌 될지

장군 張弘範에게 패하여 3년 동안 燕獄에 갇혔으나 굴복하지 않고 마침내 죽음을 당했다.

알겠습니까?"라고 하니, 고군(高君: 고종원)이 말하기를, "이는 천명입니다. 중랑(中郞: 蘇武)·문산(文山: 문천상) 또한 화를 면하지 못한 것이 어찌 모두 다 악을 쌓아서 그렇게 된 것이겠습니까? 공(公: 권두문)이 화를 당한 것은 나와 대략 비슷합니다. 나 또한 80세 된 늙으신 부친이 지금 산골짜기에 숨어 있고, 아우 고종경(高宗慶)이 처음 의병을 일으켰지만 결국 비명에 죽었고, 아내는 나를 살리려 도모하다 석굴에서 몸을 던졌고, 형제가 사로잡혔으니, 공(公)과 내가 화를 당한 것이 어쩌면 그리도 서로 매우 비슷하단 말입니까?" 하였다.

내가 말하기를, "말이 공(公: 고종원)의 막내동생에게 미치니 내 마음은 슬프디 슬픕니다. 당시 사형을 집행한 것은 실로 애매한 것이어서 나는 일찍이 밥 먹고 쉬는 사이에도 잊지 않았었는데, 지금 생각해 보니 또한 나의 잘못인 것도 같습니다."라고 하자, 고군(高君: 고종원)이 이에 억울한 마음을 억누르며 말하기를, "내 동생의 죽음은 비록 지극히 애매하였지만, 본읍(本邑: 영월군)에서 면죄되도록 잘 변호해 보낸 첩문(牒文: 하급 관아의 공문서)도 길이 막혀 전달되지 못한 데다 영문(營門: 감영)에서 도로 석방하라는 관문(關文: 상급 관아의 공문서)도 사형을 집행한 뒤에야 왔으니 또한 운명인 것입니다. 공(公: 권두문)에게야 무슨 상관이 있겠습니까?"

고종원은 횡성(橫城)에서 대대로 벼슬했던 집안이었다가 영월(寧越)에 새로 터를 잡고 살았는데, 왜적들이 변란을 일으켰다는 소식을 듣고 그의 동생 고종경과 함께 고을에 동문으로 알리고 의병을 모집하여 국난에 달려갔다. 온 고을 사람들이 고종경을 문무의 재주가 있다고 여겨 의병장으로 추대하자, 고을에서 의병을 수백 명 모집하여 막 홍천

(洪川)과 영춘(永春) 사이로 가서 험지를 웅거하여 왜적을 차단하려 하였다.

도백(道伯: 柳永吉)이 이를 듣고 불러들여 만나고는 의롭게 여기며 장하게 생각하고서 흥원진(興原津)의 진영(陣營)이 병사가 적어 미약했기 때문에 그에게 감영의 군사 오백 명을 단속해 가서 흥원을 돕도록 하였다. 그리고 이러한 뜻으로 흥원진에 관문을 미리 보냈는데, 감영의 군사들이 중도에 도망쳐 흩어진 데다, 남은 군사들을 데리고 있는 힘을 다해 도착했으나 약속 기한을 넘기고 말았다. 흥원의 진장(陣將)이 감영에 보고하였고, 감영에서는 군율을 어겼다면서 그를 찾아 본군(本郡: 영월군)에 보내어 사형을 집행하라는 관문을 보냈다. 고종경이 처음에는 비록 의병을 모집하여 국난에 달려갔지만, 이미 감영의 지휘를 받아 흥원진의 진영에 달려갔으나 군사를 잃어버린 데다 약속 기한을 어겼기 때문에 이러한 관문(關文)이 있게 된 것이다.

마침 이러한 때에 나는 겸관(兼官)으로 영월군에 도착하였는데, 온 고을의 대소 인민들이 관아의 뜰에 가득 채워 호소하기를, "고종경은 숭상할 만한 의기가 있었지 죽일 만한 죄가 없습니다. 감영(監營)의 군사들이 오늘 내어 주었는데도 그 다음날 도망쳐 흩어진 것은 고종경이 군율을 엄하게 하지 않아서가 아니라 군사들이 싸울 의지를 갑자기 잃었기 때문입니다. 더구나 그의 재주와 국량이 한 모퉁이 정도는 막을 만한데, 이런 위급한 때를 당하여 하나도 죄없는 의사(義士)를 죽인다면 어찌 원통하고 애석함이 크지 아니하겠습니까?"라고 하였다. 이때 피난민으로 완산군(完山君) 이축(李軸)·전 부사(前府使) 윤면(尹勉)·선전관(宣傳官) 신경징(申景澄)·교관(敎官) 홍식(洪湜)이 자리에 같이 있었는데, 모두 말하기를, "이러한 때에 이런 사람이 먼저 의병을 일으켰으니 그가 쓸 만한 인재임을 알 수가 있소이다. 그를 용서하여 스스로 몸바치게 한다면, 국가에 이익이 될 것이외다."라고 하였다.

나는 이에 이러한 의견들을 담아 보고하였으나, 이 공적인 보고서를 맡은 사자(使者)가 길이 막혀 그냥 돌아오고 말았다. 나는 수령의 도리로 상사(上使)의 명을 오래도록 지체해서는 안 된다고 생각하여 부득이하게 사형을 집행하였다. 얼마 뒤에 도백(道伯: 감사 류영길)이 그에게 죄가 없음을 깨달아 도로 석방하라는 관문을 다시 보내왔지만, 나는 비록 깜짝 놀라 서글퍼하고 애석히 여겼으나 이미 어떻게 할 수가 없었다. 내가 애매하다고 한 것은 이 때문이었다.

고군(高君: 고종원)이 내 아들 권주(權黈)가 곁에서 나를 부축하여 간호하며 성의를 가지고 정성을 다하는 것을 보고 감탄하여 말하기를, "충효의 집안에서 하나의 기풍으로 전하여 이어받고 있으니, 하늘이 반드시 도울 것이며 왜적 또한 해칠 수 없을 것입니다."라고 하였다. 내가 말하기를, "형장(兄丈: 고종원) 또한 대대로 받은 나라의 은혜를 잊지 못하여 필부(匹夫)의 몸으로 대의를 부르짖었는데, 막내동생이 중도에 원통함을 품게 된데다 나머지 형제가 지금 또 이 지경에 이르게 되었지만, 하늘이 만약 우리 부자(父子)를 보호한다면 또한 형장의 형제도 반드시 보호할 것입니다." 하였다.

이야기를 주고받는 사이에 밤이 깊어진 줄 몰랐는데, 고군(高君: 고종원)이 긴 한숨을 쉬며 탄식하여 말하기를 "생각건대 나의 종왕고(從王考: 종조부) 익장공(翼莊公: 高荊山)은 삼도체찰사(三道體察使)가 되어 그 위엄과 명성이 멀리 풍속이 다른 지방에까지 떨치니 왜구가 저절로 사라지게 되었습니다. 그래서 교지(敎旨)에 이르기를, '경(卿)의 학식은 막힘없이 통하고 지혜와 용기는 남보다 뛰어나도다.'라고 하였는데, 지금 그 자손이 도리어 왜놈에게 포로가 되었으니 집안의 성쇠란 어찌 한심하지 않겠습니까?" 하고는 이어 슬퍼한 나머지 눈물만 흘렸다. 나 또한 감개하고 분개하는 마음이 엇갈려서 어떤 말로 위로해야 할지 몰랐다.

十九日。晴。

午寧越士人高宗遠·宗吉兄弟擄入, 先至吾前, 拭淚而言曰: "公何以至此?" 答曰: "平生多積惡, 數年以來, 連喪骨肉, 今又父子同入虎口。老父時年七十一, 方在奔竄中, 亦無如之何矣。惟願速死, 而賊輩當初, 以亡妾冒刃, 覆我之致, 不卽殺我。厥後, 賊亦誘悅男鮏之心, 姑緩其殺, 今日雖存, 明日何知?" 高君曰: "此則命也。中郎[72]·文山, 亦所不免, 豈盡積惡而然哉? 公之所遭, 與吾畧同。吾亦有八十老父, 方竄山谷, 弟宗慶始倡義旅, 竟死非命, 妻爲我圖生, 捐軀石窟, 兄弟被執, 公我所遭, 何其酷相似也?" 吾曰: "語到令季[73], 我

---

72 中郎(중랑): 漢武帝 때 中郎將 蘇武를 가리킴.

73 語到令季(어도영계): 1592년 임진왜란 발발시 영월에 살던 고종원, 고종길, 고종경 삼형제는 경상우도 초유사 김성일의 倡義檄文을 보고서 의병을 일으키고 고종경을 창의대장으로 추대하였다. 이때 강원감사 柳永吉은 고종경에게 관군 500명을 여주 한강에 있는 興原津으로 통솔해 가도록 명하였다. 관군을 통솔하여 가는 도중 관직도 없는 고종경의 통솔에 따르지 않고 도망치는 자가 많이 생겨서 약속한 날짜에 흥원진에 도착하지 못했다. 고종경은 제때에 도착하지 못했을 뿐만 아니라 인솔해 온 군사의 수도 많이 모자란다면서 흥원진장이 그를 군율로 다스려야 한다고 보고하자, 유영경은 영월군수 權斗文에게 그 책임을 묻고 참수하도록 명하였다. 이에, 권두문은 영월 백성들의 사면 요청을 받아들여서 유영경에게 고종경을 사면하도록 청하는 서한을 보냈으나 길이 막혀 제때에 가지 못하고 말았다. 뒤늦게 이 소식을

心慽慽。當時行刑, 實是曖昧, 吾嘗食息不忘, 至今思惟, 亦似我之過也.” 高君乃掩抑曰: “吾弟之死, 雖極曖昧, 本邑救解[74]之牒[75], 路梗未達, 營門還赦之關, 後於行刑, 則亦命也。公何與焉?” 蓋高宗遠, 橫城[76]世族, 新寓寧越, 聞倭變, 與其弟宗慶, 通告鄕中, 募兵赴難。一鄕咸以爲宗慶, 有文武才, 推以爲長, 募鄕兵數百, 將往洪春之間, 據險遮截。道伯[77], 聞而召見, 義而壯之, 以興原[78]陣之單弱, 故使之押營軍五百, 往助興原。而以此意, 發關原陣, 營軍中途潰散, 自致失期。陣將報營, 營門以犯軍律, 推送本郡, 有行刑之關。宗慶初雖募兵赴難, 旣受營門之節制而赴陣, 亡軍失期, 故有是關也。適於此時, 吾以兼官到郡, 一邑大小人民, 滿庭呼訴曰: “宗慶有

접한 유영길은 고종경을 사면한다고 명하였으나, 권두문이 감사 유영경의 답신이 없자 이전의 명에 따라 이미 고종경에 대한 참수가 집행된 후였다. 그 이후로 고종원과 고종길 형제가 왜적에게 포로가 되었던 것이다. 원문의 언급은 바로 이 사건을 말하는 것이다.

74 救解(구해): 減罪되거나 免罪되게 잘 변호함.

75 牒(첩): 牒文. 공문서의 일종으로 하급 관사에서 상급 관사로 보고하는 문서.

76 橫城(횡성): 강원도 남서부에 있는 고을. 동쪽은 평창군, 서쪽은 양평군, 남쪽은 원주시·영월군, 북쪽은 홍천군과 접한다.

77 道伯(도백): 柳永吉(1538~1601)을 가리킴. 본관은 全州, 자는 德純, 호는 月峰. 柳永慶의 형이다. 1559년 별시 문과에 장원급제하였으며, 부수찬·정언·병조 좌랑·헌납 등을 거쳐 1565년에 평안도 도사가 되었다. 1589년 강원도 관찰사·승문원 제조를 지냈다. 1592년 임진왜란 때 강원도 관찰사로 춘천에 있었다. 이때 조방장 元豪가 여주 甓寺에서 왜군의 도하를 막고 있었는데, 檄書를 보내어 본도로 호출함으로써 적의 도하를 가능하게 하는 실책을 범하였다. 1593년 도총관·한성부 우윤을 역임하고, 다음해 賑恤使가 되었다. 1597년 정유재란이 일어나자 호군·연안부사가 되고, 2년 뒤 병조참판·경기도 관찰사를 역임하였으며 1600년 예조참판으로 치사하였다.

78 興原(흥원): 조선시대에 걸쳐서 한강의 지류인 섬강이 남한강에 합류하는 지점에 설치, 운영되었던 漕倉.

可尙之義, 無可殺之罪。營軍, 則今日交附, 明日潰散, 非宗慶師律之不嚴, 軍心[79]之遽失也。且其才器, 可防一隅, 當此危急之日, 殺一無罪義士, 豈非可寃可惜之大者乎?" 伊時, 避亂人完山君李軸[80]·前府使尹勉[81]·宣傳官申景澄[82]·敎官洪湜[83]在座, 皆曰: "此時此人, 能先倡義, 可知其可用之才也。赦之自效, 國家之利也." 吾乃以此論報, 而公事使, 路梗空返。吾念守令之道, 不可久稽上使之令, 不得已行刑。俄而, 道伯悟其無罪, 還赦之關又到, 吾雖愕然嗟惜, 已無及矣。吾所云曖昧者此也。高君見吾男黈, 在側扶護, 誠意懇至, 歎曰: "忠孝之家, 一氣相傳, 天必佑之, 倭亦不能害也." 吾曰: "兄亦不

---

79 軍心(군심): 군사들의 전투 의지.

80 李軸(이축, 1538~1614): 본관은 全州, 자는 子任, 호는 沙村. 1576년 식년문과에 급제하여 승문원에 들어갔다. 그뒤 호조좌랑·예안현감·형조와 공조의 정랑 등을 거쳐, 1589년 안악군수로 있을 때 韓準·朴忠侃·韓應寅과 함께 鄭汝立의 모역을 조정에 고변한 공으로 이듬해 完山君에 봉하여지고 공조참판으로 승진되었다. 그뒤 형조판서·우참찬을 역임하고 1592년 임진왜란 때에는 建義大將 沈守慶의 부장으로 의병을 지휘하였고, 1594년에는 진휼사가 되어 서울의 백성을 구휼하였다. 이어 좌참찬을 거쳐, 1611년 完山府院君에 올랐다.

81 尹勉(윤면, 1534~?): 본관은 坡平, 자는 致仲. 1576년 별시문과에 급제하였다. 1587년 평창군수를 거쳐 선산부사를 지냈다.

82 申景澄(신경징, 생몰년 미상): 본관은 平山. 1592년 선전관, 1594년 비인현감, 1599년 훈련원 부정, 1601년 만포첨사, 1604년 南道虞候, 1609년 온성부사, 1610년 영암군수, 1614년 전라좌수사, 1616년 경상수사, 1616년 公洪水使 등을 역임한 것으로 보인다.

83 洪湜(홍식, 1559~1608): 본관은 南陽, 자는 仲清, 호는 西湖. 1588년 사마시에 합격고, 1594년 별시문과에 급제하여 검열이 되고, 1599년 정언·지평·전적을 거쳐, 이듬해 헌납·수찬·직강, 1602년 부수찬·장령·집의를 역임하고, 다음해 응교·사간을 지냈다. 1604년 전한, 직제학을 거쳐 우부승지를 거쳐 이듬해 좌승지·도승지·대사헌을 역임하고, 1606년 이조참판이 되었다. 1592년 임진왜란 때 내시교관으로 있었는데, 할머니와 병는 어머니의 봉양을 위하여 의주로 왕을 호종하지 못하였는데 이로 인하여 대북의 공격을 받았다.

忘世受之恩, 以匹夫倡大義, 令季中途抱寃, 兄及弟矣, 今又至此, 天若保吾父子, 亦必保兄之昆弟矣." 酬酢之際, 不覺夜深, 高君喟然, 嘆曰: "念我從王考翼莊公[84], 爲三道體察使, 威聲遠振於殊俗, 倭寇自戢。故敎旨若曰: '惟卿學識通徹, 智勇邁人.' 今其子孫, 反爲倭奴之所擄, 人家之汙隆, 寧不寒心哉?" 仍垂涕於悒。吾亦感憤交中, 不知何辭可慰也。

8월 20일。 맑음。

평창(平昌)에서 이곳으로 절의 승려 또한 봇짐을 진 채로 잡혀 들어왔다가 막 풀려나 돌아간다고 나에게 알렸는데, 엄수일(嚴守一)에게 종이와 붓을 구하여 집에 보내는 편지를 쓰고자 하였지만 뭐라고 써야 할지 몰랐다. 한참 뒤에야 마음이 조금 진정되어 권점(權點, 협주: 선생의 장남인 진사공으로 호는 휴계이다)에게 보내는 편지 1통을 겨우 썼다. 쓸 때 팔에서 피가 떨어져 종이를 가득 물들였으니, 가솔들이 그것을 보면 응당 마음이 갑절 상할 것이라 이내 비통하여 숨이 끊어지는 듯 하였다. 연로한 부친은 천지가 망극하기만 하고 병든 아내는 생각하는 심정이 아득하기만 하여 모두에게 한 글자도 쓰지 못하다가 붓을 던지고서

---

84 翼莊公(익장공): 高荊山(1453~1528)을 가리킴. 본관은 橫城, 자는 靜叔. 사마시에 합격하여 생원이 되고, 1483년 별시문과에 급제한 이후 연산군 때 해주목사·함경북도병마절도사를 지냈다. 중종 때 강원도관찰사와 형조·호조·병조의 판서 등 요직을 차례로 역임하고 우찬성에 이르렀다. 趙光祖 일파의 정치개혁을 반대하는 세력의 한 사람으로 賢良科의 실시 등을 극력 반대하였으며, 1519년 南袞 일파와 함께 기묘사화를 일으켜 신진세력을 축출하였다. 三道體察使에 임명된 일은《中宗實錄》1521년 8월 25일 3번째 기사에 보인다.

누우니, 권주(權黈)가 곁에 있다가 애써 눈물을 감추며 부축해 구완하는 것에 힘입어 다시 일어났다.

왜장과 왜군은 모두 글을 알지 못하였는데, 오직 적의 수괴를 가까이서 받드는 왜인 한두 사람만이 대략 글자를 베낄 줄만 알 뿐이나 또한 글 내용은 이해하지 못하였다. 사리에 어둡고 어리석어 반드시 높이면서 귀히 여길 줄만 알았으니, 만일 문답할 일이 있으면 간혹 글자를 써서 보여주었으나 자형(字形)을 제대로 쓰지도 못하였고 문리(文理) 또한 통하지도 않았다. 나머지 왜적의 병졸들도 귀머거리나 장님과 같았기 때문에 비록 종이와 붓을 요구해서 편지를 쓰거나 혹은 일기를 쓴다 해도 왜적들은 보고 비웃기만 할 뿐이지 다시 의심하지 않았다.

권주(權黈)가 섬돌에서 피를 흘리며 머리를 조아려 말하기를, "늙은 아비가 오랫동안 갇혀 병이 날이 갈수록 더욱 심해져서 목숨이 오늘내일한다. 바라건대 속히 풀어 돌려보내주오." 하였는데, 말과 눈물이 뒤범벅되었다. 왜적의 수괴가 급히 그의 무리를 불러서는 달려가서 부축해 일으키도록 한 뒤에 온화한 말로 위로하였고, 또한 결박한 새끼줄을 잠시 느슨하게 풀어주도록 하였다.

통역 왜인이 본군(本郡: 영월군)에서 바치는 토산공물안(土産貢物案)을 가지고 누대 위에 올라가 엄수일(嚴守一)에게 그것을 공책에 베껴 옮기도록 하였는데, 엄수일은 베껴 옮기는 것이 서툴렀다. 글자의 획이 간혹 바르지 않으면 그때마다 곤장으로 그의 등을 사정없이 때리니, 엄수일이 울부짖으며 베껴 옮겼지만 그 고통을 견딜 수 없었다. 엄수일이 말하기를, "어찌하여 본책(本冊: 原書)을 가져가지 않고 굳이 베껴 옮긴단 말입니까?"라고 하자, 통역 왜인이 말하기를, "원서는 그것을 바친 고을에 응당 남겨두어야 하는 것이니, 장차 새로 베껴 옮긴 것을 가지고 행차에 갈 것이다." 하니, 엄수일이 원서를 모조리 다 베껴 옮기는 것이 괴로워서 통역 왜인에게 애걸하여 말하기를, "옛 공물안에 적혀 있는 저 개암나무 열매나 석이버섯 등과 같은 것은 대단치 않은 하찮은 물품이니, 불필요한 것은 없애버리고 쓰는 것이 어떻겠습니까?"라고 하면서 억지를 부린 뒤에야 허락했는데, 환상(還上: 還穀)의 책자 또한 베껴 옮기도록 하였다.

통역 왜인이 본래 대마도(對馬島) 사람이라고 스스로 말하며 평상시나 강화시(講和時)에 우리나라를 왕래했다고 하였다. 그래서 우리나라 말을 대충 깨치어 알았으나 분명히 알아듣지 못했으니, 열 마디 말에 겨우 두세 마디 말만 아는 정도였다. 적의 수괴가 글자를 아는 왜인에게 우리 성상(聖上)의 휘자(諱字)를 쓰도록 하고는 권주에게 보이며 말하기를, "이는 누구의 이름이냐?" 하였는데, 권주가 대답하지 않았다. 왜적이 다시 묻기를, "정말로 알지 못하느냐?"라고 하였는데, 권주가 말하기를, "자식은 아버지의 이름 부르기를 피하고 신하는 임금의 이름 부르기를 피하는데, 무슨 대답할 것이 있겠는가?" 하자, 왜적이 말하기를, "너의 왕은 나라를 버리고 멀리 달아날 수 있단 말이냐?"라고 하니, 권주가 말하기를, "국운이 불행하여 도성을 떠나게 된 것은 형세상 면하기 어려운 것이었다." 하였다.

또 왜적이 김성일(金誠一)의 이름을 쓰도록 하고서 말하기를, "이 사람도 또한 아느냐?"라고 하였는데, 권주가 말하기를, "내 아버지의 벗이다."라고 하자, "지금 무슨 관직에 있느냐?"라고 하는지라, "지난번에는 왕명을 받들어 일본에 사신으로 나갔었는데, 지금은 정벌을 전담하는 임무를 받들어 영남(嶺南)에 있다."라고 하였다. 또 묻기를, "이덕형(李德馨)은 어디에 있느냐?"라고 하였는데, 답하기를, "여러 차례의 서면 보고에서 대가(大駕)를 호종하고 있다고 하였다." 하자, 왜적이 말하기를, "김성일·이덕형은 과연 너희 나라의 어진 재상이다. 너희 나라에 김성일·이덕형과 같은 이가 몇 사람이나 있는가?"라고 하니, "너가 아는 사람은 오직 이 두사람뿐이나, 그밖에도 어진 장수와 재상이 이루 다 헤아릴 수 없다." 하였다. 적의 수괴가 고개를 끄덕일 뿐이었다.

적의 수괴가 또 말하기를, "너희 나라는 중국에 구원병을 청하여 우리들을 죽이려고 하나, 중조(中朝: 명나라)의 군사가 비록 많을지라도 우리가 어찌 두려워하겠는가?"라고 하였는데, 답하기를, "중조가 우리 나라와는 부모 자식의 관계와 같으니, 자식이 병들까 근심하는 것은 진실로 당연하다. 천자가 지금 장차 천하의 병사를 동원하여 곧장 부상(扶桑: 일본)을 공격할 것이다."라고 운운하자, 많은 왜적들이 서로 돌아보며 크게 웃었다. 왜적 한 명이 바지를 걷어올리고서 얼굴을 두드리며 말하기를, "두려워할 것이 없고 두려워할 것이 없다."라고 하였다.

二十日。晴。

平昌於是, 寺僧亦擄入負卜而來, 將放還告歸, 覓紙筆於嚴守一, 欲修家書, 則不知所云。良久後, 心思暫定, 僅成點[85]兒【先生長子進士公, 號休溪.】處一書。書時, 臂血滴, 染滿紙, 家屬見之, 應倍傷心, 仍悲痛欲絶。老親則天地罔極, 病妻則情懷漠漠, 皆不成一字書, 擲筆而仆, 黈在傍掩泣, 扶救, 賴以復起。倭將倭軍, 皆不識文, 惟將

85 點(점): 權點(1568~?). 본관은 安東, 자는 子興, 호는 休溪. 權黈의 형이다. 1609년 증광시에 합격하여 진사가 되었다.

魁前近侍, 倭一二人, 畧知寫字, 而亦不解。蒙然必尊而貴之, 如有答問事, 或書示而不成字體, 文理亦不通。餘卒有同聾瞽, 故雖求覓紙筆而修書, 或寫日記, 倭徒視而笑之, 不復有疑也。黈叩頭濺血於堦石, 曰: "老父久縶, 病日益甚, 命在今明。乞速放還." 言淚俱發。倭魁急呼其徒, 趍救扶起, 溫辭慰之, 且令暫緩結縛之索。通事倭, 持本郡所上土産貢物案, 上樓上, 令嚴守一謄寫空冊, 守一拙寫。字畫, 若或不正, 則輒以笞杖, 猛打其背, 守一呼泣且書, 不勝其苦。守一曰: "何不持往本冊, 而必以謄寫耶?" 倭曰: "本冊當留上本郡, 將以新寫者, 持往行次矣." 守一苦於盡寫, 哀乞於倭, 曰: "舊案中, 如彼榛子·石耳等, 不關之微物, 則減除不必, 書之如何?" 强而後許, 還上冊, 亦令寫之。通事倭自言, 本以對馬島人, 平時·講和時[86], 往來我國云。粗解[87]我國語, 而未分明, 十語只知二三矣。賊魁令解文之倭, 書我聖上諱字, 以示黈, 曰: "此何人名耶?" 黈不答。倭更問曰: "果不知乎?" 黈曰: "子諱父名, 臣諱君名, 有何所答?" 倭曰: "汝王棄國遠走耶?" 曰: "國運不幸, 去邠[88]之行, 勢所難免." 又書金誠一[89]名, 曰: "此亦知之乎?" 曰: "是我父友也." 曰: "今

---

86 講和時(강화시): 1592년 8월의 일기 내용인 것을 감안하면. 1593년부터 강화 교섭이 시작되어 5년간 계속되었다가 1596년 오사카성(大阪城) 회담에서 결렬된 것과는 서로 부합하지 않는 어휘임.

87 粗解(조해): 뜻을 대충 깨치어 앎.

88 去邠(거빈): 임금이 전란을 피해 도성을 버리고 다른 곳으로 옮겨가는 것. 원래 邠은 중국 周나라의 서울이었는데, 太王이 오랑캐의 침입을 받자 이를 피하기 위해 岐山 밑으로 옮겨간 고사에서 유래한다.

89 金誠一(김성일, 1538~1593): 본관은 義城, 자는 士純, 호는 鶴峯. 1564년 사마시에 합격했으며, 1568년 증광문과에 급제하였다. 1577년 사은사의 서장관으로 명나

作何官?" 曰: "頃奉王命, 出使日本, 今受專征之任, 方在嶺南耳." 又問: "李德馨[90]何在?" 答曰: "屢有書報云扈從大駕矣." 倭曰: "金李, 果汝國之賢相也。汝國, 如金李者, 有幾人耶?" 曰: "汝之所知者, 惟此二人, 其他將相之賢者, 不可勝數." 賊魁頷頭而已。賊魁又曰: "汝國請兵於中國, 欲殺我輩, 中朝之兵雖衆, 吾何畏哉?" 答曰: "中朝之於我邦, 猶父母之於子也, 其疾之憂[91], 固其所也。天子, 今將動天下之兵, 直禱[92]扶桑[93]." 云云, 羣倭相與大笑。一倭褰裳, 叩肫

라에 가서 宗系辨誣를 위해 노력했다. 그 뒤 나주 목사로 있을 때는 大谷書院을 세워 김굉필·조광조·이황 등을 제향했다. 1590년 通信副使가 되어 正使 黃允吉과 함께 일본에 건너가 실정을 살피고 이듬해 돌아왔다. 이때 서인 황윤길은 일본의 침략을 경고했으나, 동인인 그는 일본의 침략 우려가 없다고 보고하여 당시의 동인 정권은 그의 견해를 채택했다. 임진왜란이 일어나자, 잘못 보고한 책임으로 처벌이 논의되었으나 동인인 柳成龍의 변호로 경상우도 招諭使에 임명되었다. 1593년 경상우도 관찰사 겸 순찰사를 역임하다 晉州에서 병으로 죽었다.

90 李德馨(이덕형, 1561~1613): 본관은 廣州, 자는 明甫, 호는 雙松·抱雍散人·漢陰. 1592년 임진왜란 때 북상 중인 왜장 고니시[小西行長]가 충주에서 만날 것을 요청하자, 이를 받아들여 單騎로 적진으로 향했으나 목적을 이루지 못하였다. 왕이 평양에 당도했을 때 왜적이 벌써 대동강에 이르러 화의를 요청하자, 단독으로 겐소와 회담하고 대의로써 그들의 침략을 공박했다 한다. 그 뒤 정주까지 왕을 호종했고, 請援使로 명나라에 파견되어 파병을 성취하였다. 돌아와 대사헌이 되어 명군을 맞이했으며, 이어 한성판윤으로 명장 李如松의 接伴官이 되어 전란 중 줄곧 같이 행동하였다. 1593년 병조판서, 이듬해 이조판서로 훈련도감 당상을 겸하였다. 1595년 경기·황해·평안·함경 4도체찰 부사가 되었으며, 1597년 정유재란이 일어나자 명나라 어사 楊鎬를 설복해 서울의 방어를 강화하였다. 그리고 스스로 명군과 울산까지 동행, 그들을 慰撫하였다. 그해 우의정에 승진하고 이어 좌의정에 올라 훈련도감 도제조를 겸하였다. 이어 명나라 제독 劉綎과 함께 순천에 이르러 통제사 李舜臣과 함께 적장 고니시의 군사를 대파하였다.

91 其疾之憂(기질지우): 《論語》 〈爲政篇〉의 춘추시대 魯나라 大夫 孟武伯이 공자에게 효를 물었을 때 공자가 이르기를, "부모는 오직 자식이 병들까 근심하는 것이다. (父母唯其疾之憂.)"라고 한 것에서 나오는 말.

92 直禱(직도): 直擣의 오기.

曰: "不足畏, 不足畏."

8월 21일。맑음。

어떤 무녀(巫女) 또한 포로로 잡혀 들어왔는데, 같은 고을에서 잡혀 온 사람들이 모두 자신이 죽을지 살지에 대해 점쳤다. 경진(景鎭, 협주: 李士岳의 字)이 마침 방패 위에 누워 슬피 울기를 그치지 않다가 점치는 소리를 듣고 갑자기 일어나 앉아, 마침내 무녀를 불러 우리 네 사람의 길흉을 물었다. 무녀가 생각에 잠겨 있다가 말하기를, "모두 길합니다." 라고 한 뒤, 또 쟁반 위에 쌀을 흩뿌리고 손으로 집어 보이며 말하기를, "묘문(墓門)이 없습니다." 하였다. 권주(權黈)가 물으니 또 같은 대답이 었고, 내가 가장 마지막으로 물으니 답하기를, "또한 길합니다." 하였다. 내가 이에 말하기를, "네 사람이 길하지 않는 사람이 없는데, 이처럼 호랑이 아가리 속에 들어와 있으니 비록 한두 사람이라도 탈출할 수만 있다면 또한 만에 하나 다행한 일이겠다. 그러나 네 사람에게 모두 길하다고 하니, 무녀의 말을 과연 믿을 수 있겠는가?"라고 하자, 무녀가 말하기를, "저를 믿지 못하겠다고 생각하시더라도, 청컨대 5,6 일 지나기를 기다리면 알게 될 것입니다." 하였다. 우리들은 서로 웃으며 점치는 것을 그만두었다.

二十一日。晴。

有巫女亦擄入, 同郡擄人, 皆卜死生。景鎭【李士岳字】方臥防牌上, 悲泣不歇, 聞推命[94]之聲, 忽起坐, 遂招巫問以吾四人吉兇。巫思索

---

93 扶桑(부상): 해가 뜨는 동쪽에 있다는 神木으로 일반적으로 동해를 뜻하는데, 여기서는 日本을 가리킴.

而言曰: "皆吉." 且散米於盤上, 以手拈示曰: "無墓門." 亶問之又同, 吾最後問之, 答曰: "亦吉." 吾乃言曰: "四人無不吉者, 入此虎口, 雖脫一二人, 亦幸之萬一。而謂四人皆吉, 巫果信乎?" 巫曰: "謂余不信, 請以五六日後爲證." 等相笑而止。

8월 22일。맑음。

경진(景鎭, 李士岳의 字)이 담비 가죽으로 만든 귀마개와 자주색 명주로 만든 긴 옷을 착용하고 있었는데, 적도(賊徒)가 양반인 줄 알게 되면 반드시 죽일까 두려워하였다. 그래서 개 가죽으로 만든 상놈의 귀마개와 바꿔 착용하고, 또 자주색 긴 옷을 무명으로 만든 긴 옷과 바꾸자고 덕비(德非)에게 청하니, 덕비가 말하기를, "왜 하필 바꾸겠습니까? 우리들이야 적들이 반드시 풀어 보내겠지만, 양반들은 풀어주지 않을 것입니다. 날씨가 점차 추워지니, 바라건대 덧입으십시오."라고 하였다. 경진이 감사해 마지않았다. 그 옷이야 누덕누덕 기운 것으로 남루하기가 더할 나위 없이 심하였지만, 덕비가 그 옷을 준 뜻은 아주 소중하였다.

나 또한 웃통이 벗겨진 채로 몸에는 단지 해어진 명주 중치막(中赤莫)과 누빈 목면 중치막 외에 다시 다른 옷을 걸치지 않았는데, 평창(平昌)의 아전들을 불러 말하기를, "너희들 가운데 바지를 벗어 나를 도와줄 자가 있느냐? 내 집에서 그것을 듣고 어찌 보답하지 않겠느냐?"라고 하였으나, 아전들은 응하는 자가 없었다.

---

94 推命(추명): 四柱를 통해 사람의 운명을 추정하는 것.

곁에 있던 한 여인이 이를 듣고 가련히 여겨 말하기를, "어느 누가 나으리께서 아전들에게 바지를 구하리라고 생각이나 했겠습니까? 저의 보따리 속에 남편의 해어진 저고리와 바지가 있습니다만 남루한데도 괜찮으시겠습니까?"라고 하였는데, 권주(權黈)가 듣고 좋아하며 빌리려 하니, 여인은 즉시 보따리를 풀어 꺼내주면서 싫어하는 기색이 없었다. 내가 말하기를, "단지 홑저고리를 얻은 것만으로도 이 맨몸을 가리기에 족하다. 유군(襦裙: 솜치마)도 바라는 것은 지나치다."라고 하자, 여인이 말하기를, "베로 만든 저고리도 있기는 합니다만 심히 해어져서 감히 들이지 못하겠습니다." 하니, 내가 말하기를, "해어진 것이라도 또한 어찌 사양하겠느냐만, 유군(襦裙)만은 실로 온당치 못한 일이다." 하였다. 여인이 마침내 베저고리를 꺼내고 유군도 함께 주었으나, 나는 홑저고리만 취하였고 유군을 사양하려 하였다. 경진(景鎭)이 말하기를, "이렇게 서늘하고 차가운 날씨에 어찌 그리도 몸을 생각하지 않으십니까?" 하였고, 권주와 고언영 또한 내가 받지 않는 것을 답답하게 여겼다. 그리하여 이에 거듭거듭 인사하고 그것을 받았다.

또 버선을 주었는데 매우 크고 두터웠으니, 참으로 아픈 발에 착용하기에 알맞았다. 이러한 뜻을 어떻게 감당할 것이랴만, 그의 이름을 물으니 석개(石介)라 하였고 그 지아비의 이름은 언복(彦福)이라 하였다. 언복은 마침 왜적의 부림을 받아 영문 밖으로 나가서 미처 돌아오지 않았다. 모두 영광(靈光) 사람으로 몇 년 전에 구걸을 하러 이곳에 왔다고 하였다.

이에 홑저고리를 입고 또 유군도 입고 또 버선도 신은 뒤에 옷을 여미고 띠를 매니 기운이 편안해진 듯했다. 이어 경진에게 일러 말하기를, “그대도 이미 옷을 얻었고 나 또한 이 옷들을 얻었으니 천만다행이다. 더구나 이 여인은 내가 이전에 알지 못하던 사람으로 훗날에 바라는 것이 있지도 않았으면서 그 지아비에게 묻지도 않고 옷들을 꺼내 주었는데, 누구나 할 수 있는 것이 아니니 나에게 살 가망이 있지 않겠느냐?” 하였다.

그리고 평창(平昌) 상호장(上戶長) 이응수(李應壽)를 불러, 종이와 붓을 구하여 그 연유를 모두 쓰고서 집에 전달하도록 하였으니, 잊을 수 없는 이 은혜를 알게 되기를 바라며 권주와 함께 손을 잡고 서로 눈물을 흘렸다.

저녁이 되어 듣건대 내일 적도(賊徒)들이 장차 떠나려 한다는데, 어떤 이는 주천(酒泉)으로 간다고도 하고 어떤 이는 제천(堤川)으로 간다고도 하니 우리들로서는 정확히 알 수 없게 하였다. 다시 평창(平昌)의 아전들을 불러 말하기를, “내가 이곳에서 죽지 않고 있지만 원주(原州)에 이르면 죽게 될 것은 의심의 여지가 없다. 너희들이 속히 나의 서찰을 집에 보내주면, 내 아들과 노비가 반드시 나의 해골을 찾아 수습할 것이다.”라고 하는데 말문이 막히고 말할 수 없어서 다만 이 서찰을 지체시키지 말라는 말만 하였다.

또 말하기를, “절부(節婦: 강녀)의 신체가 버려져 너희 땅에 있는데, 지금은 반드시 개와 솔개가 먹었을 것이다. 너희들이 만약 땅을 파서 덮어두고 우리 집에서 수습해 가기를 기다리면 훗날 너희 고을에도 또한 빛이 있게 될 것이다.”라고 하니, 아전들이 말하기를, “감히 명하신 대로 하지 않겠습니까?” 하였다. 또 아전들에게 일러 말하기를, “당초 사로잡혔을 때 내가 인신(印信)과 병부(兵符)를 잃어버릴까 염려하여 석굴 벽의 작은 구멍에 넣고서 다른 돌로 그것을 막아 두었으니, 너희들이 가서 보면 반드시 있을 것이다."라고 하니, 아전들이 말하기를, "만약 혹시라도 그것을 얻게 된다면 그 얼마나 다행이겠습니까?" 하였다.

二十二日。晴。

景鎭着獤皮耳掩及紫紬長衣, 恐賊徒知爲兩班則必殺之。故換着常者之狗皮耳掩, 又以紫長衣, 請換木綿長衣於德非, 德非曰: "何必換爲? 吾輩則賊必放送, 而兩班則不放。日氣漸寒, 願加着." 景鎭稱謝不已。其衣, 則懸鶉百結[95], 襤莫甚焉, 而其意, 則珍重。吾亦赤脫, 而身上只有破紬中赤[96]·木綿縷緋中赤外, 更無他物, 呼平昌吏輩, 言曰: "汝輩中, 能有解裙救我者耶? 我家聞之, 寧無報乎?" 吏輩莫有應者。傍有一女, 聞而憐之曰: "孰謂進賜求裙於下吏乎? 我袱中, 有家夫破襦裙, 而陋如之何?" 黠樂聞而借之, 卽解袱出給, 曾無吝色。吾曰: "但得單裙, 掩此赤身, 足矣。襦裙則過望." 女曰: "亦有布裙, 而甚破不敢入也." 吾曰: "破亦何辭? 襦裙則實所未安." 女遂出布裙, 而並與之, 吾欲取單而辭襦。景鎭曰: "當此寒凉, 何其不思耶?" 黠與彦英, 亦憫其不受。於是, 百謝而受之。又給足巾, 甚大且厚, 眞宜病足之着。此意何以當之, 問其名則曰石介, 其夫曰彦福。彦福, 適爲賊所使, 出外未還。皆是靈光人, 而數年前, 行乞來此云。於是, 着單裙, 又着襦裙, 又着足巾, 斂衣束帶, 氣似安固。仍謂

---

95 懸鶉百結(현순백결): 옷이 해이져서 백 군데나 기웠다는 뜻으로, 누덕누덕 기워 짧아진 옷을 이르는 말.

96 中赤(중치): 듕치막(中赤莫). 솜누비옷으로 세 자락 옷. 소매가 진동에서 소맷부리 쪽으로 넓어지는 절구통형이다.

景鎭, 曰: "君旣得衣, 吾亦得此, 天幸天幸。且此女, 於吾前所不知, 非有他日之望, 而不問於其夫, 擧而與之, 非人人所能爲, 無乃吾有可生之望耶?" 仍呼平昌上戶長李應壽, 得紙筆, 具書其由, 使傳于家, 庶得認此不忘之恩, 仍與黠執手相泣。夕聞明日, 賊徒將發, 而或云指酒泉, 或云指堤川[97], 使吾等不能的知。更呼平昌吏, 曰: "吾在此未死, 其至原州[98], 見殺無疑。汝等速送吾簡于家, 則吾子·吾奴, 必尋拾我骸骨矣." 語塞不成說, 只言此簡勿留滯。且曰: "節婦身體, 棄在汝地, 今必狗鳶食之。汝等若掘土掩之, 以待吾家取去, 則他日汝郡, 亦有光矣." 吏輩曰: "敢不如命." 又謂吏等, 曰: "當初被擄時, 吾慮印信兵符之見失, 投納窟壁小孔。以他石塞之, 汝往見之, 必在矣." 吏曰: "若或得之, 其幸如何?"

8월 23일。맑음。

자정이 지난 뒤에야 밥을 주니, 어찌 입으로 들어가겠는가? 곧장 우리들을 끌어내어 대문 밖에서 말에 타자, 마을에 있던 여러 진영이 이미 먼저 떠나간 것을 비로소 알았고, 보이는 것이 드물었다. 길을 떠나 북천(北川)에 이르자, 앞서간 적이 물가에 멈추고 모여서 우리를 기다렸다. 우리들이 탄 말의 고삐를 잡아당기며 무슨 말을 했지만, 우리들은 모두 그 말을 알아듣지 못해 대답하지 못했고 필시 이곳에서

---

97 堤川(제천): 충청북도 북동부에 있는 고을. 동쪽은 단양군 어상천면·강원도 영월군 남면, 서쪽은 충주시, 남쪽은 경상북도 문경시, 북쪽은 강원도 원주시와 접한다.

98 原州(원주): 강원도 남서부에 있는 고을. 동쪽은 영월군·횡성군, 서쪽은 경기도 양평군·여주시, 남쪽은 충청북도 충주시·제천시, 북쪽은 횡성군과 접한다.

우리를 죽여 강물에 던지려는 것인가 의심하였다. 왜적 한 명이 손으로 땅에다 그려서 혹은 남쪽을 가리키기도 하고 혹은 서쪽을 가리키기도 하였는데, 나는 필시 제천(堤川)과 주천(酒泉)의 갈림길을 묻는 것이라 생각하였다. 그러나 우리는 모두 그 길을 알지 못하여 손을 들어 우연히 서쪽을 가리키니, 왜적들이 마침내 강을 건넜다.

가대동(可大洞)을 넘어 고갯마루에 이르러서는 고개의 이곳저곳을 보니, 적의 행렬이 널리 가득해 몇 만 명인지 헤아릴 수 없었는지라 몸을 빼내려는 계획을 낼 수가 없었고, 말에서 거꾸로 떨어져 반드시 죽을 수 있는 곳을 찾아도 지세가 극히 험한 곳이 없었다. 몸 또한 안장에 묶여 있으니 어찌하겠는가? 적들이 갈림길을 지나간 곳에는

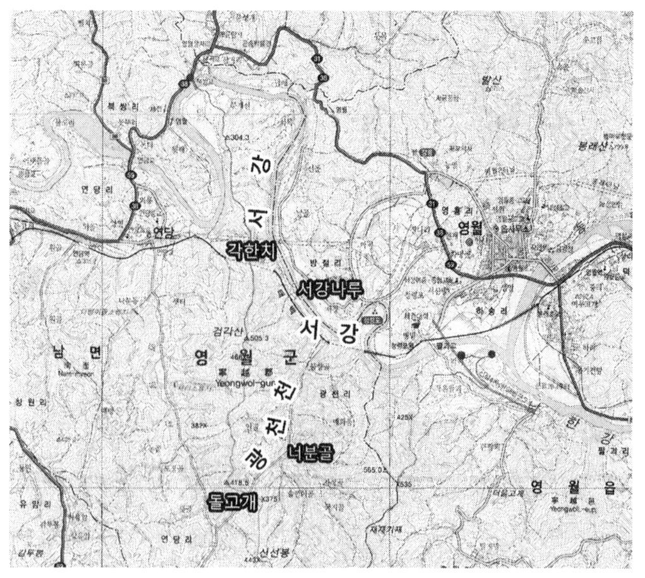

서강 각한치 서강나루 광천천 너분골 돌고개

매번 가시나무를 베어 한쪽 길을 막았고 종이를 걸어 표시해 두었는데, 이것은 필시 먼저 간 사람이 뒤에 오는 사람에게 방향을 표시해준 것이었다. 1식(息: 30리)쯤 지나니 왜적 한 명이 탕구(湯具)를 갖추어 놓고 길가에 혼자 누워 있는 것이 보였는데, 이 또한 왜적이 점심을 먹으려는 곳이었다. 길가의 촌마을에는 깃발을 세워 둔 채로 분탕질하는 자도 있었고, 불은 지르지 않았으나 다만 재물만 취하는 자도 있었다. 게다가 여자를 태워 가는 자도 있었으나, 여자들은 많이 보이지 않았다.

오후가 되어서 제천(堤川)에 이르자, 수직(守直) 왜적이 나와 경진(景鎭: 李士岳의 字)을 선정비(善政碑) 앞에서 말에서 내리게 하였다. 비는 모두 3개였는데, 그 중 하나는 김홍민(金弘敏)의 비였다. 그 비를 보자 내 마음이 더욱 언짢았다. 왜적 수괴가 이미 들어간 뒤에 우리 두 사람을 옛 관아로 끌고 갔는데, 저녁밥을 주었으나 모두 먹지 않았다. 날이 저물자 동쪽 상방(上房)의 북쪽 빈 행랑(行廊)으로 끌고가 방책(防柵)을 치고 가두었는데, 권주(權黈)와 고언영(高彦英)이 뒤따라 와 한곳에 모였다. 적도(賊徒)는 내일 새벽에 일찌감치 떠날 계획이었다. 고언영이 통역 왜인에게 묻기를, "어찌하여 이곳에 머무르지 않느냐?"라고 하니, 답하기를, "이 고을은 타도(他道)라서 관여할 수 있는 곳이 아니기 때문에 지나간다."라고 운운하였다.

매번 행군할 때마다 반드시 포수를 선봉으로 삼아 맨앞에서 보행하도록 하였지만 그 수는 100여 명을 채우지 못했고, 그 다음으로 창칼을 든 군사들이 따랐지만 또한 많지 않았으며, 활과 화살을 든 자는 전혀 없었고 장목궁(長木弓)을 든 자만 그나마 겨우 있었다. 깃발은 갑옷을 입은 자가 등에 지고 갔는데, 갑옷의 등 부분에 구멍이 있어 그 구멍에

깃대를 꽂았고 그 깃대의 끝에다 묶은 새끼줄을 손으로 움켜쥐었다. 기마병 또한 모두 갑옷을 입고 투구와 가면을 썼으며, 크고 작은 두 개의 검을 모든 기마병이 차지 않은 자가 없었다. 군수물자를 등에 지고 머리에 이며 앞서거니 뒤서거니 하였는데, 그들 중 절반은 우리나라 사람이 왜적의 모습을 한 자들로 시끄럽게 떠들며 웃거나 하는 말이 대부분 우리나라 사람의 목소리였다. 군인의 점심밥은 각자 베주머니에 싸서 차고 다녔다. 또 깃발을 크게 펼쳤는데 그 위의(威儀)가 마치 장수가 행차하는 것처럼 하였으니, 이는 허세로 설치한 것이었다. 왜적의 수괴는 홀로 말을 타고 미복(微服) 차림으로 대오(隊伍) 사이에 있었다.

二十三日。晴。

子夜[99]後饋飯, 何可入口? 卽引吾等而出, 騎馬于大門外, 始知閭閻諸陣, 已先發去, 所見稀踈矣。行至北川[100], 前去之賊, 停聚水邊, 以待吾等。攀執吾等馬轡, 而有所語, 吾等皆未解其語, 不知所答, 疑必於此殺吾等而投諸水矣。一倭以手畫地, 或指南或指西, 吾謂必問堤川酒泉岐路也。而吾等皆不知路, 擧手偶指於西, 羣倭遂渡水。踰可大洞[101], 到峴上, 見峴之內外, 賊行彌漫, 不可測數萬, 無脫身之計, 馬上求墜倒必死處, 則地無極險。身且纏鞍, 奈何? 所經岐路, 輒斬棘以防, 掛紙爲標, 此必先行者, 示所向於後行也。至一

99 子夜(자야): 子時인 한밤중.

100 北川(북천): 서강 나루인 듯. 강원도 영월군 영월읍 방절리에 있는 나루터. 서강을 건너면 영월군 남면 광천리가 나오고, 광천리의 角汗峙(각한재)라는 높은 고개를 넘으면 연당리로 갈 수 있었다. 제천으로 가는 주요 교통로였다.

101 可大洞(가대동): 안자락이 넓다고 하여 '넓은 골'이라는 의미로 쓰인 너분골인 듯. 강원도 영월군 남면 광천리 서남쪽에 있는 골짜기이다.

息許, 見一倭俱湯具, 獨臥於路邊, 此亦倭將晝點處也。路傍村舍, 有建旗而方焚蕩者, 或不焚而只取財物者。且有駄女而行者, 然女則不多見矣。午後, 至堤川, 守倭使吾與景鎭, 下馬于善政碑前。碑凡三, 其一則金弘敏[102]之碑也。見之心懷益惡。倭魁旣入後, 引吾二人於舊衙, 饋夕食, 皆不食。昏引入於東上房北空廊, 設柵囚之, 黈與彦英, 追會一處。賊徒有明曉早發之計。彦英, 問通事倭, 曰: "何不留此?" 答曰: "此邑乃他道, 非所管, 故過去."云云。每於行軍時, 必先以炮手爲先鋒而步行之, 厥數未滿百餘, 次以鎗釰之軍, 亦不衆多, 持弓矢者絶無, 而僅有乃長木弓也。旗則衣甲者, 負持之, 甲背有孔, 孔中揷旗竿, 繫繩於竿杪而手捧之。馬軍, 亦皆着甲冑假面, 大小二劍, 則擧一軍, 無不佩也。輜重[103]負載, 或先或後, 半是我國人之爲倭形者, 喧嘩笑語, 多我國聲音。軍人午飯, 各裹諸布囊而佩之。又大張旗幟, 威儀有若將帥行次者然, 此則虛設也。倭魁, 則單騎微服, 間於行伍。

---

102 金弘敏(김홍민, 1540~1594): 본관은 尙州, 자는 任父, 호는 沙潭. 아버지는 金範이다. 1570년 式年試에 급제하였고, 1579년 제천현감을 지낸 뒤 한림과 三司를 거쳐 1584년 이조좌랑이 되었고, 삼사와 함께 李珥와 朴淳을 탄핵하였다. 그 후 舍人을 거쳐 1590년 典翰에 임명되었고, 청주목사를 지냈다. 1592년 임진왜란 때는 의병을 모아 忠報軍이라 칭하고 상주에서 적의 통로를 막아 왜적이 호서지역으로 돌아서 가게 했다. 청주 목사는 임진왜란 전에 지낸 것으로 申炅의 《再造藩邦志》 권2에 처음 언급되어 있다.

103 輜重(치중): 輜는 의복 같은 것을 실은 수레, 重은 병기류 등 무거운 것을 실은 수레인데, 여기서는 군수물자라는 뜻으로 쓰임.

8월 24일。 맑음。

닭이 처음 울자, 밥을 주었으나 먹지 않았다. 왜적이 우리들을 끌어내고 대문 밖에서 말에 태워 길을 떠나 신림(新林: 현 神林)에 이르렀을 때, 적의 수괴의 행렬이 장차 이르자 수직(守直) 왜적이 우리들의 말을 밭 가운데로 끌어가 피하고 적의 수괴가 지나간 뒤에 그를 따라갔다. 뒤이어 장수 한 명이 따라왔는데 정동(井洞: 泉洞里)에서 나를 사로잡았던 우두머리였다. 또 이어서 비단옷을 입고 뒤따라 오는 자가 있었는데, 곧 정동에서 보았던 중추부(中樞府) 하인이라고 한 자였다. 신림(新林: 현 神林)을 지나자 나를 다른 말로 바꿔 태우면서 깔고 앉았던 방석을 빼앗아 길에 버렸는데, 그 말의 등이 무거운 것을 싫어해서였다. 경진(景鎭: 이사악의 字)의 종왜(從倭: 따라다니는 왜적)는 경진이 타던 말을 빼앗아 탔는데, 경진의 목을 건 새끼줄을 그의 말 뒤에 묶고서 또 등뒤로 결박지었다. 경진은 또 걷다가 또 쓰러지곤 했는데, 혹여 천천히 걷기라도 하면 다른 왜적이 몽둥이로 그의 등을 때리니 그 고통스러워하는 모습을 차마 볼 수 없었다. 나의 종왜 또한 내가 타던 말을 빼앗고자 했는데, 나는 상처난 발을 그에게 보여 주고서야 겨우 면할 수 있었다.

가리현(可利峴: 가리파고개, 일명 치악재)의 방비처(防備處)에 이르자, 왜군 약간명이 말에서 내려 초막과 설치한 울타리를 모조리 불태웠고, 또 사람의 머리 10여 개가 돌 위에 줄지어 놓여진 데다 시체는 길가에 엎어져 있었는데, 바로 조방장(助防將) 조대곤(曺大坤)이 지키던 곳에서 전날 선봉의 왜적들이 참한 아군의 머리였다.

오후가 되어서 고을 안으로 들어가자, 종왜(從倭)들이 우리를 그들이 임시로 붙여 사는 집으로 끌고 가 저녁밥을 지어 나누어 주었는데, 굶주렸던 참이라 사양할 수가 없었다. 또 거르지 않은 술 한 밥주발을 보내주었으나 두 사람 모두 마시지 못한다고 핑계대고 거절하였는데 바로 주인집에서 추석 때 담그고 남은 것이다.

어두워진 뒤에 동쪽 상방(上房)의 문서를 넣어 두는 누상고(樓上庫)로 들여보내어 가두었는데, 고언영(高彦英)이 이미 먼저 갇혀 있었다. 누상고는 모두 네 칸으로 각 고을의 호적책을 많이 쌓아 두고 있었다. 다만 그 가운데 한 칸만을 비우고 우리 4명을 겨우 수용해, 제각각의 목줄을 들보에 묶어 두었다. 동쪽에는 외짝 창문이 두 개가 있었으나 마음대로 여닫는 것을 허락하지 않았는데, 닫으면 대낮도 밤 같이 어두웠다. 처음에는 긴 고족상(高足床)을 창 밖에 설치하고서 오르내리는 사다리로 삼았다가, 우리를 이미 가두고 난 뒤에는 치워 버렸으니, 비록 측간에 가고 싶어 해도 쉽게 들어주지 않았다. 옛 사람이 3년 동안 누각에서 내려오지 않았다고 하더니, 바로 내가 오늘 겪고 있다.

二十四日。晴。

雞初鳴, 給食不食。倭引吾等, 騎馬大門外, 行至新林[104], 賊魁之行將至, 守倭引避吾等馬于田中, 賊魁過後隨之。後有一將追至, 乃井洞執我之酋也。又錦服而隨後者, 乃井洞所見中樞府下人云者也。過新林, 改騎余他馬, 倭奪棄吾所跨坐方席於路中, 厭其馬背重也。景鎭之從倭, 奪騎其所乘馬, 繫景鎭項索於其馬後, 又從而北結之。景鎭, 且行且仆, 如或徐步, 則他倭以杖打其背, 其爲苦痛之狀,

---

104 新林(신림): 현 神林. 강원도 원주시 神林面 일대. 고지도에는 新林으로 표기되어 있다.

不可忍見。吾從倭，亦欲奪騎，吾以傷足示之，僅以得免。至可利峴[105]防備處，倭軍若干人下馬，盡燒其刈幕及設柵，又有人頭十餘，列置于石上，屍則倒路傍，乃助防將曺大坤[106]防守之處，而昨日先鋒倭等，所斬我軍之頭也。午後入州中，從倭等，引吾等于渠寓家，炊飯分饋，飢餓之中，不能辭。又饋未漉酒一中鉢，二人皆稱不飮而却之，乃主家秋夕釀餘也。昏後，入囚于東上房文書樓上庫[107]，彦英已先囚矣。庫凡四間，多積各官帳籍[108]冊。只虛中一間，僅容吾四人，各縶項索于樑上。東有兩隻板牕，不許任意開閉，閉則白晝如夜。初置高足長床於牕外，以爲上下之梯，而旣囚後撤之，雖欲如廁，不易聽焉。古人三年不下樓，正吾今日事也。

---

105 可利峴(가리현): 가리파고개. 강원도 원주시 판부면 金垈里와 신림 사이에 있는 고개로 일명 치악재라고도 한다. 가리파는 산줄기가 갈린 고개나 언덕, 또는 고장이 갈라지는 곳이라는 뜻이다. 仇乙破라고도 하였다.

106 曺大坤(조대곤, 생몰년 미상): 본관은 昌寧, 자는 光遠. 1588년 滿浦鎭僉使에 제수되었는데, 나이가 너무 많아 평안도 지역을 책임지기에 부족하다는 병조판서 鄭彦信의 상소로 말미암아 체직되었다. 경상우도 병마절도사 재임 중이던 1592년에 임진왜란이 일어났는데, 善山郡守 丁景達과 함께 龜尾의 金烏山 부근에서 왜군을 대파하였다. 또 星州에서 많은 적을 생포하였고, 高靈에서 수 명의 적장을 베는 등의 공적을 세웠다. 그러나 많은 군사를 거느린 병마절도사로서 적의 침입 소문에 겁을 먹어 도망을 가고, 金海 일대에서는 어려움에 처한 아군을 원조하지 않았다가 병사들이 전멸하고 城이 함락되게 만들어 왜군이 서울까지 침범하게 하는 원인을 제공했다는 내용으로 탄핵되어 파직된 뒤 백의종군하였다. 1594년 副摠管에 제수되자 敗戰 장수를 급히 현직에 기용할 수 없다는 상소가 올라와 체차되었다.

107 樓上庫(누상고): 다락집 위에 꾸며 만든 곳간.

108 帳籍(장적): 戶口帳籍. 戶主를 중심으로 하여 그 집에 속하는 사람의 본적지, 성명, 생년월일 따위의 신분에 관한 사항을 기록한 공문서.

8월 25일。 맑음。

아침에 통역 왜인이 와서 묻기를, "이 고을의 목사는 어디에 있느냐?"라고 하여, 내가 말하기를, "우리들은 이 고을의 사람이 아니니 어찌 알겠느냐?"라고 하니, 그 왜인은 곧 언짢은 기색을 띠다가 가버렸다. 빙허루(憑虛樓)의 아래에는 방패로 둘러쳐져 있었는데, 사로잡혀 온 남녀들이 종일토록 계속 이어졌다. 적들이 그 중에 두 사람을 뽑아내었으니 한 사람은 늙은이였고 다른 한 사람은 젊은이였다. 먼저 젊은이에게 묻기를, "목사는 어디에 있느냐?"라고 하니 알지 못한다고 답하자, 왜적 한 명이 긴 창을 들고 또 다른 왜적 한 명이 긴 칼을 뽑아 좌우에서 번갈아 위협하며 말하기를, "네가 바른말을 하지 않으면 곧장 너를 죽일 것이다."라고 하며 또 칼로 그의 목을 끌어당기니, 젊은이는 반죽음이 되어 그에게 말하기를, "영감(令監)은 영원성(靈原城)에 있다." 하였으며, 곡식 창고가 어디에 있는지 묻자, 말하기를, "영원 관아로 모두 옮겼다." 하였으며, 아전들은 어디에 있는지 묻자, 말하기를, "영감을 따라갔다. 고을의 품관(品官) 및 경성(京城)에서 온 피란민들도 또한 많이 들어갔다."라고 하였다. 다음으로 늙은이에게 물었는데, 대답한 것 또한 같았다. 이에 왜적은 곧바로 젊은이의 어미, 늙은이의 아내를 끌어내 가두고는, 패자(牌子: 위임장)를 써 주어 급히 영원성으로 보내 목사가 살아 있는지 여부를 살피고 또 아전들을 불러내 데려오도록 하였다.

적의 수괴 두 사람이 있는 동쪽 상방(上房) 등지에 각기 방패로 둘러싸고 또 장막 병풍을 겹겹이 설치하여 외환을 막으려 하였다. 뜰 안에는 방책을 쳤는데, 먼저 새끼줄로 사방의 방향을 바로잡았으며, 또 지세를 헤아려 나무를 세웠으니 나무와 나무의 사이가 겨우 한 자 남짓이었다. 이는 모두 민가의 서까래로 왜적 50여 명이 거두어 들여와서 순식간에 세운 것인데 매우 정밀하고 견고하였다. 그 앞면은 몇 걸음 정도 비워서 출입할 수 있도록 하였고, 나머지 큰 뜰은 전부 에워쌌다. 빙허루의 붉은 난간을 잘라서 가져다 방책 안에 곧게 세워 두고는 매[鷹]가 앉을 다섯 좌(坐)를 연이어 올려 두었다. 그 아래에는 돌계단을 쌓아 길을 만들었는데, 적의 수괴가 예사로이 왕래하며 매를 어루만졌다. 적의 부장(副將)이 있는 곳도 또한 그와 같이 하였다. 왜적의 성품이 매를 좋아해서 매번 사냥을 나갈 때면 간혹 긴 새끼줄로 발을 묶어 놓아주었는데, 아마도 잃어버릴까 두려웠기 때문이었다.

二十五日。晴。

朝通事倭, 來問曰: "此州牧使, 何在?" 吾曰: "等非此州人, 何知之?" 其倭便生不豫色而去。憑虛樓[109]下, 以防牌圍之, 擄入男女, 終日相繼。其中抽出二人, 則一老一少。先問少者, 曰: "牧使何在?" 答以不知, 一倭持長鎗, 一倭發長劒, 左右交脅曰: "汝不直言, 卽刺汝." 又以劒引其頸, 少者半死, 告之曰: "令監, 在靈原城[110]." 問

109 憑虛樓(빙허루): 강원도 영월군 주천면 望山 위에 있는 누각. 단종을 복위시킨 숙종 때 지어진 방허루는 숙종 임금이 친히 내린 어제시와 어필이 걸려있던 유서 깊은 곳이다.

110 靈原城(영원성): 靈原山石城. 강원도 원주시 판부면 영원산에 있는 산성인데, 험준한 산 능선에 돌을 쌓아 계록을 감싸는 방법으로 지은 包谷式 산성이다. 원주 목사 김제갑은 1591년 11월 19일 68세의 늙은 나이로 부임하여 1592년 임진왜란이 일어나자 충주 탄금대 전투에 무기와 병력을 많이 지원하여 병력과 무기가 부족한 상태였다. 이때 왜 제4진 모리 요시나리는 3000명의 병력을 이끌고 동해안을 따라 북상해 삼척을 거쳐 태백산맥을 넘어 강원도 정선, 영월, 영주, 단양, 홍천, 평창 등지를 거쳐 8월 중순 원주를 향하고 있었다. 이에 김제갑은 원주에서 동쪽으로 30리 떨어진

倉穀何在, 曰: "盡輸靈原衙." 吏何在, 曰: "隨令監矣. 州內品官及京中避亂人, 亦多入."云。次問老者, 所答亦同。卽出少者之母·老者之妻而囚之。書給牌子, 急送靈原, 探牧使存否, 又招率吏屬以來。賊魁二人, 所在東上房等處, 各以防牌圍之, 又重設帳屛, 以防其外患也。庭中設柵, 先以藁索正其方面, 又量地而立木, 木之相距纔尺。此皆民家椽木, 倭徒五十餘人, 自外收入, 瞬息成之, 極其精堅。虛其前面數步, 以通出入, 而全圍大庭。折取憑虛朱欄, 設榯於柵內, 峙鷹連五坐。其下築石階作路, 而魁倭尋常往來摩撫。副賊所在亦如之。倭性愛鷹, 每出獵, 或以長繩, 繫足而放之, 盖恐其見失也。

8월 26일。 맑음。

아침이 되자, 뜰 안에 있던 벽돌의 일부분을 모조리 주워다가 방책이 늘어 세워진 아래의 삼면에다 옮겨 쌓으니 마치 낮은 담과 같았는데, 크고 작은 깃발을 모두 방책에 세웠다. 못가에도 또한 낮은 울타리를 치고 긴 백기(白旗) 20여 개를 늘어 세웠는데, 밤이 되면 거두어 들이고 해가 뜨면 도로 세웠다. 조총(鳥銃)·장창(長鎗)은 밤이면 모두 동쪽 상방(上房)의 들보 아래에서 거두어들여 시렁에 가득 꽂아 놓았다가, 아침이면 반드시 나누어 주느라 여기저기서 꺼냈다. 크고 작은 두 개의 검은 드나들 때나 앉고 누울 때면 번번이 제각기 찼다. 밤마다 뜰의 담장 안에서 망보는 곳에는 높은 나무를 엮어 망루처럼 만들고서 정해

치악산 남쪽 기슭 영원산성으로 군민 4000명과 식량과 무기 한 달분을 가지고 들어갔다. 강원도 지역 중 유일하게 원주 백성들만 무사히 대피할 수 있었다.

진 수의 왜적이 올라가 지키며 담장 밖에 있는 복병과 서로 호응하도록 하니 놀라 소리지는 것이 밤새도록 그치지 않았는데, 이는 지나가는 곳마다 모두 그렇게 하였다.

밥을 먹은 뒤에 적의 수괴 두 명이 영원(靈原)을 향해 떠났는데, 군대는 어제 이미 먼저 보냈는 데다 거느리고 간 것 또한 그 숫자가 얼마나 되는지 알 수 없었으니, 군사기밀 같은 비밀이라 내막을 헤아릴 수 없었다. 낮에 어린 왜적 한 명이 사람의 머리를 가지고 먼저 와서 우리에게 보이며 말하기를, "이것이 누구의 머리이냐?"라고 하였는데, 우리는 모두 아무런 말이 없었고, 진영(陣營)에 남아 있던 왜적들이 다투어 몰려들어서 구경하였다. 늙은 기생도 또한 사로잡혀 들어왔는데, 마침 지나가며 우리에게 말하기를, "이것은 영감(令監) 자제의 머리입니다."라고 하니, 내가 말하기를, "순초(順初, 협주: 목사 金悌甲의 字) 영공(令公)은 죽었으니 또한 영광이로다. 나는 자결하여 그 영광을 함께 하지 못하는 것이 한이로다."라고 하였다.

밤이 되면 뜰에다 화톳불을 두 곳에 설치하였으니, 한 곳은 우리가 있는 곳이었고 다른 한 곳은 고을 사람으로 사로잡혀 온 자가 있는 곳이었는데, 넓은 뜰을 환히 비추며 밤새도록 꺼지지 않았다. 수직(守直) 왜적들은 망루(望樓) 아래에 늘어져 잤는데, 매번 두 사람씩 서로 번갈아가며 망루에 올라가 밤새도록 등불을 켜 놓고 앉아서 우리 네 사람이 잠들었는지 여부를 살폈으니, 이는 밤마다 늘 그러하였다.

날씨가 점점 추워졌지만, 권주(權黈)는 겹옷과 홑바지 하나 외에 달리 입은 것이라고는 없었으니, 장적책(帳籍冊: 호적책)을 싸고 있던 베를 찢어서 취한 뒤 종이로 끈을 만들어 버선 모양처럼 꿰매 두 다리를 가렸는지라 그 고통을 알만 하였다. 또 권주가 종이를 찢어 신발에 묶어 우리 네 사람이 신을 수 있도록 해주었으니, 또한 한 가지 다행한 일이었다.

二十六日。晴。

朝庭中磚石[111]一邊盡掇, 移築于列柵下三面, 如短墻焉, 大小旗旒, 皆建于柵。池邊, 亦設短欄, 列植長白旗二十餘, 夜則捲入, 日出還建。鳥銃·長鎗, 夜皆收入東上房樑下, 作架滿挿, 朝必分授散出之。大小二劒, 則出入坐臥, 動輒各佩。每夜庭墻, 內通望處, 搆結高木如樓, 定數倭登守, 與諸外伏兵相應, 驚叫終夜不止, 此則所經皆然。食後, 賊魁二人, 出向靈原, 軍則昨已先送, 而所率亦不知其幾許, 軍機秘密, 莫測端倪[112]。午一少倭, 持人頭先至, 以示吾等, 曰: "此誰頭耶?" 等皆無言, 留陣羣倭, 爭會見之。有老妓亦擄入, 適過謂吾等, 曰: "此令監子弟頭也." 吾曰: "順初【牧使金悌甲[113]字】令公, 死亦光矣。恨吾之不能自死而同其光也." 夜設庭燎於二處, 一則吾等所在, 一則州人擄入者所在也, 廣庭洞照, 終夜不滅。直倭等, 列宿於樓下, 每二人相遞, 上樓達夜, 張燈而坐, 審察吾四人眠

---

111 磚石(전석): 벽돌. 진흙에 모래나 석회 따위를 넣고 이겨 틀에 넣고 높은 온도에서 구워 낸 건축 재료이다.

112 端倪(단예): 실마리. 단서.

113 金悌甲(김제갑, 1525~1592): 본관은 安東, 자는 順初, 호는 毅齋. 1553년 별시 문과에 급제, 홍문관의 정자, 병조좌랑, 정언을 거쳐 1581년 충청도관찰사를 역임하고, 1583년 우승지가 되었다. 1592년 임진왜란이 일어났을 때 원주 목사로 있었는데, 왜장 모리(森吉成)가 거느린 왜군이 관동지방을 휩쓴 뒤에 원주를 침공해요자 鴒原山城으로 들어가 방어하였다. 그러나 요새만을 믿고 따로 대비책을 세우지 않았다가, 산성의 허점을 틈단 왜군의 공격으로 결국 성이 함락되자 부인 이씨, 아들 金時伯과 함께 순절하였다.

사람의 경우임에랴? 더욱 감회가 일었다.

호랑이 가죽으로 만든 긴 요와 곰 가죽으로 만든 긴 요를 각기 하나씩 왜적의 수괴 앞에 펼쳐 놓자 이를 매우 진귀하게 여겼는데, 또한 목사가 가지고 있던 것이다.

이날 밤에 야직(夜直: 야간 당직)이 다소 소홀하였으니, 비록 뜰에 화톳불을 설치하였지만 왜적이 망루에는 올라가지 않았다. 우리들이 서로 말하기를, "밤마다 번번이 이와 같다면 탈출을 도모할 수 있을 것이다."라고 하였다.

二十七日。晴。

朝賊分送擄人于靈原, 輸致軍糧。又書給牌子, 招集州民, 授牌子出去者, 拘留其妻子, 故莫敢逃避, 勸率男女老弱而至, 各給章標還放。愚民爭持桃栗西瓜, 納之倭前, 甚可痛也。老宗親及京士族十餘人, 亦自靈原擄入於憑虛樓下, 連日飢餓, 常受毆辱, 而吾等所在各異, 不得問名, 亦可憐也。皮匠一人, 亦擄入來, 見吾等, 曰: "我是奉化縣監黃是[114]之奴." 其名天祐云。時或因其出入而與之相語, 稍可慰也。夕青驢二隻, 鳴于庭畔, 問之則乃牧使畜也。其聲甚悲, 似戀主也。物固然矣, 况於人乎? 尤可以起感也。虎皮阿大介[115]·熊皮

---

114 黃是(황시, 1555~1626): 본관은 昌原, 자는 是之, 호는 負暄堂. 1579년 사마시에 합격하고, 1584년 친시문과에 급제, 1592년 전후해서 봉화현감을 지냈고, 1594년 병조정랑을 거쳐 지평, 이듬해 問禮官과 응교를 지냈다. 1596년 시강원보덕을 거쳐 사성을 지내고, 뒤에 청송부사가 되었다. 1601년 사재감정이 되었다가 1604년 재차 보덕을 거쳐, 직제학·동부승지를 지내고, 이듬해 병조참의를 거쳐 승지가 되었다. 1607년 판결사가 되었으나 곧 사직하고 고향인 竹溪로 돌아왔다. 1623년 인조반정 후 나시 부름을 받아 삼척부사가 되었다가 곧 사퇴하고 고향으로 돌아갔다.

115 阿大介(아대개): 阿多介 또는 阿斗箇. 요나 방석 등의 깔개.

阿大介, 各一件, 鋪於倭魁前, 甚珍翫之, 亦牧使所藏者也。是夜, 夜直稍歇, 雖設庭燎, 倭不上樓。吾等相謂曰: "夜夜每如此, 則可謀出去矣."

8월 28일。 맑음。

아침에 고을사람 5명과 왜적 2명을 선정하여 경성(京城)으로 보내면서 편간(片簡: 간단한 내용을 적은 쪽지)을 봉하여 보냈는데, 그 수를 알 수 없었다. 또 새로 만든 2개의 함도 봉하여 보냈는데, 바로 목사(牧使) 부자 두 사람의 머리를 각기 담은 것이었다. 편간과 함을 가지고 가는 사람들에게 각기 양식을 주며 신속히 다녀오라고 거듭 타일렀다. 내가 경진(景鎭: 李士岳의 字)에게 일러 말하기를, "수령의 머리를 이와 같이 봉하여 바치니 우리의 머리도 어떻게 될지 미루어 알 수 있겠다. 모진 목숨을 또한 스스로 끊기도 어려운데 흉악한 무리는 어찌 속히 우리를 죽이지 않는단 말인가?"라고 하자, 경진이 말하기를, "속히 죽는 것 또한 저의 바람이기도 하니, 구차스럽게 살기를 바라지 않습니다."라고 하였다. 또 듣건대 적의 수괴가 경성(京城)의 대장에게 보고하여 아뢰기를, "원주 목사(原州牧使)는 머리를 베어서 봉하여 바치고, 그 나머지 평창(平昌)·영춘(永春) 등의 고을 수령은 이미 사로잡고 있는데 베어야 할지 베지 말아야 할지에 대해 대장의 분부를 기다립니다."라고 운운했다 한다.

밥을 먹은 뒤에 적의 수괴 두 사람이 대문 밖을 나가 왜적들에게 도로를 정비하고 또 은행나무를 베어서 판자를 만들어 들여오도록 명하였는데, 어디에 쓰려는 것인지 알 수 없었다.

엄수일(嚴守一)이 돌아간다고 고하자, 우리들은 제각기 눈물을 흘리면서 눈으로 떠나보내며 이윽고 말하기를, "지금까지는 죽지 않았다(時不死)는 세 글자를 고향집에 전해 주기를 바란다."라고 하였다. 반면에 백성들이 연이어 묶여서 들어오자, 적의 수괴가 복숭아와 밤을 나누어 주고 위로하면서 장표(章標: 信標)를 써 주니 뜰 안이 소란스러웠는데, 복숭아와 밤은 시골 백성들이 바친 것이거나 간혹 왜적들이 따온 것이다. 번번이 나가는 사람들을 볼 때면 답답해서 견딜 수가 없었으니, 비유컨대 마치 새장 속의 새가 아득한 하늘로 날개짓 펼치길 바라지만 함께 날 수 없는 것과 같았다.

수직(守直)하는 것이 점차 처음 같지는 않았으니, 때로는 결박을 느슨하게 하기도 하고 간간히 또 오랫동안 자리를 비우고 오지 않기도 하였다. 우리들은 서로 기뻐하여 말하기를, "이제부터는 탈출을 도모할 수 있겠다. 네 귀퉁이까지 두루두루 자세히 보니 서쪽 벽 밖으로 긴 행랑을 얽어 연결해 놓은 데다 행랑의 용마루와 벽이 서로 붙어 있는지라, 만약 그 벽을 뚫고서 몸을 빼내어 행랑 위를 따라가 바깥 처마 밑으로 내려가기만 한다면 적이 알지 못할 것이다."라고 하자, 모두 "좋다."라고 하였다.

드디어 권주(權黈)에게 벽의 흙을 몰래 제거하도록 하고, 우리 네 사람은 창밖에 서로 바꾸어가며 앉아서 적이 오는지 오지 않는지를 살폈다. 벽 안의 흙은 이미 아무런 소리도 나지 않게 해서 없앴으나, 벽 밖으로는 행랑과 붙은 곳에 큰 틈의 구멍이 있었으니 흙이 그곳으로 떨어질 것만 같았다. 누대 밑에는 왜적이 있어서 절대로 마음놓고 할 수가 없었다. 적이 없을 때를 기다려서 외(楒) 구멍으로 손을 꺼내어 벽 밖의 흙을 가져다 벽 안으로 다시 들여와 한 점이라도 그 아래로 떨어지지 않도록 하였다. 권주의 손이 작아서 외(椳)의 구멍으로 드나들 수 있었으니, 권주가 아니었으면 어찌 능히 할 수 있었겠는가? 모두 "정말 기특하다."라고 하였다. 벽 안팎의 흙을 다 없앤 뒤에 이어서 외(椳)의 얽은 나무를 풀었는데, 그 소리가 누대 아래에 들릴까 두려워서 풀기도 하고 그치기도 하며 세워진 외(椳)와 가로지른 외(椳)를 이미 모두 없앴다. 그리고 가운데에 있는 큰 외(椳) 한 개가 가로로 꽂혀 있었으니 곧 떡갈나무로 된 통나무인데, 해가 오래될수록 더욱 단단해지는 것이라서 권주의 힘으로는 꺾을 수 없었고 땀이 물처럼 흘렀다.

우리 세 사람이 제각기 시험삼아 한번씩 흔들었으나 전혀 흔들리지도 움직이지도 않는 데다 작은 칼조차 얻을 길이 없었으니, 기대는 이미 끊어졌다. 내가 장적책(帳籍冊: 호적책)에 붙어 있는 얇은 철판을 보고서 손으로 그 반을 쪼갠 뒤, 권주에게 사발의 굽에 갈도록 해서 칼날이 생기면 그것으로 자르고 끊을 수 있기를 바란 것이지만, 종일토록 갈았어도 기운과 힘만 지칠 뿐이라서 마침내 깊고 그윽한 곳에 던져 버리니, 경진(景鎭)은 맥이 빠져 누워 버렸다. 권주가 생각을 한참 하다가 말하기를, "문득 한 가지 방도가 떠올랐으니 우리들이 살 수 있을 것입니다. 불로 외(椳)를 태우면 외가 저절로 탈 것입니다."라고 하였는데, 우리 모두는 그렇게 여겼다. 마침 기와 조각을 불에 달구어 나의 아픈 발을 지졌는데, 권주가 늘 그 일을 맡았으니 비록 누대에서 내려가 불을 가지고 오더라도 적은 반드시 의심하지 않을 것이었다. 이에 권주가 기와에 불을 담아서 올라왔는데도 적은 과연 의심하지 않았다. 마침내 그 외(椳)를 태우자 외는 곧 타면서 떨어졌다. 이때 우리 네 사람의 기쁨이 어떠했겠는가? 급히 장적책으로 쌓아서 그 벽을 막아 적들이 알지 못하도록 하였다. 경진(景鎭)이 권주에게 일러 말하기를, "우리들이 만약 탈출하여 돌아가 하늘의 해를 다시 보고 부모를 다시금 뵐 수 있다면 모두 그대의 힘이다."라고 하니, 권주가 말하기를, "죽고 사는 것은 천명에 달려 있는데, 어찌 사람의 힘으로 될 수 있겠습니까?"라고 하였다.

이날 밤에 수직 왜적이 또다시 누대에 올라오지 않고 창문을 닫은 채 처마 아래서 잠들었으니, 수직이 해이해진 것을 더욱 볼 수 있었다. 제각기 스스로 새끼줄을 풀고 왜적의 무리가 깊이 잠들기를 기다린 뒤에 빠져나가려 하였다. 밤이 깊어지자 벽의 구멍을 막아 놓은 책을 옮기고 각자 머리를 내놓으려 시도하였는데, 구멍 밖에 또 방어목이 가로질러 놓은 것이 덧대어 있었다. 이는 처음부터 헤아리지 못한 것이라 반드시 좁아서 빠져나가기 어려울 것으로 생각하여 물러나 앉은 채 정신이 없었다.

나의 몸이 가장 커서 시험삼아 먼저 머리를 내밀어 보니 허리 위로는 막히는 것이 없어서 다소 스스로 위안되고 기뻤지만 돌이켜 생각해 보며 말하기를, "우리들의 목숨을 하늘이 어쩌면 끊지 않으려는 것인가? 다만 생사의 갈림길에서는 경솔하게 움직여서는 안 되는데, 오늘 밤은 너무 성급하니 내일 밤에 도모해야겠다."라고 하니, 앉았다가 또한 일어서면서 망설이며 결정짓지 못하였다. 제각기 손을 모아 오랫동안 하늘에 빌면서 다시 장적책을 그 구멍에 쌓아두고 각자 곧바로 곤히 잠들었는데, 동방이 이미 밝아온 줄도 전혀 알지 못하였다.

二十八日。晴。

朝定州人五名·倭二名, 送于京城, 封出片簡[116], 不知其數。又以新造二櫃封送, 乃牧使父子二頭之各盛者也。人各給粮, 申戒其急速往還。吾謂景鎭, 曰: "守令之頭, 如是封上, 吾頭從可知也。頑命, 亦難自決, 兇輩何不速殺我也?" 景鎭曰: "速死亦吾願, 不願苟生也." 且聞賊魁報稟于京城大將, 曰: "原州牧使則斬首以封上, 其餘平昌·永春等倅, 已爲生擒, 其斬與不斬, 當待大將分付."云云。食後, 賊魁二人, 出大門外, 令羣倭修治道路, 又伐鴨脚樹[117]作板而入之, 未知何用? 嚴守一告歸, 等各泣下目送, 因言: "幸傳'時不死'三字於家鄕也." 百姓連絡入來, 賊魁分給桃栗而慰之, 書給章標, 庭中擾擾, 桃栗卽村民所納, 或倭陣所摘者也。每見出去人, 鬱鬱不自堪, 譬如籠中之鳥, 望長天之翮而不能同飛也。守直漸不如初, 時或緩其結縛, 而間又久曠不來。等相喜曰: "自今, 可以謀矣。審見四隅, 則西壁外連搆長廊, 廊之甍與壁相接, 若穴其壁以脫身, 而從廊上, 仍降外霤, 則賊不知矣." 僉曰: "諾." 遂令黈潛去壁土, 吾四人相遆坐於窓外, 以瞰賊之來否。壁內之土, 已能無聲而去之, 壁外則接廊處, 有大隙穴, 土若墜落。樓下有倭, 切不可放心爲之。伺賊不在, 而出手於椳[118]穴, 取壁外之土, 而還入之壁內, 不令一點散落於其下。黈手小能出入於椳孔, 非黈何能爲乎? 僉曰: "奇特奇特." 內外之土, 旣去然後, 仍解椳木, 恐聲聞於樓下, 且解且止, 立椳橫椳,

116 片簡(편간): 간단한 글을 써 놓은 쪽지.

117 鴨脚樹(압각수): 은행나무의 한자식 표기.

118 椳(외): 흙벽을 바르기 위하여 벽 속에 엮은 나뭇가지. 댓가지, 수수깡, 싸리 잡목 따위를 가로세로로 얽는다.

則已盡去矣。而中有大棂一箇橫揷, 卽柞之全木, 而年久益堅, 黈力不能折, 汗流如水。吾三人, 各試一撼, 頓不搖動, 寸刃不可得, 望已絶矣。吾見帳籍冊所藏薄鐵, 手折其半, 而令黈磨於沙鉢之蹄, 期其生刃而割斷之, 終日磨之, 筋力徒疲, 遂擲棄深奧, 景鎭失心而臥。黈思之良久, 曰: “忽得一策, 吾等其生矣。以火燃棂, 棂可自燒.” 等皆然之。適以瓦片, 方炙火以熨病足, 黈常任是事, 雖下樓取火, 賊必不疑。於是, 黈以瓦盛火而上, 賊果不疑。遂爇其棂, 棂卽燒落。此時, 吾四人之喜, 如何? 旋以帳冊, 積塞於其壁, 使賊不得知。景鎭謂黈, 曰: “吾等, 若得脫還, 再覩天日, 更見父母, 則皆君之力也.” 黈曰: “死生有命, 豈容人力?” 是夜, 直倭又不上樓, 閉牕而宿於簷下, 尤見其守直之怠也。各自解紉, 待羣倭睡熟而後將出。夜深, 移其壁穴所塞之冊, 各自出頭以試之, 則穴外又有加防木橫之。此則初不料也, 謂必陜隘而難出, 却坐失心。吾體最大, 試先出頭, 則腰上無碍, 稍自慰喜, 還思之曰: “吾等之命, 天其或者不絶耶? 但死生之際, 不可輕易, 今夜忙迫, 來夜可圖.” 且坐且起, 猶豫未決。各攢手良久祝天, 更積帳冊於其穴, 各就睡困, 頓不知東方之旣白。

8월 29일。 맑음。

아침이 지나서 적의 두 수괴가 군사를 이끌고 나갔는데, 어디에 갔다가 오려는지 알 수 없었다. 또 듣건대 왜군을 나누어 횡성(橫城) 및 다른 곳으로 보내 분탕질과 노략질을 하니 영원(靈原)에서 쌀을 실어 보내는 것 또한 하루도 쉰 날이 거의 없었다고 한다.

낮에 고을사람 이덕수(李德守)가 수박을 가지고 와 대접했는데, 우리들이 나누어 먹으며 말하기를, "이것은 문산(文山: 文天祥)이 연경(燕京)의 감옥에 있을 때 먹었던 것으로 천 년이 지났어도 똑같구나."라고 하였다. 이른바 이덕수라고 하는 자는 참판 이기(李墍)의 노비인데, 충주 품관(品官) 이윤성(李允成)의 얼종제(孽從弟: 서얼 4촌 동생)였다. 그의 후의가 감사하였다.

서쪽 상방(上房)은 부장(副將)이 있는 곳인데 영원(靈原)에서 사로잡혀 온 부녀자 네댓 명이 있었다. 그 부녀자들에게 왜적들의 옷을 바느질하도록 하였는데, 조금이라도 혹여 바르지 않으면 번번이 꾸짖고 때렸으니 그 고통을 견딜 수 없었다.

또 한 처녀가 있었는데 나이는 16세 가량으로 그 처녀의 옷을 모두 벗겨 버리고 초록색의 새 철릭[天益]으로 갈아입히고는 또 뜨거운 물을 주어 스스로 목욕하게 하니, 아리땁고 가녀린 몸으로 비록 수치스러운 마음을 품었더라도 피할 수가 없었다. 참으로 가슴아팠다.

어린 왜인이 있었는데 나이는 15세 가량으로 붓 4자루와 먹 1개를 가져다 권주(權黈)에게 주어 그 정겨움을 표시하였다. 왜장의 자제라고 하는데, 그 붓과 먹은 바로 영원(靈原)에서 약탈한 것이었다.

적의 수괴가 잠자는 방에는 반드시 높은 침상을 설치하였고 온돌을 사용하지 않았다. 밤새도록 등불을 켜 둔 채, 좌우에서 시중드는 왜적들이 번갈아 자되 바둑을 두도록 하여서 외부로부터의 공격을 경계하였다. 만일 날씨가 추우면 뜰 안에 화톳불을 피우고 몸소 알몸으로 불을 쬐거나, 또 목욕하는 곳을 별도로 두고 날마다 끓인 물로 목욕하였다. 이것은 군졸의 무리도 이와 같이 하지 않는 자가 없었다. 장수와 군졸들의 사이를 보건대 평상시에는 시시덕거리기도 하고 우스갯말도 하여 애초에 아무런 등급이 없는 것처럼 하다가도, 명령이 내려질 때는 응당 메아리처럼 호응하고 상하가 엄숙하여 온 군대가 기풍이 살아났다.

고언영(高彦英)의 항쇄(項鎖: 죄인의 목에 채우는 형틀)가 중간 부분이 끊어졌다. 적이 만약 그것을 보게 되면 반드시 저들의 분노를 살 것이 크게 두려워 손으로 항쇄의 죽통(竹筒)을 받친 채로 그대로 버티고 있었다. 내가 그를 위로하여 말하기를, "하늘이 장차 우리를 풀어주려는 것이니 그 조짐이다."라고 하였다.

호소사(號召使) 이기(李墍)·관찰사(觀察使) 강신(姜紳), 조방장(助防將, 협주: 결락) 세 사람이 있는 곳에 진실한 충정을 써서 보내려고 고을 아전으로 사로잡혀 온 자에게 종이와 붓을 구하여 경진(景鎭: 李士岳의 字)에게 쓰도록 하니, 경진이 손이 아파 글자를 바르게 베껴 쓸 수 없다며 사양하였다. 내가 말하기를, "우리가 있는 곳은 어떠한 곳인가? 바르지 않게 써도 괜찮다."라고 하였다. 경진이 마침내 썼다.

고을의 아전 원점수(元店守)는 예사로이 드나들면서 또한 우리를 돌보아 주려는 뜻을 지닌 사람으로 지나가기를 기다려 불러서, 겹으로 봉한 편지를 신신당부하고 맡겨 보내며 말하기를, "부디 잘못 전하지도 말고, 도중에 없어져도 안 된다."라고 하였다. 【협주: 편지는 책 속에 있다.】

밤이 되었어도 뜰에 화톳불을 설치하지 않았으니, 초저녁에 우리들은 잠을 자고 장차 밤이 깊으면 탈출하려고 하였다. 내가 먼저 잠을 깨어서 권주(權黈) 및 고언영(高彦英)을 발로 차자 일어났는데, 경진(景鎭)은 자지 않고 있었으니 제각기 뜰에 화톳불이 없는 것을 기뻐하였다. 왜적들은 모두 잠들어 있었고 심지어 코를 고는 자도 있었다. 이에,

권주에게 구멍을 열도록 하고 내가 먼저 나가려 하는데, 갑자기 수직 왜적이 등불을 가지고 올라와 우리는 곧장 원래 잠자리로 돌아와 누웠다. 왜적이 우리 네 사람을 손가락으로 가리키며 자세히 본 뒤 미소를 지으며 도로 내려갔는데, 마음 속으로 아무런 탈없이 모두 있는 것을 기뻐하였다. 우리들은 제각기 혀를 내두르며 놀랐고 온 몸에 소름이 돋았는데, 내가 서로에게 일러 말하기를, "지금 이미 살펴보았으니 반드시 다시 오지 않을 것이므로 탈출할 수 있을 것이다. 그러나 내가 염려하는 것은 다친 발이 아직 낫지 않아 가끔씩 시큰거리고 아프기도 하니, 만약 이미 나간 뒤로 도중에 낭패를 당하면 발 빠른 자야 먼저 달아나겠지만 나는 생사의 기로에 놓일 수밖에 없는 것이다. 내일 밤을 다시 기다렸다가 살펴보는 것이 어떻겠느냐?"라고 하니, 모두 좋습니다고 하였다.

권주가 말하기를, "아버님은 발 다친 것을 염려하지 마십시오. 당초에 발을 만약 다치지 않았다면 필시 경솔하게 행동하여 적에게 해를 입었을 것입니다. 발을 다친 까닭에 오히려 지금까지 죽음을 면하였고 적 또한 우리들이 달아나리라고 의심하지 않는 것입니다. 다시 형세를 살피고 기회를 틈타 탈출을 도모한다면 발 다친 것이 도리어 복이 되지 않을 줄 어찌 알겠습니까?"라고 하였다.

잠시 뒤에 고언영의 항쇄(項鎖)가 다시 끊어져 몹시 근심하였다. 나와 경진(景鎭)이 말하기를, "근심하지 말라, 근심하지 말라. 항쇄가 두 번 끊어졌으니 어찌 하늘이 시킨 것이 아니겠는가?" 하였고, 경진이 또 말하기를, "나 또한 올 때도 항쇄가 두 번 끊어졌는데 마음만은 유독 저절로 기뻤습니다."라고 운운하였다.

二十九日。晴。

朝後兩魁賊，率軍而出，不知何處往還也。又聞分送倭軍於橫城及他處，焚蕩擄掠，靈原輸米，亦殆無虛日。午州人李德守，來饋西瓜，吾等分食曰："此文山在燕獄時所食[119]，千載而同也." 所謂德守者，李參判堅[120]之奴。而忠州品官李允成[121]之孼從弟也。厚意可感。西上房副將處，有靈原擄入婦女四五人。使之針縫倭服，少或不正，輒加叱打，不勝其苦。又有一處女，年可二八，盡去其所服，

---

119 1278년 몽골군에 의해 大都(오늘날 베이징)로 연행되어 1283년 처형된 송나라 최후의 충신 文天祥이 〈西瓜吟〉에서 "금패칼을 뽑아 창옥병을 깨뜨리니, 붉은 앵두를 약간 마르고 한 덩이의 노란 수정을 삼키며, 불꽃놀이를 삼키니 입치에서 눈소리가 났다."라고 한 것을 염두에 둔 표현.

120 李參判堅(이참판기): 李堅(1522~1600). 본관은 韓山, 자는 可依, 호는 松窩. 1565년 掌令, 1567년 修撰을 역임한 뒤 典翰이 되었다. 1571년 직제학, 1572년 좌승지에 올랐으나 노모가 원주에서 병으로 눕자 이를 봉양하기 위해 사직을 청하였다. 그러자 노모를 봉양하도록 1573년에는 강원도관찰사에 제수되었다. 1574년 우승지가 되었다가 1578년에 다시 양주목사로 내려갔다. 1583년에 다시 중앙으로 돌아와 부제학을 역임했다. 이어 장흥부사를 거쳐 1591년에는 대사간이 되었다. 1592년 임진왜란이 일어나자 順和君을 보필하면서 강원도에 내려가 의병을 모집하였다. 1595년 다시 부제학이 되었다. 이듬해 대사간·대사헌·동지중추부사를 차례로 역임한 뒤 이조판서에 올랐다. 1597년에 다시 지중추부사·대사헌·지돈녕부사·예조판서 등을 차례로 역임하였다. 1599년에 다시 대사헌이 되고, 이어 예조판서·이조판서를 역임했다.

121 李允成(이윤성, 1521~1593): 본관은 全義, 자는 希信. 1549년 李洪男이 친동생 李洪胤과 사이가 나빠 역모를 꾀한다고 무고하여 이홍윤 등이 처형되는 변고가 있었는데, 이때 이 사건에 연좌되어 살육된 사람이 많았다. 이윤성은 이홍남·이홍윤의 아버지인 李若氷과 종형제 사이였다. 또한 두 집안은 충주에 거주하여 이윤성의 형제들은 이홍윤과 친근하였다. 변고에 연루되어 이윤성의 형인 李有成과 李遂成이 포의로서 옥사하였고, 이윤성 역시 적몰되어 이홍남의 노비가 되었다. 宣祖 초년에 사건의 진상이 밝혀지면서 화를 입은 사람들이 모두 신원되고 출사가 허용되었으나, 벼슬을 단념하고 강변에 초막을 짓고 낚시로 일생을 보냈다.

換着以草綠新天益[122], 且給湯水, 令自沐浴, 娉婝弱質, 雖懷羞愧之心, 而不得免焉。誠可痛哉。有一兒倭, 年可十五, 持贈筆四柄·墨一笏於魁, 以致其款。盖倭將子弟云, 而筆墨乃靈原所掠也。賊魁寢房, 必設高床, 不用溫堗。達夜張燈, 令左右侍倭遆眠着棊, 以警外患。若日寒, 則庭中設燎, 親自赤身爆之, 且別置沐堂, 逐日湯浴。此則卒徒無不如是。觀其將卒之間, 居常言笑戱謔, 初若無等級, 及其出令, 應行如響, 上下嚴肅, 一軍生風。彦英項鎖中絶。賊若見之, 必逢其怒, 大爲是懼, 以手撐其竹筒而支持之。吾慰之曰: "天將解吾等, 其兆矣." 號召使李墍·觀察使姜紳[123], 助防將[124]【缺】

---

122 天益(천익): 철릭의 한자식 표기. 상의와 주름잡은 치마를 허리 부근에서 연결시킨 옷. 임진왜란을 전후하여 융복으로 정착하여 상하의 구별없이 두루 쓰였고, 특히 난중에는 공복의 구실까지 하였다.

123 姜紳(강신, 1543~1615): 본관은 晉州, 자는 勉卿, 호는 東皐. 아버지는 우의정 姜士尙이며, 姜士安에게 입양되었다. 1567년 진사가 되고, 1577년 별시문과에 급제하였다. 1589년 問事郎으로 정여립 옥사의 처리에 참여하여 平難功臣 3등에 책록되고 晉興君에 봉해졌다. 이조낭관·홍문관직을 역임하고, 1592년 승지로 있다가 임진왜란이 일어난 뒤 강원도관찰사로 임명되었고, 다시 강원도순찰사를 거쳐 1594년 도승지, 1596년 西北面巡檢使와 대사간을 역임하였다. 정유재란 때 명나라 군사와 함께 왜군을 격퇴한 뒤에 1602년 경기도관찰사, 1609년 우참찬, 다음해 좌참찬을 역임했다.

124 助防將(조방장): 元昊(1533~1592)인 듯. 1592년 임진왜란이 일어나자 강원도조방장에 임명되어 여주 神勒寺 근처에서 남한강을 건너 북상하려는 왜군을 수일간 저지하였다. 이후 뒤로 물러나서 남한강 지류인 蟾江에서 진을 치고 있던 중 龜尾浦를 약탈하는 왜군을 새벽에 기습하여 섬멸하였다. 그 후 제4진으로 상륙한 모리 요시나리[毛利吉成] 휘하의 왜군 1만 4000여 명이 한양·동두천·철원·김화·평강·회양을 점령하고 함경도 안변으로 향하자 강원도관찰사 柳永吉은 격문을 띄웠고, 원호도 이에 호응하여 군사를 이끌고 북쪽으로 향하였다. 1592년 8월경 원호는 함경도로 가던 중 철원에서 매복하고 있던 왜군 대부대에게 쫓겨 葛洞의 산성에 들어가 왜군에 맞서 싸우다가 전사하였다.

三處, 欲修致情悃[125], 覓紙筆於州吏之擕入者, 使景鎭書之, 景鎭以手病不能楷寫, 辭之。吾曰: "等之所在, 何等地也? 亂草足矣." 景鎭遂書之。州吏元店守, 尋常出入, 且於吾等, 有眷眷[126]意者, 竢其過去而呼之, 重封申戒付送, 曰: "愼勿誤傳, 且無浮沈[127]."【書在書卷】夜不設庭燎, 初昏等就睡, 將以夜深, 出去也。吾先寤, 蹴黈及彦英而起, 景鎭則不寐, 各喜其庭中無火。諸倭皆寢, 至有鼻息者。於是, 使黈開穴, 吾將先出, 而忽有直倭持燈火而上, 等卽還臥故處。倭審視指點吾四人, 微笑還下, 私喜其無故皆在也。等各出舌驚之, 寒粟遍體, 相謂曰: "今已審視, 必不更來, 可以出矣。吾慮傷足未療, 時或酸痛, 若旣出後, 狼狽於中路, 則疾足者先走, 吾則死生分矣。更待來夜, 觀之如何?" 僉曰: "諾." 黈曰: "父主, 勿以足傷爲慮。當初足若不傷, 則必以輕動, 而爲賊所害矣。足傷之故, 尙今免死, 賊亦不疑其逃。更加觀勢, 乘機圖脫, 焉知足傷反不爲福乎?" 俄而, 彦英項鎖又絶, 深患之。吾與景鎭, 曰: "莫患莫患。項鎖再絶, 豈非天誘也?" 景鎭曰: "吾亦來時, 項索再絶, 心獨自喜."云云。

9월 1일. 맑음.

아침이 되자, 이 고을 안에 거주했던 사람인 장동(張同)이 관아의 아전으로 칭해졌는데 또한 포로 속에 있다가 생밤 몇 되와 수박 1통을 가지고 와서 주었다. 장동은 곧 장관(張寬)이라는 이름을 바꾼 자였다.

---

125 情悃(정곤): 진실한 마음에서 우러나오는 충정.

126 眷眷(권권): 가엾게 여겨 항상 돌보아 주는 모양을 나타내는 말.

127 浮沈(부침): 편지가 받아 볼 사람에 이르지 못하고 도중에서 없어짐.

본래 삼척(三陟) 사람으로서 이곳에 이주하였으니, 바로 장근(張謹)의 사촌이라고 한다. 원점수(元店守) 또한 수박 2통을 주니 모두 감격하고 모두가 감격스러웠다.

아픈 발에 시큰거리는 통증이 날마다 이어져 기와로 지졌다. 마을 사람들이 끊임없이 이어져 들어오는 것이 보였는데, 군량미를 운반하거나 다른 역사(役事)로 고생해서 대개 원망하는 마음이 많았고 만약 나가게 되면 다시는 돌아오지 않을 것이었으며, 가지 및 해팥과 햇녹두를 외지에서 실어 들어오도록 독촉하였으니 또한 원망하였다. 원점수가 백성들이 들어오는 것을 보고 눈을 부릅뜨며 꾸짖기를, "너희들은 무슨 일로 들어왔느냐? 우리나라가 끝내 왜국(倭國)이라도 되었단 말이냐?"라고 하였다.

원점수(元店守)가 몰래 우리에게 일러 말하기를, "오늘 나가서 다시는 돌아오지 않으려고 합니다."라고 하였는데, 우리가 말하기를, "우리들 또한 나가려고 하니, 그대가 부디 길을 가리켜 주게."라고 하자, 원점수가 말하기를, "제천(堤川)으로 가는 길에는 적이 없다고 하니 그런 줄 아십시오."라고 하였다. 장동(張同)이 또 와서 지나가는지라 우리들이 다시 물으니, 그가 답하기를, "군기(軍器) 앞에서부터 난 큰길은 동북쪽으로 통하니 그런 줄 아십시오."라고 하였는데, 잠시 뒤에 그가 다시 지나가면서 말하기를, "큰일이 생겼습니다."라고 하였다. 우리들이 놀라서 무슨 일인지 물으니, 말하기를, "나갈 만한 길을 언문(諺文)으로 써서 누대 위에 막 집어던지려다가 왜적에게 빼앗기고 말았으니 반드시 일이 생길 것입니다."라고 하였다. 권주(權黊)가 말하기를, "언문은 우리나라의 글이라서 왜적이 본래 알지 못하니 어찌 알아볼 수 있겠는가?"라고 하자, 장동이 말하기를, "부장(副將)이 있는 곳에는 포로로 잡힌 여자들이 많이 있으니, 만약 그녀들에게 보도록 한다면 어찌 알지 못하겠습니까?"라고 하는지라, 이 또한 의심스럽고 염려스러웠지만 되레 달래어 마음을 풀어주며 말하기를, "비록 부녀자들에게 보도록 하더라도 또한 우리나라 사람이니 어찌 그러한 일이 있겠느냐? 모름지기 다시 써서 보여다오."라고 하니, 장동이 고개를 끄덕이고 가서는 곧장 작은 종이에 쓰고 복숭아와 밤을 싸 이덕수(李德守)에게 창문 아래를 지나가다가 던져 주도록 하였다. 그 종이에 쓰여 있기를, "은행나무 아래서부터 이아(貳衙: 군수가 사무를 보는 관아인 郡衙)의 뒤편을 따라 남산(南山) 밖으로 나가면 적이 없습니다."라고 운운하였다. 우리들은 그것을 보고서 매우 기뻐하였다.

이에 수직 왜적에게 대변 보기를 청하자, 수직 왜적이 그 청에 따라 나를 이끌고 나와 낭청방(廊廳房)의 측간으로 향하는지라, 내가 대문 밖으로 나가서 대변을 보겠다고 억지를 부려 청하였으니, 언문 편지에서 가리킨 길을 자세히 보고자 한 것이었다. 이미 대문 밖으로 나간 뒤에는 일부러 오랫동안 앉아서 그 형세를 살펴보았다. 게다가 아픈 발을 핑계삼아 천천히 걸으며, 나갔다가 돌아오며 모두 살폈는데 벽에 난 구멍은 바깥 행랑채 위와 처마 아래에 있었다. 우리들이 따라서 나갈 길을 세 사람 또한 서로 이어가며 살펴보기를 모두 이와 같이 하였는데, 제각기 길을 얻었다며 위로하였다.

또 아전 한 명이 와서 우리가 묶여 있는 것을 보고 불쌍히 여기는지라, 내가 말하기를, "너는 누구냐?"라고 하니, 답하기를, "나으리께서 4월 치악산(雉岳山)에서 당제(堂祭)를 지내실 적에 제가 도색(都色)이었습니다."라고 하였다. 이른바 당제라고 하는 것은 왜적의 변란 때문에 기도하는 나라의 제사였는데 내가 헌관(獻官)으로 왔었다.

봉명루(奉命樓) 아래에 좌우로 양방(兩房)을 나누어 만들고, 누대 위에는 방패로 에워싸서 망을 보는 장소로 삼았으니, 이곳이 바로 탈출하는 길이었다. 각자 어깨를 맸던 새끼줄을 풀었지만, 새로 교대한 수직 왜적 5명이 창문 밖으로부터 등불을 가지고 번갈아 들어와 살펴보는 까닭에 틈을 엿볼 수가 없었다. 내가 말하기를, "오늘 밤에는 일이 성사되지 않겠다."라고 하니, 고언영(高彦英)이 말하기를, "하늘이 우리 네 사람을 낳았거늘, 무슨 운명이 이 지경에 이르도록 박하단 말입니까? 도망쳐 나갈 계책이 없으니 해를 입는 것은 의심의 여지가 없습니다."라고 하고는 오랫동안 눈물을 흘렸다. 내가 말하기를, "너는 하늘을 원망하지 마라. 나라의 운수가 이 지경에 이르렀는데, 어찌 유독 우리들만 이러한 때를 당했겠나? 그러니 제명대로 살지 못하고 죽는 것이 무슨 유감이 있겠는가? 구차스럽게 살기보다는 차라리 속히 죽는 것이 낫겠다. 다만 마땅히 나라를 욕되게 하지 않도록 해야 할 것이다."라고 하니, 경진(景鎭: 李士岳의 字)이 말하기를, "어르신의 말씀은 옳습니다. 군자가 죽고 사는 것은 하늘의 명을 따를 뿐입니다."하고 하였다.

권주(權黈)가 밤새도록 빌기를, "하늘이 혹시라도 저의 아버지를 살리고자 하시어 만약 속히 폭풍우를 쏟아주신다면 왜적은 필시 의심하지 않고 허술하게 가둘 것이니, 힘입는 바가 있게 될 것입니다. 하늘이시여! 하늘이시여! 비를 주소서."라고 하면서 마음 속으로 가만히 빌었다.

九月初一日。晴。

朝州內居人張同，稱爲衙吏，亦在擄中，以生栗數升·西瓜一顆來, 給之。張同卽張寬之變名者也。本以三陟人, 移居于此, 乃張謹之四寸云。元店守, 亦給西瓜二顆, 俱感俱感。病足酸痛連日, 以瓦熨之。村民連續入現, 而苦於運米及他役, 率多怨讟, 若出則不復還入, 茄瓜及新小豆菉豆, 督令輸入於外處, 亦甚怨之。店守見百姓之入來者, 張目叱之, 曰: "汝等何事入來? 我國終爲倭國乎?" 店守潛謂吾等, 曰: "今日, 欲出不復還." 等曰: "我輩亦欲出之, 汝須指路." 店守曰: "堤川之路無賊云, 其知之." 張同又來過, 等更問之, 答曰: "自軍器前大路, 通於東北, 其知之." 俄而, 又過曰: "大事出矣." 等驚問何事, 曰: "可出之路, 以諺文書之, 將欲投傳樓上, 爲倭所奪, 生事必矣." 黙曰: "諺是我國之文, 倭本不解, 何能知見?" 張同曰: "副將處多有被擄女子, 若使之見之, 其不知乎?" 此則亦有疑慮, 而反以慰解, 曰: "雖使其女見之, 亦我國人, 寧有是也? 須更書以示." 張也頷頭而去, 卽書諸小紙, 裹以桃栗, 使德守過牕下而投贈之。其書曰: "自鴨脚樹下, 從貳衙後, 出南山[128]之外, 無賊."云云。等見之甚喜。仍請放屎於直倭, 直倭遂引余而出, 向廊廳房之廁, 吾强請出放於大門之外, 盖欲詳見諺書中所指之路也。旣出大門, 故爲久坐, 審其形勢。且託以足病, 徐徐行步, 往還具察, 壁穴, 外廊上簷下。所從出之路, 三人亦相繼察視, 皆如之, 各賀其得路也。又有一吏來, 見憫吾羈束[129], 吾曰: "汝是誰也?" 答曰: "進賜四月, 雉岳山[130]

---

128 南山(남산): 강원 감영 남쪽, 남부시장 북서쪽에 있는 산. 명륜동과 원인동의 경계가 되는 산이다.

129 羈束(기속): 묶어 놓음.

130 雉岳山(치악산): 강원도 원주시 소초면과 영월군 수주면의 경계에 있는 산.

堂祭時, 吾爲都色[131]也." 所謂堂祭, 爲倭變祈禱之國祭, 而吾以獻官來矣。奉命樓[132]下, 左右分作兩房, 而樓上則圍以防牌, 爲候望之所, 是爲脫出之路。各解繫臂之索, 而新適直倭五人, 持燈火於牕外, 迭相入見, 無可乘隙。吾曰: "今夜, 事不諧矣." 彦英曰: "天生吾四人, 何命薄至此? 逃出無計, 被害無疑." 仍良久泣下。吾曰: "汝勿怨天。國運至此, 何獨吾輩, 當此之時? 非命而死者, 何恨? 與其苟生, 不如速死。但當不辱國可也." 景鎭曰: "尊丈之言是也。君子死生, 聽天而已." 黈終夜祝之, 曰: "天其或者, 欲活我父, 若迅注雷雨[133], 則倭必不疑而緩囚, 庶有所賴。天乎天乎! 其雨其雨." 潛心默禱。

9월 2일。 맑음。

아침에 왜적들이 빙허루(憑虛樓) 아래를 꾸몄는데, 사면에다 벽을 만들어서 흙을 발랐고, 또 누대 위 및 누대 뜰에다 방패를 옮겨 에워싸서 사방의 울타리로 삼았으니, 장차 견고하게 가두려는 계획임을 알 수 있었다.

갑자기 통역 왜인이 와서 권주(權黈)에게 묻기를, "근래 너의 결박을 느슨하게 해주었는데도 너는 마음대로 자신이 편하기만을 꾀하니, 네 뜻을 어찌 헤아릴 수 있겠는가? 또한 너는 상관(上官) 앞에서 조금도 가까이하여 따르려는 뜻이 없으니 이 무슨 까닭인가?"라고 하니, 권주가 말하기를, "병든 아버지의 발 통증이 낫지 않으니, 기와를 데우는

131 都色(도색): 色吏 중의 우두머리. 색리는 監營 또는 郡衙 등의 아전이다.
132 奉命樓(봉명루): 조선시대 原州牧 객관의 동쪽에 있었던 누정.
133 雷雨(뇌우): 번개와 천둥을 발생시키는 하나의 폭풍우.

일은 내가 아니면 누가 하겠는가? 드나드는 것이 일정치 않으니 그러하지 않을 수 없었다. 만약 내 아비를 풀어 주어 돌아가서 병을 조리하게 해 준다면, 내가 비록 여기에 머물러 있을지라도 안심할 수 있을 것이다."라고 하였다.

통역 왜인이 말하기를, "상관이 너를 단단히 묶어두라 명하였다."라고 하였다. 마침내 새끼줄을 이어서 다시 더욱 뒷짐결박을 하고 또 목줄을 들보 위에다 묶었으니, 우리들은 제각기 기대가 끊어졌다. 더구나 적도(賊徒)가 경성(京城)에 보내어 아뢰고 보고하도록 했던 사람이 내일 돌아올 것이라 하니, 생사의 갈림길이 단지 하룻밤만을 남겨 두고 있었다. 하물며 듣건대 빙허루 아래에 벽을 쌓는 역사(役事)도 이미 끝나서, 이제 우리들을 모두 그곳에 가둘 것이라고 하였다. 그렇게 된다면 도망쳐 나갈 수가 영영 없을 것이었고, 더욱이 이 벽에 낸 구멍은 반드시 적의 노여움을 더할 것이었다. 이때 마음속의 회한이 그지없었다.

왜군이 창문 아래를 지나가다 간혹 급한 걸음으로 오는 자가 있기라도 하면 필시 옮겨 가두려 하는 것으로 의심하여 두렵고도 두려웠으며, 날은 이미 저물었는데 아직까지 미처 옮기지 않아서 또한 캄캄한 밤이라도 필시 옮기도록 할까 염려스러웠다. 수직(守直) 왜적이 이미 교대했으나 한마디 말도 없어서 그제서야 비로소 우리들은 제각기 마음이 진정되었다. 수직 왜적 2명이 또 등불을 가지고 올라와 들보 위에 두고는 그대로 양방(兩房)에 앉았다가 장적책(帳籍冊: 호적책)을 펼치고서 누웠으니, 그들은 그곳에서 자려는 생각이었다. 그리하여 우리는 제가기 근심하였다.

이경(二更: 밤 10시 전후)쯤에 큰비가 느닷없이 몹시 쏟아붓고 벼락과 천둥이 계속 진동하며 사방이 온통 어두워져 지척을 분간할 수 없었다. 잠시 뒤에 왜적 2명이 주변을 오랫동안 살펴보고 경계하며 이야기를 나눈 뒤에 등불을 가지고서 도로 내려갔다. 왜적 한 명은 창밖에 쌓아 놓은 곡식 위에서 잤고, 다른 수직 왜적은 처마 아래에서 늘어져 잤다. 화톳불과 등불이 비록 밝았으나 한번도 올라와 보지 않았으니, 이는 필시 우레와 비 때문에 우리들이 도망치리라고 의심하지 않은 것이었다. 경진(景鎭: 李士岳의 자)이 말하기를, "지금 이 비는 어찌 어젯밤 자제께서 기도하여 하늘이 감응한 바가 아니겠습니까? 지극한 정성에는 하늘도 감동한다더니 과연 빈말이 아닙니다."라고 하였다. 우리는 마음속으로 기뻐하면서 조용히 서로에게 말하기를, "오늘 밤에는 하늘의 뜻을 알 수 있을 것이니 탈출하지 않고 무엇을 기다린단 말이냐?"라고 하였다. 제각기 스스로 결박을 풀었다. 그리고 세 사람이 돌아와서 내가 발이 아프고 몸집이 큰 것으로 구멍을 쉽게 빠져나가 지붕 아래로 내려갈 수 없을까봐 우려하였다.

내가 말하기를, "지금 비가 이렇게 내리는 것은 하늘이 우리들을 살려 주려는 것이 분명하다. 발이 비록 아직 낫지 않았어도 만약 무사히 대문 밖으로 나갈 수만 있다면 무슨 걱정이 있겠는가?"라고 하였다. 마침내 목줄을 쥐고서 먼저 나가 행랑 위에 서니, 오랫동안 묶여 있던 뒤끝에 벽 밖으로 탈출할 수 있었다. 비록 수많은 기왓장 위에 서 있었지만 마치 평지를 밟고 가는 것처럼 하였으니, 그렇게 한 의도는 적이 혹여 알더라도 그 때문에 추락하여 생사를 결정짓는 것이야 괜찮다고 생각했기 때문이다. 하물며 큰비가 한창 쏟아지는데, 적이 어찌 알겠는가?

그리하여 벽 모퉁이에 덧댄 방목(防木)에 새끼줄을 매어 늘어뜨렸고, 또 처마 기와 몇 장을 거두어 옮겨 지붕 밑으로 내려가는 것을 편리하도록 하였으니, 마침내 그 새끼줄을 잡고 누각의 기둥 끝에 걸어서 그것을 타고 내려 왔다. 처마 끝의 흙덩이가 비록 간혹 떨어지기는 했지만 빗소리에 묻혀 알아차린 자가 없었다. 중문 밖으로 달려 나가자 아픈 발이 조금 가벼운 듯하였다. 몰래 동쪽 벽에 기대어 서서 살펴보니 숙직하는 자가 없었다. 권주가 뒤따라 이르니 무사히 지붕 아래로 내려온 것을 기뻐하며 이끌어 대문 밖으로 나갔다. 이때 부자의 정은 더욱 형언할 수 없었다.

대문에는 수직 왜적이 오직 한 사람만 있었지만 깊이 잠든 바람에 알아 차리지 못하였다. 은행나무 아래로 곧장 나가 장동(張同)이 언문으로 지시해 준 곳으로 갔다. 경진(景鎭)이 다음 차례로 이르러 또한 서로 만나게 된 것을 기뻐하였으나, 고언영(高彦英)이 아직 나오지 않아서 그를 기다리다가 추포될까 두려워, 세 사람이 함께 달려 장차 남산(南山)에 올라 길을 찾아서 달아나려 하였다.

권주가 말하기를, "남산은 적의 소굴과 가장 가까운 데다 풀과 나무 또한 무성하고 길에 대해서도 일찍이 아는 바가 없으니, 반드시 낭패를 당할 것입니다. 더구나 적이 응당 아픈 발로 멀리 다다를 수 없을 것이라 여기고 먼저 가까운 산을 수색할 것입니다. 그의 견해를 보건대 원점수(元店守)의 말을 따라 곧장 큰길로 향해 날이 밝기 전에 멀리 산 밖으로 벗어나는 것보다 더 나은 것이라고는 없습니다."라고 하였다. 나와 경진(景鎭)이 모두 옳게 여기고서 마침내 사창(司倉) 가는 길로 향하였다. 내가 경진에게 일러 말하기를, "나는 발이 아파 능히 걸을 수가 없으니 추포되어 죽는 것을 어찌 면할 수 있겠느냐? 군(君)에게는 늙은 부모가 있어서 나와 생사를 같이해서는 안 되니 군은 먼저 달아나게."라고 하자, 경진은 굳게 사양하였으나 끝내 사양하지 못하고서 빠른 발걸음으로 나는 듯 저만치나 가버려 서로 미치지 못할 터였다.

고언영이 아직 빠져나오지 못했지만, 우리 부자는 머무르며 기다리기가 어려워 크게 낙담하였다. 나는 문을 나선 이후로 다친 발이 더욱 아파서 능히 보행조차 할 수 없어 스스로 도중에 쓰러져 넘어질 것이라 여겼지만, 권주가 곁에서 부축하고 도와서 넘어지기도 하고 걷기도 하면서 사창(司倉)을 지날 수 있었는데, 큰길에는 나무를 많이 쌓아 불태운 불꽃이 지극히 성대하여 비록 비가 내리는데도 환하게 비추었다. 여기가 바로 복병이 있는 곳이었지만, 적들은 모두 비를 피해 집에 들어가 있었다.

권주가 길가의 울타리 나무를 부러뜨려서 나에게 지팡이로 쓰도록 하니 크게 도움이 되었다. 길을 떠나 작은 교량이 부서져 무너진 곳에 이르렀지만, 물과 길이 분간되지 않아 진흙 도랑 속에서 정강이까지 빠져 재차 넘어져 일어나지 못하자, 권주가 나의 손을 잡고 간신히 도와주어 빠져나왔다. 발가락과 발바닥에 점차 통증이 심해지는 것이 느껴져, 진흙 길에 돌이 많아 때로 부딪치기라도 하면 곧바로 기절하였다. 권주가 부축해 인도하여 걸어가면서도 뒤에서 쫓아올까 두려워 열 걸음에 아홉 번이나 뒤돌아보았다. 옷은 젖고 몸이 무거워 걸어 다니기에 불편하였는지라, 곧바로 옷 한 겹과 치마저고리를 벗어 권주에게 짊어지도록 하였고, 베 저고리는 심하게 찢어졌기 때문에 버렸다. 길 중앙에 어떤 물체가 가로로 서 있는 것이 있었는데, 밤이 캄캄하여 그것이 무슨 물체인지 알지 못해 뒤로 물러서서 자세히 살펴보니 바로 말이었다. 재갈이 풀린 채 덩그러니 서 있어서, 권주는 그 말이 탈 수 있음을 기뻐하며 끈을 목에 매어서 끌어당겼으나 발을 절뚝거려 버리고 가야 했다.

뒤에 오는 사람이 있어서 진흙 길에 발걸음 소리가 어지러이 잇따랐는데, 나와 권주는 길가에 엎드리니 그 사람이 희미하게 내 이름을 부르며 지나갔다. 나는 분명하게 들을 수 없었기 때문에 곧바로 응하지 않았으나 필시 고언영이었다. 그리고 그 또한 우리가 다른 사람일까 염려하였을 것이니, 서로 의심을 품고서 과연 가까이 가지 못한 채 앞서기도 하고 뒤서기도 하며 다시 더욱 자세히 살폈다. 얼마 가지 않아 또 사람의 발걸음 소리가 나서 추적해 오는 자가 있는지 의심하여 길 아래에 잠복했는데, 또 희미하게 권주의 이름을 불러서 권주가 즉시 응답하니 바로 고언영이었다. 세 사람은 제각기 서로 만나게 된 것을 기뻤지만, 말할 겨를도 없이 걸음을 재촉하였다.

길을 가면서 말하기를, "오늘 밤의 일은 진실로 하늘의 뜻이니, 왜적 또한 우리를 어찌하겠습니까?"라고 하였는데, 내가 고언영에게 일러 말하기를, "어째서 너는 오는 것이 늦었느냐?"라고 하니, 고언영이 말하기를, "탈출해 나오자마자 남산에 올라 일행을 찾았으나 만나지 못한 까닭에 다시 이 길을 따라 왔습니다. 남산에서 내려다보니 우리가 탈출한 후에 수직(守直) 왜적들이 곧바로 알아차리고 횃불을 들고서 고을 안과 근처를 두루 수색하였습니다. 이제 장차 멀리까지 뒤따라 올 것이고 들판도 광활하고 산도 머니, 몸을 숨기는 것이 실로 어려울 것입니다. 걸음을 재촉하지 않을 수 없습니다."라고 하였다.

향교 단구역 굴파(가리파)

다섯 사람이 고을 안으로 향해 들어오길래, 처음에는 왜적인가 의심하다가 그들의 말하는 것을 자세히 들어 보니 바로 우리나라 사람으로 몰래 적중(賊中)에 들어갔던 자들이었다. 권주가 이곳이 무슨 마을인지 물으니, 답하기를, "단구(丹邱)이다."라고 하였다. 나는 고언영에게 말하기를, "이미 적의 소굴을 지났으니 얼마나 다행인가?"라고 하자, 고언영이 말하기를, "적의 소굴을 이미 지났다고 하여 천천히 걸어서는 안 됩니다. 단구는 고을과의 거리가 겨우 5리이니, 앞으로 갈 길이 아직 멉니다. 밤은 이미 새벽녘이 되어 가니, 적이 반드시 뒤쫓아 올 것입니다."라고 하더니, 억지로 권하며 밀고 당기면서 조금이라도 쉬는 것을 허락하지 않았다.

발의 통증이 점점 심해져 견디기 어려워서 세 발걸음을 떼면 두 번이나 쓰러지니 어찌할 수 없는 형편이었다. 권주가 앞에서 끌어당기고 고언영이 뒤에서 밀었는데, 간혹 나의 좌우 팔을 부축하여 가기도 하면서 조금씩 조금씩 힘겹게 나아갔지만 민망하고 고통스럽기가 극심하여 차라리 당장에 죽고만 싶었다. 간신히 문월론리(門月論里: 단구동의 자연부락 구르니 마을인 듯)에 도착했는데 비위를 상하게 하는 냄새가 코를 찌르니, 이는 필시 지난날 왔을 때 보았던 시체의 냄새이었다. 아직 가리고개(可里古介: 가리파고개, 치악재)에 이르지 않았을 때에 몇 사람이 고을 안에서 달려 나왔는데, 우리들은 반드시 왜적이 추격해 오는 것으로 의심하고 길옆에 나뉘어 엎드려서 살펴보니 왜적이 아니었다.

권주가 쫓아가 묻기를, "어째서 급히 달아나는 것이오?"라고 하자, 그 사람 또한 우리를 의심하여 더욱 두려워하면서 단지 손으로 휘젓고 대답하지 않았다. 권주는 기필코 그 이유를 알려고 뒤쫓아 가 그의 옷을 잡아당기며 억지로 묻자, 대답하기를, "우리들은 이 원(院)에 묵고 있었는데 왜적이 와서 에워싸 겨우 몸만 빠져나왔소이다."라고 운운하였다. 고을 안을 되돌아보니 큰비가 내리는 중인데도 불빛이 점점 가까워지고 있었는지라, 우리들은 몹시 놀라 말하기를, "필시 우리를 쫓는 무리일 것이다."라고 하였다. 아픈 발로 엎어지고 넘어져 나아갈 수 없었으니, 산 듯도 하고 죽은 듯도 하여서 적에게 잡힐까봐 두렵기만 하였다. 마침내 길가의 수풀이 우거진 개울 속으로 피해 들어가서 물을 몇 움큼 마셨다. 거듭 발을 헛디뎌 넘어져서 코와 이마가 돌에 부딪쳐 깨지고 다쳐 정신을 차리지 못했다. 권주와 고언영이 나를 부축하여 일으키니 한참 지난 뒤에야 깨어났지만, 피가 쏟아지듯 흘렀다.

새벽빛이 이미 밝아왔다.

初二日。晴。

朝羣倭修餙憑虛樓下, 四面作壁塗土, 又移圍防牌於樓上及樓庭, 四方爲欄, 將欲堅囚之計, 可見矣。忽然通事倭來, 問黈, 曰: "近日緩汝之縛, 汝任意自便, 汝意何測? 且汝於上官前, 少無親附[134]之意, 是何故耶?" 黈曰: "病父足痛未瘳, 熨瓦之任, 非我則誰? 出入無常, 不得不爾。若放歸我父, 使之調病, 則我雖留此, 可以安心." 通事倭曰: "上官, 命堅縛汝矣." 遂以綿索, 更加北結, 且繫項索于樑上, 吾等各望絶。且賊徒所送京城報稟之人, 明日當還, 死生之分, 只隔一夜。况聞憑虛樓下築壁之役已畢, 今將幷囚吾等於其處云。然則, 永無逃出之理, 矧此壁穴, 必添賊怒。是時, 心懷罔極。倭軍若有過於牕下, 或急步而來者, 則疑必移囚, 將恐將懼, 日已夕矣, 而猶未移焉, 亦慮當昏必移之。直倭已交遰而無一言, 然後始各定心焉。直倭二人, 又持燈火而上, 置諸樑上, 仍坐兩房, 鋪帳籍而臥之, 其意欲宿其處。等各憫之。夜二更, 大雨無端急注, 雷霆震疊, 天地晦塞, 不辨咫尺。小頃, 二倭周視良久, 詰語後持燈還下。一倭宿牕外積穀上, 他直倭亦列宿於簷下。燎火雖明, 一不上見, 是必以雷雨之故, 不疑吾等之逃出也。景鎭曰: "今此之雨, 豈非昨夜令胤

---

134 親附(친부): 따르는 것. 친숙해져서 따르는 것.

祝天之所感也? 至誠動天, 果非虛語." 等私喜, 潛相語之, 曰: "今夜天意可知, 不出何竢?" 各自解結。而三人還, 以吾之足病體大, 未能容易出穴下屋爲憂。吾曰: "今雨如此, 天之欲活我等明矣。足雖未差, 若無事得出於大門之外, 則何患之有?" 遂持項索, 先出而立于廊上, 則久縶之餘, 得脫壁外。雖立萬瓦之上, 如履平地, 意謂賊或知之, 可自此墜落, 以決死生。況大雨方注, 賊何知乎? 於是, 縶索于壁隅加防木而垂之, 又撤移簷瓦數張, 使之便於下屋, 遂執其索, 緣樓柱而縋之。簷端土塊, 雖或落之, 雨聲中無能知者。走出於中門外, 病足稍似輕矣。潛依東壁, 而立審視之, 則無直宿者。黈隨至, 喜其無事下屋, 攜出于大門外。此時父子之情, 尤不可形言。大門直倭, 獨有一人, 而睡熟[135]不知焉。直出於鴨脚樹下, 從張同諺示也。景鎭次至, 亦幸其相遇, 而彦英則時未及出, 欲待之而恐其追捕, 三人同走, 將欲登南山而尋路達去。黈曰: "南山最近賊藪, 草樹且茂, 路非曾識, 必見顚沛。且賊應以爲病足不能遠致, 先搜近山。其見執定[136]矣, 莫如從店守之言, 直向大路, 未明之前, 遠脫山外之爲愈也." 吾與景鎭皆然之, 遂向司倉[137]之路。吾謂景鎭, 曰: "我足痛不能行, 何能免於追捕之所殺也? 君有老親, 不可同我死生, 君其先走乎." 景鎭固辭, 而終不得辭, 疾足如飛, 風馬牛不相及[138]矣。彦

---

135 睡熟(수숙): 깊이 잠듦.

136 執定(집정): 판단하여 결정함. 견해. 소견.

137 司倉(사창): 조선시대 강원도 원주 읍내에 있던 창고.

138 風馬牛不相及(풍마우불상급): 《春秋左氏傳》 僖公 4년에 "그대는 북해에 처하고 나는 남해에 있으니, 이것이 바지 바람난 말과 소도 서로 미치지 못하는 것과 같다.(君處北海, 寡人處南海, 唯是風馬牛不相及也.)"에서 나온 말. 거리가 멀리 떨어져

英未及出來, 而吾父子難於留待, 大有所失於心矣。吾自出門後, 傷足益痛, 不能行步, 自分[139]顚斃中路, 而貰能從傍扶持, 或顚或步, 過得司倉, 則大路中, 多積木而焚之, 火焰極盛, 雖雨注而洞照也。此乃伏兵處, 而賊皆避雨入家也。貰折取路傍籬木, 使我杖之, 大有所賴。行到小橋頹破處, 不分水與路, 沒脛於泥渠中, 再顚而未起, 貰執吾手, 而僅僅扶, 出之。足指足掌, 漸覺痛猛, 泥路多石, 時或觸之, 便卽氣絶。貰扶引而行, 恐有後追, 十步九顧。衣濕體重, 不便於行步, 卽脫一衣與襦裙, 令貰負之, 布裙則破甚, 故棄之。路中有一物橫立者, 夜黑不知其何物, 却立審視, 乃馬也。脫勒獨立, 貰喜其可騎, 以帶繫項而牽之, 則足蹇也, 棄而去之。後有來人, 泥路中跫音雜畓[140], 吾與貰, 伏於路邊, 則其人微呼我名而過。吾不能分明聽之, 故未卽應之, 必是彦英也。而渠亦慮吾等爲他人, 相爲致疑, 不果攀接[141], 而或先或後, 更加詳察焉。行未幾, 又有人跡聲, 疑有追, 潛伏路下, 則又微呼貰名, 貰卽應之, 乃彦英也。三人, 各喜其得逢, 未暇成說而促行。且行且語曰: "今夜之事, 眞天耳, 倭亦其如吾等何?" 吾謂彦英曰: "緣何汝來之遲遲也?" 彦英曰: "出卽上南山, 尋之未遇, 故還由此路耳。自南山俯望, 則吾等逃出後, 直倭等卽知之, 擧火遍搜於州內近處。今將追逐之遠及, 野濶山遠, 避隱實難。行之不可不速也." 有五人入向州內者, 初疑倭賊, 而審聞其

있어서 만나지 못하는 것을 비유하는 말로 쓰인다.

139 自分(자분): 스스로 추량함. 자기를 ~라 여김.

140 雜畓(잡답): 雜沓. 사람들이 많이 몰려 북적북적하고 복잡함.

141 攀接(거접): 가까이 빌붙음.

語, 則乃我國人之潛入賊中者也。黈追問此何里也, 答曰: "丹邱[142]也." 吾謂彥英, 曰: "旣過賊藪, 何幸何幸?" 彥英曰: "勿以旣過賊藪而徐行。丹邱去州僅五里, 前途尙遠。夜已向曙, 賊必追及矣." 强勸牽推, 不許小休。足痛漸劇難堪, 三步二顚, 勢無奈何? 黈則前曳之, 彥英後推之, 或挾持吾左右手而行之, 寸寸難進, 憫苦之極, 寧欲卽死。艱到門月論里[143], 有臭氣[144]擁鼻, 此必前日來時所見之屍也。未至可里古介, 有數人奔自州內, 等疑必倭賊追來, 分伏於路左, 審之則非倭也。黈追問曰: "何急走?" 其人亦疑我而愈懼, 但以手揮之而不答。黈必欲知其所由, 趍挽其衣而强問之, 答曰: "我等宿于此院, 倭賊來圍之, 僅以身免."云云。回望州內, 大雨中火光漸近, 等大驚曰: "必追吾徒也." 病足顚倒不前, 半生半死, 恐被其執。遂避入路中右邊林澗中, 飮水數掬。仍失足而仆, 鼻額觸石碎傷, 未省人事。黈與彥英, 扶而起之, 良久回生, 血流如瀉。曙色已分矣。

9월 3일. 비가 아직 그치지 않음.

돌투성이 비탈길을 기어서 산에 올랐는데, 고언영이 앞에서 인도하고 권주가 뒤에서 밀어주어도 서너 걸음을 떼고는 한번 쉬고 간혹 대여

142 丹邱(단구): 강원도 원주시 판부면에 있는 동네. 조선시대에 丹丘驛이 있었던 데서 유래한 동네 이름이다.

143 門月論里(문월론리): 강원도 원주시 판부면 단구동의 자연부락 구루니 마을인 듯. 구르니를 한자어로 歸論이라 했다 한다. 귀론골에서 판부면 외남송으로 넘어가는 문바우고개가 있기 때문이다. 이에 대해서는 향토지명 연구가의 고찰이 필요한 듯하다.

144 臭氣(취기): 비위를 상하게 하는 좋지 않은 냄새.

섯 걸음을 떼고 한번씩 쉬면서 겨우 산허리에 오르니, 날이 이미 저물었다. 무더기로 자란 잡초가 매우 무성하였지만 세 사람이 연이어 지나자 크게 사람의 자취가 남겨지니, 적이 그 자취를 따라서 찾을까 염려하여 번번이 몇 걸음을 뗄 때면 뒤로 물러서서 손으로 쓰러진 풀들을 정돈하여 지나온 자취가 없어지도록 하였다. 이윽고 산허리를 돌아 세 벼랑을 지나자마자 곧장 가장 높은 봉우리에 오르니 마치 산을 모아 놓은 듯했다. 바위가 험하고 산봉우리가 가파른 데다 숲이 깊고 나무가 빽빽하여 참으로 난리를 피하기에 좋은 땅이었으나 큰길과 매우 가까워 머물러 있을 수 없었다. 골짜기 안에서 사람과 말들의 소리가 났으니, 바로 피난민들이 숨어 있었던 곳이었다. 고언영(高彦英)에게 가서 밥을 구걸하도록 하고 싶었으나 애쓰고 고생할까 그만두었다. 빗줄기가 삼대처럼 내리붓고 발의 통증이 아직도 극심하여 그대로 머물러 잘 계획을 세웠다.

추격하는 적의 행방을 살피고자 바위에 기대어 솥발처럼 앉았다. 권주가 자루를 열고 볶은 콩을 꺼내서 각각 한 움큼씩 씹었고 또 생밤 몇 개를 씹어 먹었는데, 콩은 영월(寧越)에 있을 때 엄수일(嚴守一)이 준 것이었고, 생밤은 고을 아전 원점수(元店守)와 장동(張同)·이덕수(李德守) 등이 준 것이었다. 주머니와 자루 속에 넣어둔 것은 애초에 다 뜻이 있었는데, 지금 이렇게 요기를 하였으니 참으로 다행이고 다행이었다. 엊저녁에 고언영이 아침밥과 저녁밥을 싸 두었다가 지붕에서 내려올 때 권주에게 먼저 가지고 나가게 했는데, 권주가 그것을 가져가기 어려워 문을 나서며 버렸고 고언영이 이곳에 도착하여 굶주림이 심하자, 종일토록 서로 따지고 있으니 우스웠다.

낮에 비가 비로소 그쳐서 햇빛을 다시 볼 수 있게 되자, 우리는 각기 백번 절하며 하늘에 감사하였다. 목의 갈증이 몹시 심했으나 산이 높아 샘물이 없었는데, 고언영이 우선 미후(獼猴: 獼猴桃, 다래)의 줄기와 잎을 꺾어 씹고 나서 입안이 조금 적셔지게 되자, 이어서 우리에게도 권하였고 우리들 또한 그것을 씹었다.

주의 깊게 듣건대 큰길에서 왜적 무리 200여 명이 말을 타고 급히 달리며 가리고개(可里古介: 가리파고개, 치악재)를 넘고 있었으니, 필시 이는 우리를 잡으러 뒤쫓아온 것이었다. 우리는 제각기 낯빛이 변할 정도로 크게 놀라서, 권주에게 짊어지고 있던 옷 두 벌을 벗어서 바위 위에 올려두고는 저 건너편 봉우리에 올라 적의 형세를 살펴보도록 하여, 곧바로 건너편 봉우리에 올라갔다. 밖으로는 봉우리가 겹겹이 막고 있었는데, 산위에서 마침 척후(斥候)하는 사람을 만나 그에게 물어보니, 적은 제천(堤川)으로 향했다고 하였다. 권주가 미처 되돌아오지 않았을 즈음, 갑자기 한 사람이 앞산에 우뚝 서서 관(冠)을 벗고 짧은 옷을 입고 있으니, 멀리서 바라보건대 진짜 왜적의 모습과 같았다. 고언영이 먼저 보고 나서 헷갈려 했고, 나 또한 의심스러웠다. 다시 몇 사람이 바위 뒤에서 나왔는데, 필시 적도(賊徒)가 좌우에서 우리를 찾아 잡아들이려는 것이라 여겼으니 권주가 돌아오기를 기다릴 틈도 없었고 또 바위 위에 올려두었던 옷 2벌을 챙길 수도 없었다. 고언영이 골짜기 안으로 몰래 숨었는데 이미 어디에 있는지 알 수 없었다. 나는 적이 이미 갑자기 들이닥쳐서 형세상 다시 달아나기가 어려우니 차라리 자결할지언정 적의 손에 죽을 수는 없다고 여겨, 마침내 바위 낭떠러지 위에서 아래로 떨어졌다.

바위의 높이가 여덟아홉 장(丈: 10자)쯤이나 되었지만 모양이 뾰족뾰족 솟지 않고 완만하였다. 때문에 돌을 등지고 떨어져서 몸은 비록 상하고 다쳤을지나, 목숨을 잃는 지경에 이르지는 않고 바위 틈에 끼어 있었다. 그 아래는 가장 험준한 곳인데, 만약 한번 몸을 움직이면 다시 천 길 낭떠러지로 나아가게 되니 생사가 단지 한번 움직이는 순간에 달려 있었다. 문득 바위 위에서 권주가 고언영을 부르는 소리를 듣고서야, 비로소 산 위에 있는 사람이 왜적이 아닌 것을 알았다. 손으로는 바위 위에 있는 나무들의 잔가지를 더위잡고 발로는 바윗가의 돌 틈새를 밟고서 소리를 내어 권주를 부르며 말하기를, "내가 바위 틈에 떨어져 끼어 있다만 올라가기도 어렵고 내려가기도 어려우니 어찌해야 되겠느냐?"라고 하니, 권주가 울부짖으며 허둥지둥 어찌할 계책이 없자 치아로 미후(獼猴: 다래)의 긴 덩굴 가지를 깨물어 끊어서 바위 위의 나무에 그 끝을 묶고는 거꾸로 늘어뜨렸다. 나는 그것을 붙잡고 간신히 매달려 올라가자, 부자가 다시 온전히 만날 수 있게 되어 손을 맞잡고 통곡하였으니 그 소리가 멀리까지 울리는 것도 알지 못하였다. 고언영은 풀이 무성한 곳에 떨어져 있다가 또한 간신히 높은 곳을 부여잡고 올라와 기쁘기도 하면서 슬프기도 하여 심신이 진정되지 않았다.

권주가 벗어 두었던 2벌의 옷은 바위 뒤에 있던 사람들이 가지고 가버린 듯 갑자기 보이지 않으니, 이른바 앞산의 사람은 이전에 권주가 건너편 봉우리에서 만났던 자였고, 바위 뒤의 사람은 또한 척후를 보던 자였다. 고언영이 말하기를, "옷 두 벌을 잃어버린 것이 아깝습니다." 라고 하였는데, 내가 말하기를, "세세한 물건에까지 어찌 주의를 기울여 염려할 것이 있겠느냐?"라고 하였다.

굶주림이 심하여 산속 과일을 따서 배를 채우려 했으나, 덩굴 숲만 무성할 뿐이고 열매 하나도 맺혀 있지 않았다. 솔잎 또한 먹거리에 보탬이 될 것이었으나, 늙은 줄기가 하늘로 솟은 데다 가지도 성글고 잎도 성글었다. 권주가 간신히 더위잡고 올라가서 뜯어왔으나 또한 한 움큼도 되지 않았다. 구운 콩과 섞어서 함께 씹으니 그래도 요기할 만하였다.

해가 지자, 세 사람은 바위 아래에 있는 단풍나무에 기대었는데 가지와 잎사귀가 매우 많아 이를 꺾어서 바닥에 깐 뒤에 제각기 넓적다리를 서로 베도록 하고서 누워 잠들었다. 산이 매우 가파르고 험하여 새 발자국조차 또한 끊어졌으니, 호랑이나 이리도 두려워할 것이 없었다.

밤에 잠깐 비가 내렸다가 개었다. 이 산은 비록 험준할지라도 고을과의 거리가 멀리 않은 데다 큰길과 가까우니, 적이 만약 갑자기 덮쳐 수색하면 도망칠 곳이 없었다. 아픈 것을 무릅쓰고 발걸음을 재촉하여 다른 산으로 방향을 바꾸어야 했다.

初三日。雨猶不止。

攀磴而上山，彦英前導，黠推後，三四步一憩，或五六步一憩，才上山腰，日已晩矣。草萊[145]鬱茂，三人連行，大有人蹤，慮賊跟尋，每數步輒却立，以手整頓委靡之草，俾滅行跡。因自山腰，轉過三崖，而卽上最高巓，卽如攢山也。巖巒險阻，林木深密，眞避亂地，而大路切近，不可延留。谷中有人馬聲，乃避亂人所藏處也。欲使彦英往而丐食，則以勞苦辭之。雨脚如麻，足痛猶劇，仍爲止宿之

145 草萊(초래): 무더기로 자란 잡초.

計。欲審其追賊所向, 依巖鼎坐。�船出剪俗鳥太, 各嚼一掬, 又啖生栗數箇, 太則在寧越時嚴守一所與, 栗則州吏元店守·張同·李德守等所與也。囊俗之藏, 初皆有意, 今此療飢, 良幸良幸。昨夕, 彦英裹朝夕之飯, 下屋時, 使黠先持以出, 黠難其持, 出門棄之, 彦英到此飢甚, 終日相詰, 可笑。午雨始止, 重覩日光, 等各百拜以謝天。喉渴太甚, 而山高無泉, 彦英先折藤葔[146]莖葉而咀嚼, 咽中稍潤, 仍以勸吾等, 等亦嚼之。俯聽[147]大路中, 倭徒二百餘人, 騎馬急馳, 踰可里古介, 必是追捕吾等。各自失色大懼, 使黠脫所負衣二件, 置於巖上, 登彼越峯, 看望賊勢, 則旣登越峯。又有外峯疊遮, 山上適値斥候之人, 問之則賊向堤川云。黠未及回來之際, 忽有一人, 兀立於前山, 脫冠短衣, 遠望之眞若倭形。彦英先見而惑之, 吾亦疑焉。又有數人, 來自巖後, 謂必賊徒, 左右搜捕, 不暇待黠之還, 又未及取其所置二衣。彦英則潛投谷中, 已不知所在。吾以謂賊旣猝至, 勢難更逃, 寧爲自決, 不可殞命於賊手, 遂自墜於巖崖之下。巖高可八九丈, 勢不斗起[148], 漸然而成。故背石而落之, 身雖傷破, 不至殞命, 掛在巖隙間。其下最是絶險, 若一動身, 則又將千仞, 死生只在一動之間。忽聞巖上有黠呼彦英之聲, 始知山上之人非倭賊也。以手攀巖上叢蓧, 以足踐巖畔石縫, 出聲呼黠, 曰:“我墜在巖石間, 難上難下奈何?” 黠呼泣奔遑[149], 無以爲計, 以齒牙嚙斷藤葔蔓枝之長者,

146 藤葔(미후): 藤葔桃. 獼猴桃. 다래.
147 俯聽(부청): 주의 깊게 공손한 태도로 들음.
148 斗起(두기): 험악하게 삐죽삐죽 솟음.
149 奔遑(분황): 어쩔 줄을 모르고 허둥지둥 뛰어다님.

繫其端於巖上樹, 而倒垂之。吾得以扶執, 僅僅縋上, 父子更得相全, 攜手痛哭, 自不知聲之遠徹也。彦英落在葱鬱之中, 亦艱難攀躋[150]上來, 且喜且悲, 心神莫定。黙之脫置二衣, 則巖後之人持去, 因忽不見, 所謂前山之人, 乃黙之越峯所遇之者, 巖後之人, 亦斥候者也。彦英曰: "失二衣可惜." 吾曰: "細物何足關念?" 餒甚欲摘山果以充腸, 而蔓藪徒茂, 無一結實。松葉亦可資活[151], 而老幹參天, 枝踈葉踈。黙艱得緣登採之, 亦不盈掬也。和悤太而幷嚙之, 猶可以療飢。日落, 三人依於巖下有楓樹, 枝葉甚厚, 折而藉之, 仍各交股相枕而就睡。山極峻險, 鳥跡亦絶, 虎狼無足畏焉。夜乍雨旋霽。此山雖險絶, 距州未遠, 且近大路, 賊若掩搜, 無所逃矣。須速力疾促行, 轉向他山。

9월 4일。 맑음。

아침에 산등성이를 넘어서는데, 건장한 사람 2명과 어린 사람 2명을 만나서 누군지 물으니, 한 사람은 이 고을의 취수(吹手)로 그의 이름을 말하지 않았으며, 다른 한 사람은 강 판서(姜判書: 姜士尙)의 하인으로 난리를 피해 이곳에 왔다고 하였다. 취수는 말투와 얼굴빛에서 탐탁치 않게 여기다가 우리를 필시 수상한 사람이라 생각하고 해치려는 뜻을 드러내 보였다. 우리는 크게 두려워서 온화한 목소리로 속여 말하기를, "우리는 모두 경성(京城) 안의 사족으로 목사의 벗인데 영원(靈原)에 함께 들어왔다가 낭패를 당하였소. 칼에 베여 반쯤 죽었다가 지금 비로

150 攀躋(반제): 높은 곳을 디뎌집어 오름.
151 資活(자활): 생계를 꾸리어 살아 나감.

소 이곳에 이르렀다네."라고 하였다. 취수는 일찍이 목사에게 원한이 있었던 자라서 더욱 성을 발끈 내자, 강 판서의 하인이 힘껏 제지하여서 해 입는 것을 겨우 면할 수 있었다. 나는 적중(賊中)에 있으면서 원점수(元店守)를 통해 강신(姜紳)이 우리 도(道)의 감사(監司)에 새로 제수되었다는 말을 들었고, 강 판서의 하인 또한 나를 통해 비로소 알게 되니, 자못 기뻐하면서 나에게 앞으로 갈 길을 매우 상세히 알려주어 또한 하나의 도움이 되었다. 이른바 강신은 판서의 아들이었다. 어린 사람 가운데 한 명은 작은 표주박을 차고 있었는데, 그것을 빌리려 하자 곧바로 허락하니 이 물건을 얻은 것 또한 하나의 다행이었다.

험난한 산을 넘고 험한 강을 건너느라 아픈 발이 매우 심해졌고 두 다리 또한 욱신거렸지만 천신만고 끝에 비로소 골짜기를 내려갔다. 마침 조를 심은 밭이 있어서 세 사람은 제각기 몇 이삭을 비벼서 씹어 먹었다. 밭 주변에 말라가는 작은 구덩이가 있었는데, 그곳을 파서 진흙물이라도 얻어 또한 한 표주박을 마시니 주린 배를 조금 채울 수 있었다.

종일토록 걸었지만 벼랑 하나조차도 미처 지나지 못하자, 고언영이 말하기를, "지금 이미 몸을 빼냈으니 속히 달아나야 하는데도 이와 같이 적과 가까운 곳에서 지체하면 또한 위험하지 않겠습니까?"라고 하였다. 내가 말하기를, "나 또한 속히 달아나지 않으려는 것이 아니다. 관아로 속히 돌아가 연유를 갖추어 보고하도록 사자를 보내는 것도 마땅히 급선무요, 집으로 속히 돌아가 늙은 부친을 위로하고 기쁘게 해 드리는 것도 마땅히 급선무요, 고향으로 속히 돌아가 선조의 사당에 배알하는 것도 마땅히 급선무요, 처자식을 서로 만나보는 것도 마땅히 급선무요, 친구와 서로 위로하는 것도 마땅히 급선무이다. 심지어 노복(奴僕)과 전리(田里: 고향 마을), 산천과 초목의 정(情)도 무엇인들 고마움을 표해야 하는 마땅히 급선무가 아닌 것이 있으랴만, 한쪽 발이 이와 같으니 어찌하겠느냐? 어이하겠느냐?"라고 하였다.

저녁이 되어 산을 조금씩 조금씩 내려왔는데, 산 아래에는 초가집 두세 채가 마치 마을처럼 모여 있었다. 그곳에 투숙하고 싶었으나 혹시라도 적을 만날까 두려워서 접고 말았다. 건너편 숲 골짜기에 불빛이 깜빡이는 것을 본 데다 또한 사람의 말소리까지 들리니, 필시 피난민이 임시로 지내는 곳임을 알 수 있었다. 그러나 발이 아파서 움직이가 어려워 소나무 아래에 그대로 머물러 묵었다.

한밤중에 별안간 비가 쏟아져서 옷이 다 젖으니 한기가 매서웠다. 목이 말랐지만 물이 없어서 표주박으로 빗물을 받아 마셨다. 또 낙엽 위에 비와 이슬이 고여 있는 방울을 보고 낙엽들을 주워다 표주박에 기울여 부으니 또한 목을 적실 만하였다.

初四日。晴。

朝踰山脊, 逢壯者二人·少者二人, 問之則一人本州吹手[152], 不言其名, 一人姜判書[153]奴而避亂來此云。吹手辭色邁邁[154], 謂吾等必

---

152 취수(吹手): 吹打手. 군대에서 나팔, 소라, 패각 등을 불고 북, 바라 등을 치던 군사.

153 姜判書(강판서): 姜士尙(1519~1581)을 가리킴. 본관은 晉州, 자는 尙之, 호는 月浦. 姜紳의 생부이다. 1543년 진사가 되고, 1546년 문과에 급제하여 사간원 정언, 홍문관 직제학, 1560년 도승지, 예조 참의, 1561년 형조 참판, 대사헌, 1565년 경상도관찰사을 역임하고, 1570년 주청사로 명나라에 다녀왔다. 그 뒤 병조·형조·이조판서 등을 역임하고 1578년 우의정에 올랐나.

154 邁邁(매매): 돌아보지 아니하는 모양.

是殊常人, 顯示欲害之意。吾等大畏, 和聲詒之, 曰: "我皆京中士族, 以牧使之親友, 同入靈原見敗。傷劒半死, 今始到此."云。則吹手曾有怨於牧使者, 怒益勃然, 姜奴力止而僅免。吾在賊中, 因元店守, 聞姜紳新除本道監司之言, 姜奴亦由我始知之, 頗以爲喜, 謂我前路甚詳, 亦一助也。所謂姜紳, 判書之子也。少者一人佩小瓢, 借之卽許, 得此一器, 亦一幸也。跋涉[155]險艱, 病足甚痛, 兩脚亦疼, 千辛萬苦始下谷。有粟田, 三人各挼數穗而嚼之。田邊有小坎涸, 掘之得泥水, 亦飮一瓢, 稍療飢腸。終日行, 未過一崖, 彦英曰: "今旣脫身, 可以速去, 而如是遲遲於近地, 不亦可危乎?" 吾曰: "我亦非不欲速去也。速還于官, 具由報使[156]當急也, 速還于家, 慰悅老親當急矣, 速還于鄕, 拜謁先廟當急矣, 妻子相見當急矣, 親舊相慰當急矣。至於奴僕田里山川草木之情, 何莫非稱謝之當急, 而一足如此, 奈何奈何?" 夕漸漸下山, 山下草屋數三, 乃如攢里也。欲投宿之, 而畏或遇賊, 未果。望見越邊林谷中火光明滅, 又有語聲, 知必避亂人所寓。而足痛難運, 止宿松下。夜半驟雨, 衣濕寒重。口渴無水, 以瓢承雨而飮之。又見落葉上有雨露餘瀝, 拾取葉葉而傾瀉於瓢中, 亦可沃喉[157]。

9월 5일。 맑음。

이른 아침에 산을 내려오다가 비로소 개울물을 찾아서 표주박으로

155 跋涉(발섭): 산을 넘고 물을 건너 먼길을 수고하며 돌아다니는 것을 말함.
156 報使(보사): 하급 관아에서 상급 관아에 보고하기 위해 보내는 사자.
157 沃喉(옥후): 목을 축임. 목을 적심.

떠 마셨다. 고언영이 앞장서 인도하며 개울가의 작은 길을 찾아 풀숲을 헤치면서 깊숙이 있는 숲을 지나 올라가니, 바로 어제저녁에 보았던 불빛이 나던 곳이었다. 과연 피난민이 있었는데, 몇 채의 막사를 짓고서 지내고 있었다. 처음 그들을 만나보았을 때 그들은 서로 돌아보고 놀라며 의아해 하면서 기색이 좋지 않았으니 불러도 나오지 않았고 말해도 대답하지 않았는데, 우리를 황당인(荒唐人: 떠돌아다니는 외국인)으로 의심하는 듯하였다. 어떤 자가 활을 당기고서 서로 바라보며 말하기를, "우리들은 왜적을 피하여 이 궁벽진 곳을 찾아 숨은 것이나, 너희들은 무엇을 하는 자인데 감히 이곳을 찾아왔느냐?"라고 하였다. 내가 조용히 타이르기를, "그대들은 의심하지 말라. 우리 또한 피난민이다. 이틀 동안이나 산에 올라와 있었더니 참기 어려운 굶주림이 너무나 심하여 감히 밥 짓는 연기를 찾아 왔다."라고 하자, 그 사람 등은 비로소 우리의 말을 받아주며 나에게 근본과 연유를 물었다. 내가 말하기를, "그대들은 나의 용모를 보라. 진정 도적이 아니다."라고 하고는 사실대로 말해주니, 막사 안에 있던 모든 사람들이 놀라 탄식하지 않는 이가 없었다.

그들의 아침밥을 나누어 먹도록 보내주니 밥이거나 죽이었는데, 내가 말하기를, "여러 날 동안 빈속이었다가 이렇게 곡식 맛을 보니 분수에 넘치는 일이 아니랴?"라고 하고는, 마침내 그 죽을 먹고 그 밥을 쌌다. 이어서 성과 이름을 물으니, 신림역(新林驛)의 역졸 이흔손(李忻孫)·박벌거지(朴伐去之)·이일산(李一山)이었다. 또 김주동(金注叱同)·박금손(朴今孫)이라는 자가 산 위에서 내려왔다가, 내가 관(冠: 갓)을 쓰지 않은 것을 보고 패양자(蔽陽子: 패랭이)를 벗어 주었고, 또 쌀 한 되를 주막(主幕)에서 빌려서 함께 주었으며, 고언영이 신을 신고 있지 않자 짚신을 벗어 주었다. 박금손 또한 패양자를 벗어 권주(權黈)에게 주었고, 이흔손도 또한 쌀 한 되를 주었다. 내가 말하기를, "거의 죽을 고비에서 다행스럽게도 그대들을 만나 비로소 살아날 길을 찾았으니 하늘의 뜻이 아니겠는가? 만약 혹시라도 내 목숨이 끊어지지 않는다면 마땅히 너희들에게 후히 보답할 것이다."라고 하자, 그들이 말하기를, "나으리의 처지를 마음 아파한 것뿐이지, 어찌 보답을 바라겠습니까?" 라고 하였다.

적도(賊徒)가 제천(堤川)·주천(酒泉) 등의 길로 나뉘어 잡아들이려 하였는데, 우리는 갈 곳을 알지 못하여 그들에게 사잇길을 세세히 물었다. 길을 떠나서 막사 뒤를 지나가다 한 젊은이를 만났는데 허리춤에 밥을 차고 있어서, 고언영이 그것을 빌려가지고는 그의 이름을 물으니 역졸 복지(福只)라고 하였다. 남쪽으로 고개 하나를 넘어 구리파(求利坡: 가리파) 마을에 이르니 초가(草家)가 네다섯 채 있었는데, 문밖의 갈림길에 서넛 사람이 앉아 이야기를 나누다가 또한 우리를 수상한 사람으로 의심하였다. 나와 권주는 관(冠)을 썼으나 고언영은 머리털을 내놓고 있으니 더욱 의심한 것이다. 고언영이 말하기를, "의심하지 말라. 경성(京城) 사람으로 피난한 양반을 따라 이곳에 왔을 뿐이다."라고 하자, 주인 노인은 별달리 묻지도 대꾸도 하지 않고 곧장 문밖의 서너 사람을 물리쳐 제각기 흩어져 가도록 하였다.

우리는 길바닥에 앉았는데, 권주는 푸른 채소가 밭에 가득한 것을 보고서 그 뿌리를 얻어서라도 병든 아버지에게 드리겠다고 청하였다. 노인은 자리를 깔아 놓고 앉도록 하며 말하기를, "행색이 몹시 곤궁한 듯하니, 이곳에 앉아 잠시 쉬시지요."라고 하였는데, 내가 말하기를, "달아나는 중이니 어찌 자리를 쓰자고 하겠소?"라고 하고는 앉았지만, 발을 어루만지며 통증에 앓는 소리를 내었다. 노인이 그것을 가엾게 여겨 그의 늙은 아내를 불러 밥 짓도록 재촉하여 보내주었는데, 소고기 국과 소불고기도 또한 차려져 있었다. 그 집에는 남녀 합해 10여 명이 있었는데, 제각기 은근한 뜻을 보였으니 모두 주인 노인의 자녀와 사위였다. 주인 노인의 이름은 임원(林元)으로 보병이었지만 늙어서 면제되었고 나이는 65세였다. 그 아들은 수원(守元)·수정(守丁)·은희(銀希)·오십동(五十同)이었고, 그 사위는 장쉰금(張五十金)이었다.

나는 주인 노인의 마음에 감동되어 처음부터 끝까지 사실대로 모두 이야기해 주니, 주인 노인 및 그 아랫사람들이 더욱 정성을 다하여 대접하였다. 나에게 일러 말하기를, "평창(平昌) 수령이 자제를 데리고 중방(中房)과 함께 도망쳐 탈출하였다는 소문을 일찍이 듣고서, 저는 이 길이 깊숙하고 그윽하여 필시 어쩌면 지나갈 것이라 생각하였습니다. 지금 모양새를 보니 묻지 않아도 알 수 있었습니다. 그래서 사람이 번다하면 말이 퍼질까 염려하였기 때문에 문밖에 있던 사람들을 모두 돌려보낸 것입니다. 적도(賊徒)들이 추포하고 있어 길이 막혔으니 삼가 경솔히 움직이지 마십시오. 이곳은 궁벽진 곳이니 며칠을 머무르시다가 형세를 보고 떠나가시는 것이 어떠하겠습니까?"라고 하였는데, 우리들은 고마움을 표하며 말하기를, "길이 막혔을 뿐만 아니라 발의 통증이 이와 같아서 걷기가 정말 어렵지만, 주인이 우리를 대하는 것이 과분하여 오랫동안 머무는 것은 온당하지 않다. 게다가 마을 사람들 중 적중(賊中)에 드나드는 자가 왕왕 있을 것이니 만약 혹시 적에게 아첨하여 몰래 내통이라도 하면 이곳의 마을 또한 우리들 탓에 그 화(禍)를 함께 당할까 염려된다."라고 하자, 주인 노인이 말하기를, "이곳은 왜적에게 빌붙어 지내는 사람이 없는 데다 또한 다른 마을과 멀리 떨어져 있어 그럴 리가 만무하니 절대로 의심하지 마십시오."라고 하였다. 주인 노인 이하가 기어이 만류하며 저녁밥을 아침밥처럼 차려 주었고, 나에게 온돌방에 자도록 하여 옷을 벗고 누운 채 권주에게 다리를 주무르게 하니, 마치 가까운 한 집안이나 마찬가지인 것 같았다.

初五日。晴。

早朝下山, 始得澗流, 瓢以飮之。彦英先導, 得澗邊小逕, 披草莽, 透深林而上, 卽昨昏所見有火光處也。果有避亂人, 結數幕以居。初見之, 相顧驚訝, 氣色不好, 呼而不出, 言而不答, 似疑吾等荒唐人也。或彎弓而相視曰: "吾等避倭賊, 擇此窮深而隱之, 汝等何爲者, 敢此尋到耶?" 吾從容語之, 曰: "汝等莫疑! 等亦避亂人也。二日登山, 飢火[158]太甚, 敢尋烟火來矣." 其人等始許接談[159], 問我根因。吾曰: "汝等視我容貌, 固非盜賊." 仍以吐實, 則幕中諸人, 無不驚歎。分其朝食而饋之, 或飯或粥, 吾曰: "累日空腸, 得此穀味, 無乃僭乎?" 遂食其粥而裹其飯。仍問姓名, 則新林驛子[160]李忻孫·朴伐去之·李一山也。又有金注叱同·朴今孫穪名者, 從山上而來, 見我

158 飢火(기화): 참기 어려운 굶주림을 뜻하는 말.

159 接談(접담): 서로 말을 주고받음.

160 驛子(역자): 驛站에 소속되어 그에 관련된 각종 役을 부다하는 사람을 일컫는 말. 이들은 驛吏와 일반 驛民으로 구성되었다. 역참과 관련된 고역을 의무적으로 져야 하는 부류였기 때문에 역리와 일반 역민은 각기 郡縣의 鄕吏와 民에 비해 낮은 계층으로 취급되었다.

無冠, 脫與蔽陽子, 且貸米升於主幕, 並給之, 彦英無鞋, 脫藁鞋, 與之。今孫亦脫蔽陽子與鞋, 忻孫亦給米升。吾曰: "萬死中, 幸逢汝等, 始得生道, 豈非天乎? 若或吾命未絶, 當以厚報汝." 其人等曰: "哀進賜耳, 豈望報乎?" 賊徒分捕堤川·酒泉等路, 吾等莫知所向, 細問間道。行過幕後, 逢一年少人, 腰間帶飯, 彦英借持之, 問其名則驛子福只云。南踰一峴, 抵求利坡里[161], 則有草家四五, 門外岐中, 有三四人坐語, 亦疑吾等殊常人。吾與鞋則着冠, 而彦英露髮, 尤疑焉。彦英曰: "莫疑! 京城人隨避亂兩班, 來此耳." 主人老叟, 則別無答問, 卽揮門外三四人, 各令散去。吾等坐路下, 鞋見青菜滿畒, 顧借其根, 以饋病父云。則叟展席延之, 曰: "行色太困, 請坐此少休." 吾曰: "奔竄中, 何用席爲?" 仍坐拊足而呻痛之。主叟憐之, 呼其嫗, 促炊而饋之, 牛羹牛炙亦俱。男女並十餘人, 各有慇懃之意, 皆是主叟子女與壻也。主叟名林元, 以步兵老除[162], 年六十五。其子守元·守丁·銀希·五十同也, 其壻張五十金也。吾感主叟之意, 俱陳終始以實, 則主叟及其下尤致誠款。謂余曰: "曾聞平昌倅率子弟, 與中房逃脫, 吾意此路幽深, 必或由歷也。今見形貌, 不問可知。仍慮其人煩言播, 故門外諸人, 皆已送歸矣。賊徒追捕, 道路梗塞, 愼勿輕動。此處窮僻, 幸留數日, 觀勢發往, 何如?" 吾等稱謝曰: "非但路梗, 足痛如此, 行步誠難, 而主人待吾等過望, 久留未安。且念村民出入賊中者比比, 若或媚賊潛通, 則此處閭閻, 亦緣我等, 並受其禍矣." 主叟曰: "此無附賊之人。且他里隔遠, 萬無是理,

161 求利坡里(구리파리): 가리파 고개 동쪽에 있는 가리파 마을인 듯.

162 老除(노제): 늙은 군사나 노비를 병역이나 신역에서 면제시킴.

勿疑勿疑!” 主叟以下, 强留之, 夕饋如朝, 寢余溫堗, 解衣而臥, 使黈撫脚, 如在一室[163]焉。

9월 6일。 맑음。

이른 아침에 산으로 올라가서 제천(堤川)의 경계로 향하려 했지만, 주인 노인이 또 머물기를 권유하여 그만두었다. 주인의 네 아들과 한 사위는 영원(靈原)에 버려진 곡식을 거두어 오기 위하여 새벽밥을 먹고 갔다. 텅빈 골짜기에 사람마저 없는 데다 신림(新林: 현 神林)과 가까워서 적이 다니는 길이 멀지 않았으니, 이곳에 앉아 있는 것이 위태로울 듯하여 우리 세 사람은 집 앞의 산기슭에 올라 숨어 있었다.

오후에 주인 노인이 우리를 부르며 말하기를, “날이 이미 저물었으니, 내려오셔도 괜찮습니다.”라고 하였다. 얼마 뒤에 또 불러서 내려가니, 이미 죽을 쑤어 놓고 기다리다가 말하기를, “필시 배가 고프실 것이니 감히 올립니다.”라고 하였는데, 내가 말하기를, “죽지 않고 목숨을 이어가는 것만으로도 족한데, 어찌 점심을 먹겠는가?”라고 하였다. 저녁에는 다시 햇좁쌀로 밥을 지어 주었는데, 나는 과식으로 배불렀다.

주인 노인은 성품이 본래 부지런하고 온후한 어른이었는데, 자녀 또한 반드시 선행(善行)하도록 가르쳤다. 사변이 일어난 초기에 경성(京城)의 사족들이 난리를 피하느라 길을 가득 메우며 산을 넘고 강을 건너야 하는 고달픈 형편을 듣고서 마음으로 매우 가련하고 안타깝게 여겨 큰길가에서 직접 베풀었으니, 밥을 지어 굶주린 자에게 먹이기도 했고

---

163 一室(일실): 便動一室. 남과 썩 가깝게 친하여 한 집안이나 마찬가지임을 나타내는 말.

신을 짜서 맨발인 자에게 신기기도 했다고 하였다. 대개 그 사람됨이 남에게 베풀기를 좋아하는 사람이었다. 오십동(五十同)이 산과일과 미후(獼猴: 다래)를 따서 우리들에게 나누어 주었으니 감격스러웠다.

初六日。晴。

早朝欲登山, 以向堤川之境, 主叟又勸留而止。主人四子一壻, 以收取靈原棄穀事, 蓐食[164]而往。空谷無人, 且近新林, 賊路不遠, 坐此似危, 三人登伏於家前山麓。午後, 主叟呼吾等, 曰: "日已夕矣。可下來." 俄而, 又呼之, 下來, 則已作粥待之, 曰: "必腹空, 敢進." 吾曰: "連命亦足, 何點心之爲?" 夕又作新粟飯以饋, 吾過食而飽。主叟性本勤厚長者, 敎子女亦必以善。事變初, 聞京中士族避亂盈路, 跋涉困苦之狀, 心甚憐憫, 委自出散[165]於大路傍, 或作飯以饋飢者, 或織屨以着跣者云。盖其爲人, 以好施爲事者也。五十同摘山果·獼猴, 分饋吾等, 可感。

9월 7일。맑음。

저녁에 장쉰금(張五十金)이 우리 세 사람을 그의 집으로 불러서 밥을 지어 대접하고 고깃국도 끓여 주었으니, 남에게 넉넉히 베푸는 마음을 알 수 있었다. 소고기는 주인 노인의 자녀들이 주인 노인을 위해 잡아 보내준 것이었다.

내가 말하기를, "이곳은 적이 다니는 길과 아주 가까우니 돌아가려는 마음이 급하여 이제 밤을 틈타 떠나고 싶으나, 발이 아파서 걷기가

---

164 蓐食(욕식): 새벽밥. 아침 일찍 잠자리 위에서 식사하는 일이다.
165 出散(출산): 施舍. 은덕을 베풂.

어려워 몹시 답답하기만 하다."라고 하였는데, 주인 노인이 이미 그의 아들들과 나를 호송할 계획을 상의해 두고 있었다. 마침 신림역(新林驛) 역졸 박연(朴連)이 말을 가지고 그 이웃에 와 있었으니, 주인 노인은 나를 태워 주기를 힘써 권하였으나, 박연은 영원(靈原)에서 곡식을 취하고자 하여 거절하였다. 내가 말하기를, "네가 만약 나를 태워 준다면 또한 어찌 보람없이 빈손이겠느냐?"라고 하자, 이에 박연이 허락하였다. 주인 노인은 손수 만들어 둔 짚신 세 켤레를 우리에게 나누어 주고 또 밥을 지어 주었고 그의 아들 수원(守元) 또한 데려가도록 하면서 박연과 함께 모두 밥을 먹도록 하였다. 주인 노인은 우리를 배웅하여 보내는데 마치 옛정이 두터웠던 사람을 배웅하는 것과 똑같이 하였다. 주인 노파에게 긴 저고리 한 벌을 선물로 남겨 두었는데, 곧 경진(景鎭: 이사악의 字)이 적진에 있을 때 덕비(德非)에게 바꾸었던 옷으로 고언영이 입고 온 것이었다.

저물녘이 되어서 홍현(紅峴)을 넘고 신림(新林: 현 神林)을 지나 석남(石南: 石南寺)로 들어가니 밤은 이미 칠흑같이 어두웠다. 유현(杻峴)에 이르러 소와 말에 대여섯 짐바리를 실은 사람을 만나서 무엇하는 자들인지 물으니, 곡식을 훔치려고 몰래 영원(靈原)에 가는 자들이었다. 계여리(溪餘里: 송계리의 자연부락 桂野里인 듯)에 이르자 개 짖는 소리가 들리니, 여염집에 피난 갔던 사람들이 되돌아왔음을 알 수 있었다.

송현(松峴)을 지나면서 수원(守元)이 박연(朴連)과 함께 잠잘 곳을 생각하다가 신흥(新興)에 투숙하여 잠시 쉬려고 하였으니, 그들의 말을 따랐다. 박연은 자신이 알고 있는 집의 문을 두드렸으나 대답이 없어서, 또 다른 한 집을 두드리니 어떤 승려가 먼저 나오고 주인도 뒤따라 나왔다. 불을 밝히고 맞이하여 우리를 방 안으로 들였는데, 우리들이 굶주려 고달픈 것을 알고 죽을 쑤어 주었다. 승려의 이름은 서진(西珍)이고 주인의 이름은 김언(金彦)이었다. 승려는 군수 이대진(李大震)의 재사(齋舍)에 거처하면서 경진(景鎭)과 또한 평소 친분이 있었는데, 경진이 포로로 사로잡혔다가 다시 탈출한 곡절을 듣고 놀라며 탄식해 마지않았다.

벌써 한밤중이 되어서 나는 떠나기를 재촉하였는데, 서진(西珍)이 우리와 함께 따르기를 청하고 길을 안내해 주었으니 그의 뜻이 감동할 만했다. 샛길을 따라 중방리(中方里)의 안백령(安百齡)의 집에 이르렀는데 서진이 아는 집이었다. 그는 우리를 맞이해 빈 대청으로 들이고 죽을 쑤어 주었다. 추위가 심하여 주인의 두꺼운 옷을 빌려서 그것을 덮고 선잠을 잤다.

날이 채 밝기도 전에 주천(酒泉) 교생(校生) 이몽길(李夢吉)이 기별을 듣고 찾아왔다. 그 또한 포로로 사로잡혔다가 멀리 탈출했던 자였으니 서로 극진히 위로하였다.

初七日。晴。

夕張五十金邀吾三人于其家, 作飯饋之, 肉羹亦具, 厚意可見。牛肉, 則主叟之子女爲主叟, 委屠以餉者也。吾曰: "此地最近賊路, 歸心且促, 今欲乘夜以發, 而足痛難步, 憫極憫極." 主叟已與其子等, 相議護送之計。適新林驛子朴連, 持馬來在其隣, 主叟力勸乘吾, 朴連欲取穀於靈原, 辭之。吾曰: "汝若騎我, 亦豈空乎?" 於是, 朴連許之。主叟手造三鞋, 分與吾等, 且炊飯給, 守元亦許率行, 與朴連皆飯。主叟相送[166], 有同舊厚焉。留贈[167]主嫗襦長衣一襲, 乃景鎭在賊時, 所換德非, 而彦英着來者也。黃昏踰紅峴[168], 過新林, 入石南[169], 夜已黑矣。至杻峴[170]遇人持牛馬五六駄, 問之乃偸穀事, 潛往靈原者也。至溪餘里[171], 聞犬吠聲, 知閭閻避亂還入也。歷松峴[172], 守元與朴連思睡, 欲投新興[173]暫歇, 從其言。朴連, 叩其所知家不答, 又叩一家, 有僧先出, 主人隨之。秉火以迎, 入余房中, 知吾等飢困, 作粥饋之。僧名西珍, 主人則金彦也。僧居李郡守大震[174]齋舍, 而於景鎭亦有素, 聞景鎭被擄還出之由, 驚歎不已。夜已半矣, 吾則催發, 西珍請從而指路, 其意可感。由間道, 到中方里[175]安百齡家, 西珍所知也。迎入虛廳, 作粥饋之。寒甚, 借主人厚衣, 覆之假寐。

---

166 相送(상송): 서로 배웅하여 보냄.

167 留贈(유증): 선물로 남겨 두고 감.

168 紅峴(홍현): 원주시 신림면 城南里에 있는 고개인 듯. 성남은 원래 원주군 구을파면 지역이었다. 남쪽으로 신림리와 경계하고 있는 데다 서북쪽의 절골에 石南寺가 있었다고 하기 때문이다. 이 또한 향토지명 연구가의 관심이 필요하다.

169 石南(석남): 石南寺. 강원도 원주시 신림면 성남리에 있던 사찰.

170 杻峴(유현): 杻峙. 원주에서 동쪽으로 60리에 있는 고개. 오늘날 원주시 신림면 송계리에 있다. 썩 높고 험하다.

171 溪餘里(계여리): 강원도 원주시 신림동 송계리에 있는 자연부락 桂野里인 듯. 송계리는 대부분이 산악지대로 산간분지형이다. 동쪽으로는 비산과 솔치고개를 경계로 서쪽으로는 황둔리, 남쪽으로는 충북 제천시 송학면, 북쪽으로는 영월군과 접한다.

172 松峴(송현): 솔치재. 강원도 영월군 주천면 신일리와 원주시 신림면 사이에 있는 고개.

173 新興(신흥): 강원도 영월군 주천면에 있는 신일리. 1914년 행정구역 통폐합 당시 新興과 日午谷의 이름을 따서 新日里라 하였다. 고지도에는 神興으로 표기되어 있다.

174 大震(대진): 李大震(생몰년 미상). 본관은 慶州, 자는 起夫. 부친 李儀와 모친 權謙의 딸 사이에서 태어났다. 1579년 식년시 문과에 급제하였다. 북도평사와 군수 등을 지냈다.

175 中方里(중방리): 강원도 영월군 무릉도원면 무릉리에 있는 설구산 아래의 자연부락.

天未明, 酒泉校生李夢吉, 聞奇來見。渠亦被擄遠脫者, 相慰甚勤。

9월 8일。

날이 채 밝기 전에 갈현(葛峴)을 넘어서 고개 아래에 있는 이천복(李千福)의 집에 이르자 또한 밥을 지어 주었다. 고을에 사는 원생(元生)이 감격한 데다 안백령(安百齡)을 통해 내가 굶주림과 추위에 시달린다는 소식을 듣고서 해진 검푸른 도포 및 쌀 몇 되와 포(脯) 5줄을 보냈는데, 안백령이 쫓아와 이천복의 집에 그것을 가져다 주었다. 원생은 나와 평소 친분이 없었는데도 이렇게까지 후하게 베풀어 주었으니 지극히 감격스러웠다. 이천복 또한 마늘 2단을 주었다.

어우논리(於于論里)를 지나 장차 입탄(入呑)으로 향하려는데, 남녀 네댓 명이 우리를 부르며 말하기를, "왜적이 태화(太和: 大和)에서 응당

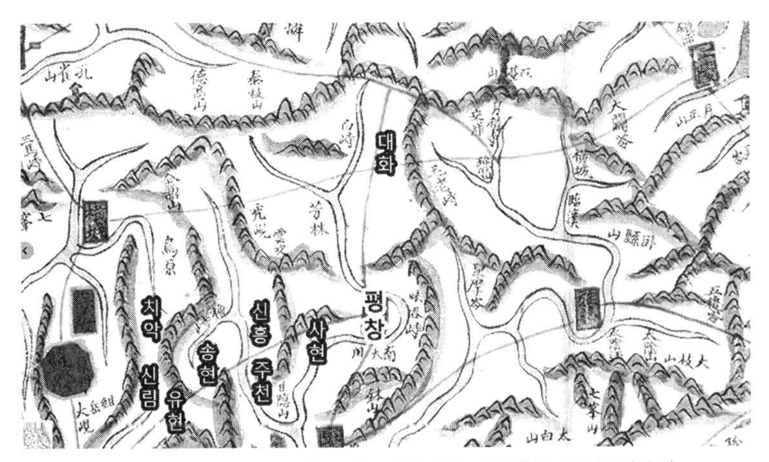

신림 · 치악 · 유현 · 송현 · 신흥 · 주천 · 사현 · 평창 · 대화(출처 : 평창군민신문)

평창(平昌)으로 들어갈 것이라고 하였으니 절대로 가지 마십시오."라고 하였다. 이것은 내가 평창의 수령인 것을 알았기 때문에 말한 것이었다. 이어 그들의 집에 들어가니, 집주인은 주천(酒泉)의 전 호장(前戶長) 윤희경(尹希京)이라고 하였다.

날이 벌써 정오가 되니, 내가 서진(西珍)에게 먼저 평창에 가서 탐문하게 하니, 서진이 즉시 갔다. 우리는 윤희경의 집에서 그대로 묵었는데, 원생이 보내준 쌀을 꺼내어 밥을 짓자 임수원(林守元)·박연(朴連)이 마을 사람들에게 나누어 주었다.

밤에 비가 내렸다.

初八日。

未明, 踰葛峴[176], 抵峴下李千福家, 亦作飯饋之。縣居元生激, 仍[177]安百齡, 聞余飢寒, 送鴉青[178]破道袍及米數升脯五條, 百齡追贈于千福家。元也, 於吾無素分, 而厚惠至此, 極感極感。千福亦呈蒜二束。過於于論里[179], 將向入呑[180], 有男女四五人, 呼而言曰: "倭自太和[181], 當入平昌云, 愼勿去." 此則知吾爲平倅, 故言之也。仍入其家, 家主乃酒泉前戶長尹希京云。日已亭午, 吾使西珍先往聞見於平昌, 珍也卽往。吾等仍宿其家, 出元生所送米而飧之, 守元·朴

---

176 葛峴(갈현): 강원도 영월군 주천면 판운리에 있는 갈산.

177 仍(잉): 因의 오기인 듯.

178 鴉青(아청): 검푸른 빛.

179 於于論里(어우론리): 탈출로를 고려할 때 강원도 영월군 주천면 板雲里 쪽일 듯. 판운리는 1914년 행정구역을 병합하면서 부르게 된 지명이라 한다. 이 또한 향토지명 연구가의 관심이 필요하다.

180 入呑(입탄): 들둔(들뚜니). 강원도 평창군 평창읍 입탄리.

181 太和(태화): 大和. 강원도 평창군 대화면 일대.

連，則里人分饋焉。夜雨。

9월 9일。맑음。

아침밥을 먹은 뒤에 사옷고개[沙五叱峴]를 넘다가 고개 위에서 임시 아전 손수천(孫壽千), 관노 만천(萬千)·학지(鶴只)를 만나니, 바로 서진(西珍)이 데리고 와서 맞이한 것이었다. 말에서 내려 앉아서는 한참 눈물을 흘렸다. 서진은 작별하고 떠나간 뒤, 좌수(座首) 나수천(羅壽千)과 별감(別監) 나사언(羅士彦) 또한 마중하러 나왔다.

입탄(入呑)의 김막석(金莫石) 집으로 들어갔는데, 손수천이 자기의 밥을 바쳤고, 김막석 또한 조밥을 지어 좌수 이하 여러 사람에게 나누어 주었다. 밥상에 있는 민물고기는 별감 이경조(李敬祖)가 보낸 것이었다. 막대(莫大)는 당주(糖酒: 단술)를 가져와 바쳤으니, 곧 김막석의 동생이었다.

저물녘에 남종년(南從年)의 아내 무녀(巫女) 또한 당주 및 떡과 과일을 바쳤다. 밤에 관아의 아전 이미수(李眉壽)·이신(李信), 임시 아전 이붕(李鵬)·이득춘(李得春), 관노 정산(鄭山), 사령(使令) 금천(今千)이 찾아와 인사하였다. 급하게 학지(鶴只)를 영천(榮川: 榮州)으로 보내어 적의 소굴에서 탈출해 돌아왔다는 기별을 알렸다.

初九日。晴。

食後，踰沙五叱峴[182]，峴上逢假吏孫壽千，官奴萬千·鶴只，乃西

---

182 沙五叱峴[사옷현]: 叱은 향찰, 이두 등 한국어의 차자표기에서 사이시옷이나 종성 ㅅ을 나타내는데 사용. '사옷 고개'는 현재 어느 곳을 가리키는지 비정할 수 없다. 이 또한 향토지명 연구가의 관심이 필요하다.

珍率來以迎也。下馬而坐，良久泣下。西珍辭去，座首羅壽千·別監羅士彦，亦來迓。入入呑金莫石家，孫壽千呈其飯，莫石亦作粟飯，分饋座首以下諸人。盤中有江魚，別監李敬祖所送也。莫大持納糖酒，卽莫石之弟也。昏南從年妻巫女，亦呈糖酒及餠果。夜衙吏李眉壽·李信，假吏李鵬·李得春，官奴鄭山，使令今千來謁。急送鶴只于榮川，以告脫還之奇。

9월 10일。맑음。

새벽에 김막석(金莫石)이 국수를 만들어 바쳤다. 사현(沙峴)을 넘고 약수(弱水: 藥水里)를 지나 조파(朝坡)를 건너니, 날이 이미 밝아 왔다. 이여림(李汝霖)은 집이 길가에 있었는데 나와 말머리에서 절하였다. 마침내 박옥손(朴玉孫)의 집에 도착하자, 훈도(訓導) 이상림(李商霖)이 술을 가지고 와서 위로하였고, 김성경(金成慶)·나사언(羅士彦)·이경조(李敬祖)·이시림(李時霖)·지대성(智大成)·지대명(智大明) 또한 찾아왔다. 지대성은 역서(曆書) 및 병부(兵符)를 가져와 바쳤는데, 바로 석굴 안에서 잃어버린 것이었다. 제각기 한참이나 통곡하다가 그쳤다.

이시림을 통해 아들 권점(權點)이 영월(寧越)에 와 있다는 것을 듣고 또한 그 때문에 눈물을 흘렸는데, 아마도 내가 탈출한 소식을 듣고 찾아온 것이었다. 전에 임씨(林氏: 林元) 주인 노인 집의 문밖에 모여 앉아 이야기를 나누던 사람들이 마침 영춘(永春)을 지나면서 우리가 탈출한 곡절을 전해주었다고 하였다.

나사언과 이붕(李鵬)이 인신(印信: 官印)을 가져오기 위해 정선(旌善)으로 갔다. 당초에 인신은 석굴 벽의 구멍에 숨겨 두었지만 잃어버리지 않기 위하여 향소(鄕所)에서 겸관(兼官)에게 바쳐 두었는데, 지금 내가 탈출해 오자 겸관이 돌려보내는 것이었다.

임수원(林守元)과 박연(朴連)이 돌아가겠다고 하였다. 임수원에게는 포 한 필, 박연에게는 포 한 필 반을 어렵게 구해 나누어 주었는데, 박연은 불만스런 기색이 있었다.

날이 저물어 그대로 교궁(校宮: 鄕校)에 묵었는데, 좌수(座首: 나수천) 또한 같이 묵었다. 원주(原州) 피란민을 통해 듣건대 우리가 적의 소굴에서 탈출한 뒤, 왜적 수괴는 곧장 당일 수직(守直)했던 왜적 몇 명을 참하고 나서, 그 나머지 수백 명에게 먼 곳과 가까운 곳으로 나누어 체포하도록 하며 만약 체포하지 못하면 장차 사형에 처할 것이라 했다고 하였다. 때문에 추포하던 적들은 뜻밖에도 제천(堤川)으로 해서 습격해 왔지만, 경진(景鎭)은 마침 향교에 있어서 간신히 요행으로 달아날 수 있었다.

적도(賊徒)들은 이에 충주(忠州)를 향하기로 길을 결정하였지만, 죄를 지은 적군들은 다시 진으로 돌아가기가 어려웠던 데다 다른 진에 의탁할 수도 없어서 별도로 한 무리를 만들었으나 형세가 쇠잔하고 궁하여 죄다 잡혀 죽었다고 하였다. 우리들이 포로로 잡혔다는 소식이 이미 경성의 대장에게 알려져서 보기 힘든 값진 기회라고 스스로 여겼으니 적의 수괴가 수직 왜적에게 화를 내는 것이야 당연한 것이었다. 적의 수괴 또한 어찌 대장으로부터 엄중한 견책을 면할 수 있었겠는가? 교관(校官)·좌수(座首)가 모두 말하기를, "수직 왜적은 모두 정예 포수들이었습니다. 지금 이렇게 스스로 죽인 것이 200명에 이를 정도로 많으니, 실로 성주(城主: 고을 수령)께서 그렇게 만드신 것입니다."라고 하였다.

강녀(康女)가 절개를 지켜 죽은 곡절, 군수가 포로로 사로잡힌 일, 지사함(智士涵)·우응민(禹應緡)·이인서(李仁恕) 등이 전사(戰死)한 정상(情狀) 및 왜적의 머리를 베어 올린 사실은 도백(道伯: 강신)이 모두 이미 행재소(行在所)에 알렸다고 한다.

初十日。晴。

曉莫石, 作麨以呈。踰沙峴[183], 過弱水, 越朝坡[184], 已平明矣。李汝霖, 家在道邊, 出拜馬首。遂至朴玉孫家, 訓導李商霖持酒來慰, 金成慶·羅士彦·李敬祖·李時霖·智大成·大明亦來。大成持曆書及兵符以納, 乃窟中所失也。各良久痛哭而止。仍[185]李時霖, 聞點兒來寧越, 亦爲之泣下, 蓋聞我脫出而來尋也。前者社林主叟家門外, 坐語人等, 適過永春, 能傳吾等逃脫之由云。羅士彦及李鵬, 以持印信事, 往旌善。當初, 印信藏於窟壁之孔, 不爲見失, 鄕所納置於兼官, 今吾脫來後, 兼官送還也。林守元·朴連, 辭歸。守元布一匹, 朴連布一匹半, 艱覓給之, 朴連有不滿色。日暮仍宿校宮[186], 座首亦同宿。因原州避亂人, 聞之則吾等逃脫之後, 倭魁卽斬當日守直倭數人後, 使其餘數百餘人分捕遠近, 若不得捕, 將置死律。故追捕之賊, 不意來襲於堤川, 景鎭適在鄕校, 僅以幸免。賊徒仍向忠州了路, 而負罪之軍, 更難還陣, 且不得投附他陣, 別作一聚, 力殘勢

183 沙峴(사현): 모래재. 강원도 평창군 평창읍 약수리에 있는 고개.

184 朝坡(조파): 약수리와 평창 읍치의 사이에 있는 지명일 것으로 짐작되나 비정할 수 없음.

185 仍(잉): 因의 오기인 듯.

186 校宮(교궁): 鄕校의 별칭.

竆, 盡被捕殲云。蓋吾等之被擄, 旣聞於京城大將, 自以爲大奇貨, 則宜乎賊魁之生怒於直倭也。賊魁亦豈免重責於大將乎? 校官·座首, 皆曰: "守直之倭, 皆是精勇炮手也。今此自殲多至二百, 實乃城主使之也." 康女死節之由, 郡守被擄之事, 智士涵·禹應緡·李仁恕等戰亡之狀及斬馘之事, 道伯皆已啓達于行在所云。

9월 11일。맑음。

아침밥을 재촉해 먹은 뒤 길을 떠나 기우론(其于論: 기화리) 마을에 이르러 김석진(金石陳) 집에서 점심을 먹었는데, 김방복(金方福)이 소고기를 바쳤고 신끋정(申末叱丁)이 생밤을 바쳤고 김옥경(金玉京)이 마늘 7단을 바쳤다.

가노(家奴)인 석문(石文)·원정(元丁)·임손(林孫)·개석(介石)이 영천(榮川: 榮州)에서 찾아와 서로 붙들고 통곡하였으며, 늙은 부친의 안부, 본가 및 두청(斗廳: 미상)이 있는 도지촌(道只村)의 기별을 먼저 묻고서 오랫동안 눈물을 흘렸다. 또 듣건대 적이 사문단(沙文丹)을 쳐들어왔는데, 온 집안의 상하 사람들은 달아나 숨었지만 봇짐과 같은 잡다한 물건은 죄다 약탈당했다고 하였다. 비록 천지신명의 덕분으로 다행히 죽지는 않았지만, 온 집안 사람들이 굶주림과 추위에서 끝내 면할 수 있었겠는가?

임손(林孫)·개석(介石)을 정동(井洞: 泉洞里)으로 들여보내어 강녀(康女)가 묻혀 있는 곳을 찾아가 다시 흙을 더 두터이 단단하게 덮어 주도록 하였는데, 당초 적이 숲속에 대충 흙을 덮어 묻었을 것으로 염려하였기 때문이다. 관원은 한 사람도 찾아본 이가 없었으니, 내가 살아 돌아온 후에 강녀의 유해가 묻힌 곳을 묻자 모두 알지 못한다고 답하였다. 절개를 지키다 목숨을 잃은 사람은 끝내 결코 민몰되지 않게 해야 했으나, 완악한 아전들은 내가 이미 죽은 것으로 생각하여 아속(衙屬: 수령의 첩녀)의 상사(喪事)를 일찌감치 나그네의 시체만도 못하게 본 것이니, 애통함이 어떠했겠는가?

영월(寧越)에 포로로 잡혀 있을 때 집으로 보내는 편지 1통을 써서 이방(吏房) 이순희(李順希)에게 즉시 전하도록 부쳤으나 또한 보내지도 않았다. 내가 포로로 붙잡혀 가며 마땅히 정해 보냈던 관원은 나의 생사를 지나갈 곳에서 듣거나 보아야 했으나 이에 마음을 두지도 않았고, 또한 마땅히 따로 보낸 사람은 본가(本家)에 달려가 알려야 했으나 그렇게 할 생각을 전혀 하지도 않았으니, 본가가 전전하다가 가장 나중에서야 들을 수 있게 한 것이다. 나를 대하는 것도 이와 같았는데, 하물며 죽은 첩녀의 유골을 생각이나 했으랴?

듣건대 권점(權點)과 경성(景星)이 나를 찾아 영춘(永春)으로 향했다고 하니, 그 때문에 눈물을 흘렸다. 이어 적이 다니는 길에 경솔히 들어갈까 염려스러웠다.

오후에 칠족현(柒足峴: 칠족령)을 넘어서 북쪽 골짜기에 이르러 엄근신(嚴謹臣)의 집에서 묵었다.

十一日。晴。

促食朝飯後發, 至其于論[187], 金石陳家午點, 金方福呈牛肉, 申末叱丁呈生栗, 金玉京呈蒜七束。家奴石文·元丁·林孫·介石, 來自

187 其于論(기우론): 강원도 평창군 미탄면에 있는 琪花里. 본래 기화 또는 기우론이라 불렀는데, 1914년 행정구역 통폐합으로 용수골을 병합하여 기화리가 되었다.

榮川, 相與痛哭, 先問老親安否, 本家及斗廳[188]道只村[189]之奇, 良久泣下, 又聞賊犯沙文丹[190], 一家上下奔竄, 卜駄雜物, 盡數被奪。雖蒙天地鬼神之德, 幸而不死, 其能終免於擧家飢凍乎? 入送林孫·介石于井洞, 見康女埋置處, 更使堅厚加土, 慮其當初賊藪中草草[191]掩土也。官人無一顧見, 吾生還後, 問骸骨所在, 皆以不知答之。死節之人, 終必不爲泯沒, 而頑吏輩, 謂吾已死, 視衙屬[192]之喪, 曾不如路人之屍, 可痛如何? 擄在寧越時, 修付家書一封於吏房李順希, 使之卽傳, 而亦不送之。擄去所當定送官人, 聞見吾死生於所經處, 而無意於此, 又當專人[193], 奔告于本家, 而邈然不以爲念, 使本家轉轉, 得聞於最久之後。待吾如此, 况念亡妾之骸骨乎? 聞點與景星, 尋吾向永春, 爲之泣下。仍以輕入賊路爲慮。午後, 踰漆足峴[194], 抵北洞, 嚴謹臣家宿焉。

---

188 斗廳(두청): 권두문과 같은 항렬의 인물인 듯. 안동 권씨 대동보에는 기재되어 있지 않은 인물이다.

189 道只村(도지촌): 경상북도 영주시 부석면 감곡1리의 석남마을 북쪽에 있는 자연부락 道智村의 다른 표기. 안동 권씨 權期壽가 1520년경 안동 서후에서 이곳으로 옮겨 터전을 마련한 곳이다.

190 沙文丹(사문단): 사그레이(沙文). 조선시대의 행정구역에는 삼부석면 사문단리가 되었다. 1914년 행정구역 통합하면서 경상북도 영주시 부석면 소천리에 속하였다.

191 草草(초초): 바빠서 거친 모양.

192 衙屬(아속): 지방 관아에서 부리던 하인.

193 專人(전인): 어떤 소식이나 물건 등을 전하려고 특별히 보내는 사람.

194 漆足峴(칠족현): 漆足嶺. 강원도 평창군 미탄면 마하리와 정선군 신동읍의 경계에 있는 고개.

9월 12일。 맑음。

나사언(羅士彦) 및 이붕(李鵬)이 정선(旌善)에서 인신(印信)을 가지고 왔는데, 정선 군수(旌善郡守) 정사급(鄭思伋)의 위문 서찰 또한 가지고 왔다.

고언영(高彦英)이 말하기를, “소인은 몸이 몹시 고달프고 지쳤으니 우선 덕천(德川) 주인집에 머물러 열흘 동안 쉬면서 조리하고 천천히 영천(榮川: 영주)으로 가기를 원합니다.”라고 하였는데, 내가 그것을 허락하고는 그가 머무는 동안 먹을 양식을 마련해 주었다.

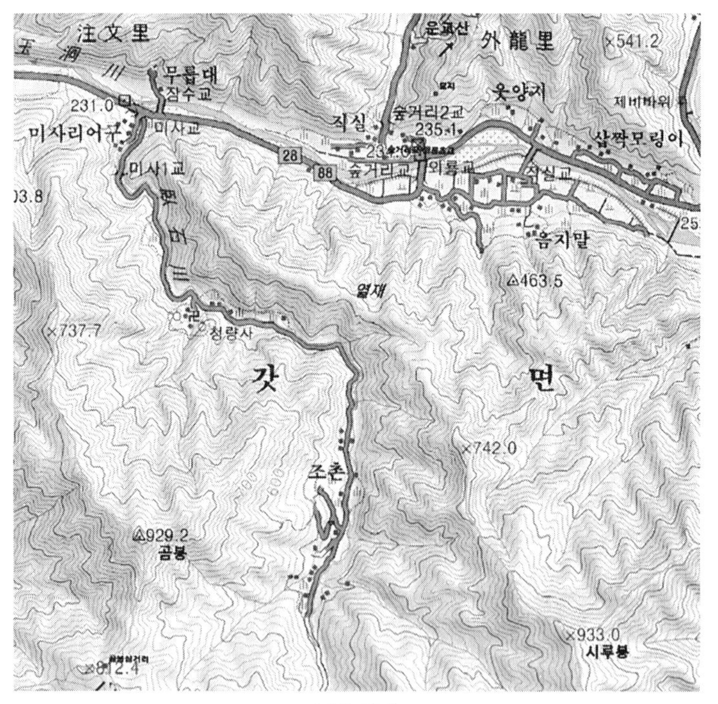

직실 열재

아침밥을 먹은 후에 화걸현(火乞峴)을 넘어 돌항(石乙項: 석항리)을 지났다. 낮에 점심을 영월(寧越) 상동면(上東面)에 있는 이향(李香)의 집에서 먹었다. 노곡직곡(魯谷直谷: 직실)을 지나 십을고개(十乙古介: 열재)를 거쳐 미사리(瀰沙里: 未死里)에 이르러 김세후(金世厚)의 집에서 묵었다. 산과 골짜기가 험하고 막혀서 인가가 멀리 떨어졌으니, 가히 피란지로 삼을 만하였다.

十二日。晴。

羅士彦及李鵬, 自旌善持印信來, 旌倅鄭思伋[195]慰簡亦來。彦英曰: "小人, 身甚困疲, 姑留德川主人家, 休調旬朔, 徐向榮川爲願." 云, 吾許之, 覓給留粮。早食後, 踰火乞峴, 過石乙項[196]。午點于寧越上東面[197]李香家。歷魯谷[198]直谷[199], 由十乙古介[200], 至瀰沙里[201], 宿金世厚家。山谷險阻, 人烟逈絶, 可爲避亂之地也。

---

195 鄭思伋(정사급, 1537~1597): 본관은 慶州, 자는 希聖. 아버지는 鄭忠仁이다. 음직으로 繕工監監役이 되어 주부로 승진하여, 사헌부감찰을 거쳐 개령, 회인, 신계, 전주 등의 수령이 되었다. 1592년 임진왜란 때 정선군수를 지냈다.

196 石乙項[돌항]: 강원도 영월군 산솔면 석항리 일대.

197 上東面(상동면): 강원도 영월군 상동읍 일대.

198 魯谷(노곡): 권두문의 아들인 권주의 〈平昌日記〉에서 '魯谷直谷'을 '直實'로 표기되어 있는바, 잘못된 지명인 듯.

199 直谷(직곡): 직실. 강원도 영월군 김삿갓면 와석리에서 외룡리로 들어가는 입구.

200 十乙古介(십을고개): 강원도 영월군 김삿갓면 외룡리에 있는 열재. 직실 남쪽 음짓말 뒤에 있는 고개로 이곳을 넘으면 와석리의 노루목이 있다.

201 瀰沙里(미사리): 강원도 영월군 김삿갓면 와석리에 있는 자연마을. 未死里로 표기되기도 한다.

9월 13일。 맑음。

아침밥을 재촉하여 먹고 마해천(馬孩川: 마포천)에 이르러 노승(老僧) 신관(信寬)을 만났는데, 길가의 집에서 밥 지어주기를 청하였다. 마아현(馬兒峴: 마구령)을 넘는데 고개 위에서 김덕란(金德鸞)을 만나 말에서 내리려고 하니, 김덕란이 나를 붙잡으며 강경하게 만류하여 서로 눈물을 흘리며 이야기를 나누었다.

우수동(愚叟洞: 우곡리)에 있는 아재 류치운(柳致雲)의 집에 들어가니, 동복(同腹: 동생 權斗光)을 만날 수 있어 서로 붙잡고 통곡하였다. 잠시 뒤에 경성(景星)과 권점(權點)이 또 영춘(永春)에서 왔는데, 나를 찾으러 갔다가 서로 어긋났던 것이니 또한 서로 붙들고 통곡하였다. 권회인(權懷仁)·민조숙(閔肇叔)·박경승(朴景承)이 술을 가지고 와서 위로하였다.

저녁밥을 먹은 뒤에 류여신(柳汝新)의 말로 바꾸어 탔는데, 날이 저물어서야 광현(廣峴)의 송정(松亭)에 이르러 말에서 내려 선조(先祖)의 묘에 절하고 한참 통곡하였다. 조와동(助臥洞) 길가에서 권경섭(權景涉), 이여흡(李汝翕), 조카 권묵(權默)과 아들 권익(權黙) 및 노복들이 나와 맞이하였는데, 말에서 내려 서로 붙잡고 통곡하였다. 능동(陵洞)의 묘 앞에 이르러 또한 말에서 내려 절하고 오랫동안 통곡하였다.

노복의 처 춘영(春英) 및 그 어미 및 조모가 이옥개(李玉介)의 집 앞길 아래에서 통곡하며 말하기를, “우리 아들만 어찌 홀로 오지 않은 것입니까?”라고 하였지만, 나는 아무런 대답을 하지 못하고 눈물만 훔칠 뿐이었다. 그들이 말한 아들이란 곧 노복 희수(希守)였는데, 포로로 잡혔다가 서로 헤어진 뒤로 살았는지 죽었는지 알지 못했다.

원당(圓塘: 元塘里)에 이르니 밤이 이미 깊었다. 늙으신 부친이 사립문 밖에까지 나왔다가 나의 손을 잡고 울었다. 나는 늙은 부친께서 지나치게 상심할까 두려워 소리를 삼켜 내지 않고 다만 눈물을 훔치며 따뜻한 말로 위로할 뿐이었다. 처자식과 노복들이 서로 우는 것 또한 모두 그치도록 하였다.

十三日。晴。

促朝飯，到馬孩川[202]，遇老僧信寬，請路傍家作飯以饋。越馬兒峴[203]，峴上逢金德鸞[204]，欲下馬，金也扶而强止之，相與且泣且語。入愚叟洞[205]柳叔致雲家，得見同腹[206]，相持痛哭。俄而，景星與點兒，又自永春而至，盖尋我而相違也，亦相持痛哭。權懷仁·閔肇叔·朴景承，各持酒來慰。夕飯後，換騎柳汝新馬，初昏末到廣峴[207]，下馬松亭，拜先祖墓，良久痛哭。助臥洞[208]路上，權景涉[209]·李汝翕·默[210]侄·黙[211]兒及奴輩來迓，下馬扶哭。至陵洞墓前，亦下馬，拜哭

---

202 馬孩川(마해천): 馬浦川. 경상북도 영주시 부석면 남대리 선달산, 갈곶산에서 시작하여 충청북도 단양군 영춘면 의풍리를 지나 강원도 영월군 김삿갓면 와석리에서 옥동천으로 합류하는 지방하천.

203 馬兒峴(마아현): 馬駒嶺. 경상북도 영주시 부석면 임곡리에 있는 고개.

204 金德鸞(김덕란, 1535~?): 본관은 三陟, 자는 仲祥. 1567년 식년시 합격하여 진사가 되었다.

205 愚叟洞(우수동): 경상북도 영주시 부석면 愚谷里.

206 同腹(동복): 同氣. 권두문은 형제 2명, 누이가 4명인바, 동생 權斗光(생몰년 미상)인 듯. 이들이 류치운 집에 있게 된 것은 그들의 큰어머니가 풍산 류씨 柳遇春의 딸이기 때문인 것 같다.

207 廣峴(광현): 경상북도 영주시 부석면 감곡리에서 봉화군 봉화읍 방향으로 있었던 자연부락. 지금은 소멸된 부락이다. 너운티고개라고도 불렀다.

208 助臥洞(조와동): 경상북도 영주시 조와동. 행정동명은 상망동이다.

209 權景涉(권경섭): 권두문의 항렬에서 字의 돌림자로 景을 쓰기는 하나 '경섭'은 안동 권씨 대동보에서 찾을 수 없었음.

良久。奴妻春英與其母及其祖母, 痛哭於李玉介家前路下, 曰: "吾子何獨不來耶?" 吾無以爲答, 只揮淚而已。所謂其子, 卽奴希守也, 被擄相失後, 不知存沒。至圓塘[212], 夜已深矣。老親出柴門外, 執吾手而泣。吾恐老親過傷, 呑聲不發, 但拭淚溫慰。妻子婢僕之相泣者, 亦皆禁之。

【요약】

임진년(1592) 8월 7일 석굴 속에 들어갔다가, 11일 포로로 잡혀 평창(平昌)에서 5일간 구금되었고, 16일 적이 영월(寧越)로 진(陣)을 옮겨 그곳에서 7일간 구금되었고, 23일 제천(堤川)에서 숙영한 뒤 24일 적이 원주(原州)로 진을 옮겨 그곳에서 7일간 구금되었는데, 9월 2일 탈출하여 산으로 올라 나흘밤을 보냈고, 5일 구리파(求利坡)에 있는 임원(林元)의 집에 도착하여 사흘간 머물렀고, 10일 평창으로 돌아왔고, 13일 영천(榮川: 영주) 본가에 도착하였다. 왜적의 진중에 모두 20일간 포로로 있었다.

---

210 默(묵): 權默(생몰년 미상). 본관은 安東, 자는 子聲. 할아버지는 權有年(1522~1594), 할머니 안동 권씨(1523~1589)는 權克常의 딸, 아버지는 權斗光(생몰년 미상)이다. 권두광은 권두문의 동생이다. 통덕랑을 지냈다. 대동보의 기록과 김응조의 〈행장〉이 서로 어긋나는 바가 있는데, 행장에는 권유년이 1589년에 안동 권씨가 1594년에 죽은 것으로 되어 있다.

211 黓(익): 權黓. 권두문의 행장 및 안동 권씨 대동보에는 기록되지 인물임. 다만 행장에 서얼로 아들과 딸이 각 한 명씩 있다고 되어 있는바, 서얼 아들의 이름이 아닌가 한다.

212 圓塘(원당): 元塘里. 경상북도 영주시 하망동의 자연부락 沙禮 남쪽에 있는 자연마을. 큰 절이 있었는데 절 앞에 蓮塘이 있었다고 하여 붙여진 이름이라 하며, 지금도 원댕이라고 부른다.

壬辰八月初七日入窟中，十一日被擄，拘平昌五箇日，十六日移陣寧越，拘七箇日，二十三日堤川歷宿，二十四日移陣原州，拘七箇日，九月初二日逃脫，登山經四日夜，初五日到求利坡林元家，留三箇日，初十日還平昌，十三日到榮川本家。凡在賊中二十日子也。

호구일록 발
虎口日錄跋

김응조

사람이 지켜야 할 도리는 삼강오상(三綱五常)보다 중한 것이 없으나, 떳떳한 도리를 제대로 못하면 본성으로 변하기가 진실로 더욱 어렵다. 그 가운데 혹 그 변할 때를 당한 처지에서도 그 도를 다하는 자는 이 세상에서 드물다. 하물며 충효열 세 가지 행실이 한 집안에만 모두 모인 것임에랴.

못난 내가 어려서 남천 권두문을 스승으로 섬겨 가르침을 받았는데, 남천이 평창군수로서 남란(南亂: 왜란)을 당해 성이 함락되었어도 굴복하지 않았으나 붙잡혀 결박되었다. 그의 아들 진사공(進士公: 권주)이 지혜롭게 행동한 것에 힘입어 거의 죽을 고비에서 탈출할 수 있었고, 남천의 잉첩(媵妾) 강씨(康氏) 절부(節婦)가 난을 당하자 자결하여 절의(節義)를 온전하였지만, 자세한 내용은 알지 못했다. 이제야 비로소 호구록(虎口錄)을 얻어 볼 수 있었는데, 선사(先師)가 손수 기록한 것으로 완연히 마치 어제의 일 같았다.

아, 번득이는 흰 칼이 몸을 치는데도 이 무릎을 적에게 굽히지 않은 것은 충성이 아니고 무엇이겠는가? 지성이면 하늘도 감동한다더니 우레가 치면서 비가 쏟아지는 변고에도 끝내 몰래 부친을 업고 도망쳤으니 효도가 아니고 무엇이겠는가? 천 길이나 되는 깊은 저수지에 뛰어들어 한번 죽는 것이 기러기의 털보다 가벼웠으니 열부가 아니고 무엇이겠는가? 그 충성스러움, 그 효성스러움, 그 장렬함은 온 세상에서 찾아도 보기 드문 것이거늘, 하물며 나란히 한 집안 안에서 아름다움을 함께함에랴?

유독 애석하여라, 나라에서 그것을 기려 표창한 은전(恩典)이 정렬에만 그치고 충성과 효성에는 이르지 않았음이로다. 아마도 전란이 치열해 혼란한 와중에 스스로를 깊이 감추고 드러내지 않아서, 도신(道臣)이 보고 듣는 것에는 미치지 못했던 것인가?

옛날 어린 문생(門生)이 이제 78년이 지났다. 세도(世道)도 더욱 투박해지고 공의(公議: 공론)도 더욱 어두어져서 다만 스스로 무릎을 치고 기개를 돋우어야만 했는데, 책을 어루만지면서 감회가 일어났다. 그래서 이와 같이 쓴다.

갑진년(1664) 윤6월 하순

문생 풍산(豐山) 후학 김응조 삼가 발문을 쓰다.

虎口日錄跋

金應祖[1]

人道莫重於三綱，而常旣鮮盡，變固尤難。其或當其變而處之能盡其道者，天下鮮矣。况忠孝烈三行，萃于一家者乎？不佞少事權

---

1 金應祖(김응조, 1587~1667): 본관은 豊山, 자는 孝徵, 호는 鶴沙·啞軒. 17세 때 柳成龍을 사사했으며, 1613년 생원시에 합격하였다. 그러나 당시 어지러운 정치

南川, 聞其以平昌郡守當南亂, 陷賊不屈, 而被拘縛。賴其胤進士公行動神明, 得脫於萬死之中, 而其媵康節婦, 臨亂自決, 全節義而未得其詳。今始得見虎口錄, 先師手錄, 宛然如昨日事。噫! 白刃加體, 此膝不屈, 非忠而何? 至誠感天, 以致雷雨之變, 而終能竊負而逃, 非孝而何? 蹈千仞之深潭, 輕一死於鴻毛。非烈而何? 其忠也其孝也其烈也, 求之擧世而所罕見, 况聯芳並美於一家之內乎? 獨惜乎國家旌褒之典, 獨及於烈, 而不及於忠與孝。豈干戈搶攘間事, 深自韜晦, 而道臣見聞有不逮歟? 昔日髫齔[2]門生, 今七十八年于人世矣。世道益渝, 公議益晦, 只自擊節而增氣, 撫卷而興感。於是乎書。

是歲甲辰閏六月下澣。門生豐山後學金應祖謹跋。

南川先生文集 卷四, 附錄[3]

상황을 목도하고는 문과 응시를 포기하고 張顯光의 문하에서 학문 연마에 힘썼다. 1623년 인조가 즉위하자 알성 문과에 응시해 급제하였다. 홍덕현감, 선산부사 등을 거쳐, 대사간, 한성부우윤 등의 관직을 지냈다. 1656년 예조참의, 1659년 공조참의 등을 지냈다.

2 髫齔(초츤): 다박머리에 이를 갈 시기의 유아. 곧 나이 7,8세 정도의 어린아이.

3 김응조의 《鶴沙先生文集》 권5 〈跋·虎口錄跋〉에도 수록되어 있는데, 약간의 글자 출입이 있다.

호구일록 후기를 쓰다
書虎口日錄後

홍여하

측실 강씨(康氏)의 정렬(貞烈)이 있어 처음에는 공(公: 권두문)을 몸으로 막아 죽지 않게 되었고, 진사공(進士公: 권주)의 효성이 있어 마지막에는 공을 탈출시켜 죽지 않게 되었으니, 공의 충성이 온전함은 자못 하늘이 공의 뜻을 곡진하게 이루어준 것이리라. 비록 그렇지만 그 정렬과 효성은 실상 공의 집안 가르침에 근본을 두었으니, 공이 본래 그 충성을 지녔음은 더욱 징험이 되었어라. 이것이야말로 공이 하늘의 도움을 받은 까닭이로다.

을사년(1665) 청화절(3월)에 후학 홍여하는 산택재에서 공경히 쓰고, 절구 2수로 잇는다.

당웅을 배운 듯 몸으로 흰 칼날을 막아서고
만 길 높은 푸른 벼랑에 홀연 몸을 던졌어라.
옥 부수듯 꽃 날리듯 쉬운 일이었을 터이니
막아 보호함은 하늘의 조화인 줄 누가 알리오.

빙허루에 느닷없이 바람과 우레 진동하였고
쇠사슬 묶인 채 겹문을 또 스스로 열었어라.
정성스런 기도에 하늘이 감응한 줄 뉘 알랴만
마침내 한밤중에 아비 업고 나오게 하였어라.

書虎口日錄後

洪汝河[1]

有側室康之烈，捍公於始，得不死，有進士公之孝，脫公於終，得不死，而以全公之忠，殆天所以曲成公歟。雖然，之烈也之孝也，實本諸公之家教，則公能有其忠益驗矣。此公所以見佑於天也歟。乙巳清和，後學洪汝河，敬書山澤齋中，繼以兩絶詩。

身輕白刃學當熊[2]　忽墮蒼崖萬仞崇
玉碎花飛容易事　誰知捍衛所天功

憑虛一夕動風雷　鐵鎖[3]重關也自開

---

1 洪汝河(홍여하, 1620~1674): 본관은 缶溪, 자는 百源, 호는 木齋·山澤齋. 1654년 식년문과에 급제, 예문관에 들어간 뒤, 봉교 등을 역임하고 정언에 이르렀다가 좌천되었다. 1658년 경성판관이 되었지만 황간에 유배되기도 하였다. 1674년 남인이 정권을 잡자 병조좌랑이 되었고 사간에 이르렀다.

2 當熊(당웅): 곰의 앞을 막아선다는 뜻으로, 여성의 몸으로 위태로움에 임하여 자신을 돌보지 않고 용감하게 앞에 나서서 일하는 사람을 뜻하는 말. 한나라 成帝가 동물원에 행차하였는데, 갑자기 곰이 우리를 뛰쳐나와 황제가 있는 쪽으로 달려갔다. 황제를 모시고 있던 여인들과 귀인들이 모두 달아났는데, 馮婕妤만은 홀로 나아가 곰의 앞을 막아섰다. 이에 곰이 멈칫하는 사이에 무사들이 곰을 때려잡았다. 황제가 "인정상 놀라서 떠는 법인데, 어찌하여 곰의 앞을 막아섰는가?" 하자, 풍첩여가 말하기를, "맹수는 사람을 얻으면 그치는 법입니다. 첩은 곰이 황제께 달려들까 싶어 두려워서 막아선 것입니다." 하였다.

3 鐵鎖(철쇄): 쇠사슬. 죄인을 결박하는 도구이다.

誰識天翁感精禱　　終敎夜半負爺來

南川先生文集 卷四, 附錄[4]

4 홍여하의《木齋先生文集》권2〈詩·題權通禮南川公虎口日錄後 幷序〉에도 수록되어 있다.

평창일기
平昌日記

권주

임진년(1592)

3월에 가군(家君: 부친 권두문)은 평창 군수(平昌郡守)가 되었고, 4월에 왜변(倭變)을 만났다. 고을 남쪽에 있는 정동(井洞: 泉洞里)에는 위아래로 2개의 석굴이 천 길이나 되는 깎아 지른 듯한 절벽에 있고, 수백 명이 들어갈 수 있었다. 가군은 평창 고을 사람인 전 봉사(前奉事) 지사함(智士涵) 및 초병(抄兵) 100여 명과 함께 외대(外臺)에 방책(防柵)을 설치하였고 많은 군기(軍器)를 배치하였으며, 석굴 안에는 양식을 쌓아 두어서 적을 방어하는데 대비하였다.

壬辰三月, 家君知平昌郡, 四月遭倭變。郡南井洞, 有上下二窟, 絶壁削立千仞, 上可容數百人。家君以郡人前奉事智士涵, 抄兵百餘人, 設柵於外臺, 多置軍器, 峙糧窟中, 以備禦賊。

6월 25일。

나는 서모(庶母: 권두문의 측실 信川康氏)를 찾아뵈러 갔다가 모시고 영천(榮川: 영주)의 사문천(沙文川)에 있는 피란소에서 출발하여 고을의 동쪽 마을인 덕천(德川)으로 가서 임시로 지냈는데, 갑산(甲山)·석련(石連) 등의 집에 머물렀다.

六月二十五日。

余以省覲陪庶母, 自榮川沙文川[1]避亂所發程, 往寓于郡之東村德川[2], 留內甲山·石連等家。

7월 23일。

임시 거처를 고을 남면의 정동(井洞: 泉洞里)에 있는 승려 혜정(惠正)의 초막(草幕)으로 옮겼다.

七月二十三日。

移寓郡南面井洞, 僧惠正草幕.

8월 7일。

왜적의 선봉이 정선(旌善)에서 고을로 쳐들어왔다. 이에 가군(家君) 및 서모(庶母: 신천 강씨)를 모시고 중방(中房) 언영(彦英), 사내종 언이(彦伊)·희수(希壽)·천수(千壽), 계집종 진이(彦眞)·이대언(李代彦)·진부(眞夫)·임손(林孫) 및 임시 아전 손수천(孫壽千) 등을 거느려서 정동(井洞: 泉洞里)의 석굴 안으로 같이 들어갔다.

八月初七日。

倭先鋒, 自旌善入郡。於是, 陪家君暨庶母, 率中房彦英, 奴彦伊·

---

1 沙文川(사문천): 沙文井. 조선시대의 행정구역에는 삼부석면 사문단리이다.

2 德川(덕천): 강원도 정선군 신동읍 덕천리. 임진왜란 당시는 평창군 동면 덕천리였다.

希壽·千壽, 婢彦眞·李代彦·眞夫·林孫, 及假吏孫壽千等, 同入于井洞石窟。

8월 10일。

적이 연달아 끊이지 않고 고을에 쳐들어왔는데, 약수(弱水: 藥水里)·정동(井洞: 泉洞里) 등지 또한 모두 적으로 가득하였다. 저녁이 되자 적이 비로소 석굴 아래에 도착하였다.

初十日。
賊連絡繹入郡, 弱水·井洞等處, 亦皆充滿。夕賊始到窟下.

8월 11일。

적이 대규모로 들이닥쳤다. 고을의 무사(武士) 지사함(智士涵), 지대성(智大成), 우응민(禹應緡), 지대용(智大用)·지대명(智大明), 이인서(李仁恕), 이대충(李大忠) 및 충주(忠州)의 피난민 최업(崔業)·우윤선(禹胤善) 등에게 군사들을 이끌고 석굴 밖으로 나가 방어하도록 하였다. 지사함·우응민·이인서·이대충은 모두 탄환에 맞아 죽었고, 나머지 군사들은 도망쳐 동굴 안으로 들어왔다.

적도(賊徒) 10여 명이 이미 석굴 입구까지 올라왔다. 적이 칼날을 가군(家君)에게 들이대자 서모가 몸으로 가군을 감싸며 막았다. 그리하여 가군 및 석굴 안에 있던 남녀들이 모두 포로가 되었으나, 서모는 욕됨이 자신의 몸에까지 미치리라는 것을 스스로 알고 마침내 절벽 아래로 떨어져 죽었다. 왜적들이 그것을 보고 다가가지 못하고서 선 채로 오랫동안 탄복하였다.

결박된 사람들이 고을 안으로 들어왔는데, 해가 이미 중천에 떠 있었다. 동쪽 상방(上房)이 있는 뜰에는 벌써 목책이 설치되어 있었는지라, 포로로 잡혀온 사람들이 모두 그 안에 갇혔다.

十一日。

曉賊大至。使郡武士智士涵, 智大成, 禹應緡, 智大用·大明, 李仁恕, 李大忠及忠州避亂人崔業·禹胤善等, 率軍出禦于窟外。士涵·應緡·仁恕·大忠, 皆中鐵丸而斃, 餘軍走入于窟。賊徒十餘, 已登窟口矣。賊刃及家君, 庶母以身蔽之。家君及窟中男女, 皆被擄, 庶母自知辱及於身, 遂墜絶壁而死。群倭, 見之却立, 歎賞良久。被縛入郡, 日已午矣。東上房庭中, 先已設柵, 被擄之人, 皆囚其內。

8월 12일。

곁채로 쓰던 빈 행랑에 울타리를 치고 우리 부자 및 언영(彦英)을 가두었다.

十二日。

設柵于厠舍空廊, 囚吾父子及彦英。

8월 15일。

적의 선봉이 주천(酒泉)·영월(寧越) 등지로 나뉘어 향했다.

十五日。

賊先鋒, 分向酒泉·寧越等地。

8월 16일。

적의 대군이 죄다 영월(寧越)로 향했다. 적이 말을 끌고 와서 우리 부자에게 말에 오르도록 재촉하였는데, 결박되어 있는 몸인 데다 휘몰기까지 그치지 않아서 거의 그 고통을 견딜 수 없었다.

날이 저물어서 영월에 이르렀는데 우리 세 사람을 봉서루(鳳棲樓) 아래에 가두었고, 본군(本郡: 영월군) 사람들 또한 포로로 잡혀온 자가 많았다.

이날 오는 도중에 가군(家君)이 말에서 떨어져 발을 다쳐 앓아누워 일어나지 못하였다. 내가 불을 구해 뜸을 떴고, 아침저녁으로 또한 먹은 것이 없어서 포로로 잡혀온 사람에게 순무 뿌리를 얻어 잡수도록 드렸다.

十六日。

賊大軍, 盡向寧越。賊攜馬而來, 逼吾父子上馬, 纏縛在身, 驅策不已, 殆不勝其苦矣。昏抵寧越, 囚吾三人于鳳棲樓下, 本郡之人, 亦多擄入。是日途中, 家君墜馬傷足, 臥痛不能起。余取火熨之, 朝夕且無所食, 得菁根于擄入之人, 以進之。

8월 17일。

감역(監役) 이사악(李士岳) 또한 포로로 잡혀왔는데, 이사악은 바로 이름난 선비였다. 그의 용모가 준수하였기 때문에 영춘 현감(永春縣監)으로 잘못 알고 우리와 아울러 가두자, 우리 부자를 보고 오랫동안 눈물을 흘렸다.

十七日。

監役李士岳, 亦擄入, 李乃名士也。以其容貌俊美, 誤認爲永春縣監, 而並囚之, 見吾父子, 垂淚良久。

8월 18일。

영월군(寧越郡) 아전으로서 포로가 된 엄수일(嚴守一)이 나에게 콩 몇 되를 주었는데, 엄수일이 왜적에게 부림을 당하여 관청을 드나들 때에 가져온 것이었다. 충주(忠州)의 북촌(北村)에 사는 여인 덕비(德非)는 순무 뿌리를 가져와 주었고, 또한 철두구(鐵頭具: 쇠투구)를 가져다 메주콩을 볶아 올렸다. 이때부터 엄수일과 덕비가 매사를 돌보아주는 뜻이 감사하기 그지없었다.

十八日。

寧越郡吏被擄者, 嚴守一, 贈余大豆數升, 守一爲倭所使, 使出入官廳時, 所取來者也。忠州北村居女人德非, 持菁根來饋, 且取鐵頭具, 炰黃豆以進之。自是, 守一德非, 每事有眷顧之意, 極感。

8월 19일。

영월(寧越)의 사인(士人) 고종원(高宗遠)·고종길(高宗吉) 형제가 포로로 잡혀 들어왔다. 고군(高君)은 횡성(橫城)에서 대대로 벼슬했던 집안이었다가 영월(寧越)에 새로 터를 잡고 살았는데, 왜적들이 변란을 일으켰다는 소식을 듣고 그의 동생 고종경과 함께 의병을 모집하여 국난에 달려갔다. 고종경은 끝내 비명으로 죽었고 지금 또한 형제가 사로잡혔지만, 가군(家君)이 눈물 흘리는 것을 보고서 말하기를, "공(公: 가군)은 어쩌다 이런 지경에 이르게 되었습니까? 공은 내가 화를 당한 것과 어쩌면 이리도 똑같이 닮았단 말입니까?"라고 하고는 가군과 더불어 서로 위로하였다.

저녁에 왜적의 복장을 한 자가 와서 오랫동안 우리를 주시하였는데, 그가 누군지 물으니 고을 사람 엄인진(嚴仁進)의 아들이었다.

十九日。

寧越士人高宗遠·宗吉兄弟擄入。蓋高君橫城世族，新寓寧越，聞倭變，與其弟宗慶，募兵赴亂。宗慶竟死非命，今又兄弟被執，見家君垂泣，而言曰："公何至此？公我所遭，何其酷相似也？" 因與之相慰焉。夕有着倭服者，來視良久，問之，則郡人嚴仁進之子也。

8월 20일。

평창(平昌)에서 이곳으로 사찰 승려가 이전에 사로잡혀 들어왔다가 막 풀려나 돌아간다고 가군(家君)에게 알렸는데, 엄수일(嚴守一)에게 종이와 붓을 구하여 가형(家兄: 권점)에게 보내는 편지를 써서 부쳤다. 쓸 때 가군의 팔에서 피가 떨어져 종이를 가득히 물들였으니, 가군은 이내 붓을 던지고서 탄식하기를, "가솔들이 이것을 보면 응당 마음이 갑절 상할 것이다."라고 하였다. 날이 어두워지자 가군이 쓰러져 자리에 누웠는데, 나는 곁에 있다가 가군을 부축하며 구완하였지만 심회가 망극하였다.

二十日。

平昌於是，寺僧前此擄入，將放還告歸家君，得紙筆於嚴守一，寄書家兄。時家君臂血滴，染滿紙，家君乃擲筆，歎曰："家人見此，應倍傷心." 因昏仆委席，余在傍扶救，心懷罔極。

8월 22일。

석개(石介)라는 여인이 저고리와 바지, 홑저고리, 솜버선을 가군(家君)에게 주었는데, 추위가 심한데 옷을 얻게 되었으니 그 두터운 마음씨에 깊이 감사하였다. 석개는 본래 영광(靈光) 사람으로 몇 년 전에 구걸을 하러 이곳에 왔다고 하였는데, 그 지아비는 언복(彦福)이라 하였다.

평창(平昌) 아전 이응수(李應壽)가 풀려나 돌아가게 되었는데, 그간의 곡절을 모두 써서 집에 전달하도록 하였으니 잊을 수 없는 이 은혜를 알게 되기를 바란 것이었다.

二十二日。

有女子石介, 進襦裙·單裙及綿襪於家君, 寒甚得衣, 深感厚意。石介本靈光人, 數年前行乞來此云, 其夫彦福也。因平昌吏李應壽之放還, 具書其由, 使傳于家, 庶得認此不忘之恩。

8월 23일。

우리들을 끌어내어 대문 밖에서 말에 태웠다. 오후가 되어서 우리 세 사람 및 이경진(李景鎭, 협주: 자는 士岳)을 옛 관아로 끌고 갔다. 날이 저물자 동쪽 상방(上房)의 북쪽 빈 행랑(行廊)으로 끌고가 방책(防柵)을 치고 가두었다.

二十三日。

引吾等而出, 騎馬于大門外。午後至堤川, 引吾三人及李景鎭【字士岳】于舊衙。昏引入於東上房廁間空廊, 設柵囚之。

8월 24일。

새벽닭이 울자 우리들을 끌어내어 말에 태웠고, 신림(新林: 현 神林)을 지나자 나를 다른 말로 바꿔 태웠다. 오후가 되어서 원주(原州)에 들어갔는데, 종왜(從倭)들이 우리를 민가로 끌고 가 밥을 주었다. 어두워진 뒤에 동쪽 상방(上房)의 문서를 넣어 두는 누상고(樓上庫)로 들여보내어 가두었다. 누상고는 모두 네 칸으로 각 고을의 호적책을 쌓아 두고 있었다. 다만 그 가운데 한 칸만을 비우고, 우리 네 명을 겨우 수용하였다.

二十四日。

雞鳴, 引吾等騎馬, 過新林, 改騎他馬。午後, 入原州, 從倭等引入民舍, 饋飯。昏後, 入囚于東上房文書樓上庫。凡四間, 積各官帳籍。只虛中一間, 僅容吾四人。

8월 26일。

적의 수괴 풍신길성(豊臣吉成)이 군사들을 거느리고 영원성(靈原城)을 함락시키자 목사(牧使) 김제갑(金悌甲)과 그의 아들이 이때 함께 피살되었는데, 그의 머리를 가지고 와서 우리들에게 보이며 말하기를, “이것이 누구의 머리이냐?”라고 하였다. 우리는 모두 아무런 말이 없었고 서로 보기만 하며 탄식할 뿐이었다.

二十六日。

賊魁豊臣吉成, 領軍陷靈原城, 牧使金悌甲及其子, 時進並被殺, 以其頭來, 示吾等, 曰: “此誰人頭耶?” 等皆無言, 因相視嗟嘆而已。

8월 27일。

피장(皮匠: 갖바치) 천우(天祐)가 또한 사로잡혀 들어왔는데, 우리를 보더니 스스로 봉화 현감(奉化縣監) 황시(黃是)의 종이라고 하였다. 그가 드나들 적마다 더불어 이야기를 나누었기 때문에 다소나마 위로가 되었다.

이날 밤에 야직(夜直: 야간 당직)이 다소 소홀하였다.

二十七日。

皮匠天祐, 亦擄入來, 見吾等, 自稱縣監黃是之奴也。因其出入, 而與之相語, 稍可慰也。是夜, 夜直稍歇.

8월 28일。

수직(守直)하는 것이 점차 처음 같지는 않았으니, 때로는 결박을 느슨하게 하기도 하고 간간히 또 오랫동안 자리를 비우고 오지 않기도 하였다. 이제부터는 탈출을 도모할 만하였다. 이날 비로소 벽에 구멍을 뚫고서 미리 장적(帳籍)으로 가려서 숨겨 적이 알지 못하게 하였다.

二十八日。

守直漸不如初, 時或緩其結縛, 而間又久曠不來。自今可以謀出。是日, 始穿壁穴, 先以帳籍掩蔽, 使賊不得知.

8월 29일。

이 고을 사람 이덕수(李德守)가 수박을 가지고 와 대접했는데, 우리들이 나누어 먹으며 말하기를, "이것은 문산(文山: 文天祥)이 연경(燕京)의 감옥에 있을 때 먹었던 것으로 그 당한 경우가 천 년이 지났어도 똑같구나."라고 하였다. 이덕수는 참판 이기(李堅)의 노비인데, 충주 품관(品官) 이윤성(李允成)의 얼사촌(孽四寸: 서얼 4촌 동생)였다. 그의 후의가 감사하였다.

이날 고언영(高彦英)의 항쇄(項鎖: 죄인의 목에 채우는 형틀)가 저절로 끊어졌으니, 살아날 방도가 시작되는 조짐이었다. 가군(家君)이 원점수(元店守)를 통해 호소사(號召使) 이기(李堅)·관찰사(觀察使) 강신(姜紳), 조방장(助防將, 협주: 결락) 세 사람이 있는 곳에 편지를 부쳤는데, 적정을 몰래 알리는 것이었다.

二十九日。

州人李德守, 來饋西瓜。等分食曰: "此文山在燕獄時所食, 其所遭千載而同也." 德守, 李參判堅之奴, 而忠州品官李允成之孽四寸也。厚意可感。是日, 彦英項鎖自絶, 生道始兆。家君, 因元店壽, 寄書于號召使李堅·巡察使姜紳, 助防將【缺】三處, 盖密通賊情也。

9월 1일。

이 고을 안에 거주했던 장동(張同) 또한 포로 속에 있다가 생밤 몇 되와 수박 1통을 가지고 와서 주었다. 장동은 곧 장관(張寬)이라는 이름을 바꾼 자로 본래 삼척(三陟) 사람이었다. 원점수(元店守) 또한 수박을 주었다. 이 두 사람은 우리 네 사람에 대해 모두 깊이 염려하는 마음을 갖고 있었는데, 장동이 언문으로 탈출할 수 있는 길을 써서 보였으니, 이르기를, "은행나무 아래서부터 이아(貳衙: 군수가 사무를 보는 관아인 郡衙)의 뒤편을 따라 곧장 남산(南山) 밖으로 나가면 적이 없습니다."라고 운운하였다. 그 마음이 더욱 감탄스러웠다.

九月初一日。

州內居人張同, 亦在擄中, 來進生栗數升·西瓜一顆。張同卽張寬之變名, 而本三陟人也。元店壽, 亦進西瓜。右二人於吾四人, 俱有眷眷之意, 而張同, 以諺書示逃出之路, 曰: "自鴨脚樹下, 從貳衙後, 直抵南山之外, 無賊."云云。其意尤可感。

9월 2일。

캄캄한 밤에 우레가 치고 큰 비가 쏟아져 지척을 분간할 수 없었다. 수직(守直) 왜적이 등불을 끄고 문을 닫더니 누대 아래로 내려가 잤다. 밤 이경(二更: 밤 10시 전후)이 못된 쯤에 나는 가군(家君)을 부축하고서 고언영(高彦英)·이경진(李景鎭)과 함께 벽에 뚫어놓았던 구멍을 통해 탈출하였는데, 이경진이 먼저 나가고 우리 부자 및 고언영은 동행하여 가리현(可里峴)에 이르렀다. 적의 추적이 거의 미치자 우리는 결국 길 아래로 피해 있다가, 산봉우리에 오르니 마치 산을 모아 놓은 듯했다. 비가 비로소 그쳤고, 날이 이미 밝았다.

初二日。

昏雷雨大作, 不分咫尺。直倭滅燈閉門, 而下宿於樓。底夜未二更, 余扶家君, 與高彦英·李景鎭, 由壁穴而逃出, 景鎭先去, 吾父子暨彦英同行, 至可里峴。賊追幾及, 遂避路下, 仍登如攢山。雨始止, 而日已曙矣。

9월 3일。

산속에 있는데 날이 저물어서 세 사람은 모두 바위의 나무에 기대어 잤다. 밤에 잠깐 비가 내렸다가 개었다. 굶주림이 심하여 산속 과일을 따려 했으나 열매가 하나도 맺혀 있지 않았다. 이윽고 더위잡고 소나무에 올라가 뜯어 온 솔잎에 구운 콩을 섞어서 함께 씹었다.

初三日。

在山中日暮， 三人共依巖樹而宿。夜乍雨旋霽。餒甚欲摘山果，無一結實。因攀登採松葉，和炰豆而幷齧之。

9월 4일。

이리저리 돌아다녔으나 종일토록 벼랑 하나조차도 미처 지나지 못하다가, 산을 조금씩 조금씩 내려오니 그곳은 마을처럼 모여 있는 곳이었으나 적이 두려워 감히 인가에 투숙할 수가 없었다. 마침 조를 심은 밭이 있어서 제각기 몇 이삭을 비벼서 씹어 먹었다. 작은 구덩이의 흙탕물을 찾아서 또한 한 표주박을 마셨다. 소나무 아래에 그대로 머물러 묵었는데, 한밤중에 별안간 비가 쏟아져서 옷이 다 젖으니 한기가 매서워 그 고통이 심했다.

初四日。

跋涉艱難，終日未過一崖，漸漸下山，乃如攢里也，畏賊不敢投宿人家。遇粟田， 各挼數穗而嚼之。得小坎泥水， 亦飮一瓢。止宿松下，夜半驟雨，衣濕寒重，其苦甚矣。

9월 5일。

이른 아침에 산을 내려오다가 작은 길을 찾아 풀숲을 헤치면서 올라갔는데, 바로 피난민이 초막을 짓고서 있는 곳이었다. 성과 이름을 물으니, 신림역(新林驛)의 역졸 이흔손(李忻孫)·박충거지(朴虫去之)·이일산(李一山)이었다. 세 사람은 제각기 아침밥을 나누어 보내주었다. 또 김줏동(金注叱同)·박금손(朴今孫)은 다른 곳에서 마침 왔다. 김줏동은 그의 패양자(蔽陽子: 패랭이)를 벗어 가군(家君)에게 주었고, 게다가 쌀 한 되를 빌려 주었으며, 고언영에게 짚신을 벗어 주었다. 박금손 또한 패양자를 벗어 나에게 주었고, 이흔손도 또한 쌀 한 되를 주었다.

오후에 사잇길에서 길을 떠나 몇 걸음을 가지도 못하여 역졸 복지(福只)를 만났는데, 허리춤에 밥을 차고 있었다. 고언영이 그것을 얻어 가지고서 고개 하나를 넘어 구리파(求利坡: 가리파) 마을에 이르니, 초가(草家) 네다섯 채가 있었는데 자로 임원(林元)이 사는 곳이었다. 임원은 자리를 깔아 맞아들이면서 고기 반찬까지 먹도록 해주었으니 매우 후하게 대접하였다. 임원은 이때 나이가 65세였으며, 그 아들은 수원(守元)·수정(守丁)·은희(銀希)·오십동(五十同)이었고, 그 사위는 장쉰금(張五十金)이었다. 서로 번갈아 가면서 찾아와서 더욱 정성껏 대접해 주니, 임원의 집에 머물렀다.

初五日。

早朝下山，尋得小逕，披草萊而上，乃避亂人，結幕處也。問其姓名，則新林驛子李忻孫·朴虫去之·李一山也。三人各分朝飯而饋之。又有金注叱同·朴今孫，自他適至。脫其蔽陽子，進于家君，又貸升米而饋之，贈彦英以草鞋。今孫亦贈余蔽陽子，忻孫亦饋以升米。午從間道，發行未數步，逢驛子福只，佩飯而至。彦英借而持，踰一峴，至求利坡，有草家四五，乃林元所居也。元設席邀入，饋以肉饌，待之甚厚。元時年六十五，其子守元·守丁·銀希·五十同也，其壻張五十金也。替相來見，尤致誠款，留元家。

9월 7일。

이른 아침에 장쉰금(張五十金)이 우리를 그의 집으로 불러서 밥에 고깃국까지 준 것이 매우 넉넉하였다. 이곳은 적이 다니는 길과 아주 가까워 밤을 틈타 길을 떠나려 했는데, 임원이 이미 그의 아들들과 우리를 호송할 계획을 상의해 두고 있었다. 마침 신림역(新林驛) 역졸 박연(朴連)이 말을 가지고 와 있었으니, 임원 등이 태워 주기를 힘써 권하자, 박연이 허락하였다. 임수원(林守元) 또한 데려가도록 허락하면서 임원은 밥을 싸서 뒤따르니, 마치 가까운 한 집안이나 마찬가지인 것 같았다.

저물녘이 되어서 홍현(紅峴)을 넘고 신림(新林: 현 神林)을 지나 석남(石南: 石南寺)로 들어가니 밤은 이미 칠흑같이 어두웠다. 유현(杻峴)을 넘어 신흥(新興)에 들어갔는데, 박연이 길가에 있는 집의 문을 두드리니 어떤 승려가 먼저 나오고 주인도 뒤따라 나왔다. 불을 밝히고 맞이하여 우리 부자를 온돌에 앉도록 하고서 죽을 쑤어 주었다. 주인의 이름은 김언(金彦)이었고, 승려의 이름은 서진(西珍)이었다. 승려는 본래 이대진(李大震)의 재사(齋舍)에 거처하면서 이경진(李景鎭)과 또한 평소 친분이 있었는데, 경진이 포로로 사로잡혔다가 다시 탈출한 곡절을 듣고 놀라며 탄식해 마지않았다.

이때 벌써 한밤중이 되었다. 즉시 길을 떠나려 하자, 서진(西珍)이 우리와 함께 따르기를 청하고 길을 안내해 주었으니 그의 뜻이 감동할 만했다. 샛길을 따라 중방리(中方里)의 안백령(安百齡)의 집에 이르렀는데 서진이 아는 집이었다. 그는 우리를 맞이해 빈 대청으로 들이고 죽을 쑤어 주었는데, 먹고서 그대로 머물러 잤다.

날이 채 밝기도 전에 교생(校生) 이몽길(李夢吉)이 소식을 듣고 찾아왔는데, 또한 포로로 사로잡혔다가 탈출해 돌아온 자였으니 매우 은근하게 서로 위로하였다.

初七日。

張五十金邀入其家，饋飯肉甚厚。此地最近賊路，欲乘夜發程，元與其子等，相議護送之計。適新林驛子朴連，携馬而至，元等力勸借乘，連許之。守元亦許陪去，元褁飯相隨，有同一家之人焉。黃昏，踰紅峴，過新林，入石南，夜已黑矣。踰杻峴，入新興，朴連扣路傍一家，有僧先出，主人隨之。秉火以迎，坐余父子於溫突，作粥饋之。主人名金彦，僧則西珍也。本居李大震齋舍，而於李景鎭亦有素，聞景鎭被擄還出，驚歎不已。是時，夜已半矣。卽發行，西珍請從指路，其意可感。由間道至酒泉中方里安百齡家，西珍所知也。迎入虛廳，作粥饋之，仍留宿。未明，縣校生李夢吉，聞之來見，曾亦被擄還脫者也，相慰甚殷勤。

9월 8일。

날이 채 밝기 전에 갈현(葛峴)을 넘어서 이천복(李千福)의 집에 이르자 또한 밥을 지어 주었다. 고을 사람 생원 원철(元澈)이 안백령(安百齡)을 통해 해진 검푸른 도포 및 쌀 몇 되와 포(脯) 5줄을 보냈고, 이천복 또한 마늘 2단을 주었다.

어우논리(於于論里)를 지나 전 호장(前戶長) 윤희경(尹希京)의 집에 들어갔는데, 날이 어느새 정오가 되었다. 가군(家君)이 서진(西珍)에게 평창에 가서 탐문하게 하니, 서진이 즉시 갔다. 우리 부자는 윤희경의 집에서 그대로 머물러 묵었다.

初八日。

未明, 踰葛峴, 抵李千福家, 作飯饋之。縣人元生員澈, 因百齡, 送鴉青破道袍及米數升·脯五條, 千福亦進蒜二束。過於于論里, 入縣戶長尹希慶家, 日已午矣。家君, 使西珍往覘平昌, 珍卽去。吾父子仍留宿。

9월 9일。

아침밥을 먹은 뒤에 사옷고개[沙五叱峴]를 넘다가 고개 위에서 임시 아전 손수천(孫壽千), 관노 만천(萬千)·학지(鶴只)를 만났는데, 바로 서진(西珍)이 데리고 와서 맞이한 것이었다. 서진은 작별하고 떠나간 뒤, 좌수(座首) 나수천(羅壽千)과 별감(別監) 나사언(羅士彦) 또한 마중하러 나와 고을 땅으로 들어갔다.

입탄(入呑)의 김막석(金莫石) 집으로 들어갔는데, 손수천이 자기의 싸온 밥을 바쳤고, 밥상에 있는 민물고기는 별감 이경조(李敬祖)가 보낸 것이었다. 곧바로 학지(鶴只)를 영천(榮川: 榮州)으로 보내어 적의 소굴에서 탈출해 돌아왔다는 기별을 알렸다. 김막석의 동생인 김막대(金莫大)가 당주(糖酒: 단술)를 가져와 바쳤다. 저물녘에는 남종년(南從年)의 아내 또한 당주 및 떡과 과일을 바쳤고, 관아의 관속(官屬)도 모두 찾아와 만났다.

初九日。

朝後踰沙五叱峴, 峴上逢假吏孫壽千, 官奴萬千·鶴只, 乃西珍率來以迎也。珍辭去, 座首羅壽千, 別監羅士彦, 亦來迎入郡地。入音呑里金莫石家, 孫壽千呈其裹飯, 盤中有江魚, 別監李敬祖所送也。卽送鶴只往榮川, 以告脫還之奇。莫石之弟, 莫大進呈糖酒。昏南從年妻, 亦進糖酒及餠果, 衙中官屬皆來見。

9월 10일。

김막석(金莫石)이 국수를 만들어 바쳤다. 사현(沙峴)을 넘고 약수(弱水: 藥水里)를 지나 조파(朝坡)를 건너니, 날이 이미 밝아 왔다. 이여림(李汝霖)이 나와 말머리에서 절하였다. 마침내 미둔현(味屯峴: 멧둔재) 아래의 박옥손(朴玉孫) 집에 도착하자, 훈도(訓導) 이상림(李商霖)이 술을 가지고 와서 만나보았고, 김성경(金成慶)·나사언(羅士彦)·나수천(羅壽千)·이경조(李敬祖)·이시림(李時霖)·지대성(智大成)·지대명(智大明) 모두 찾아왔다. 이시림을 통해 권점(權點) 형이 영월(寧越)에 와 있다는 것을 들을 수 있었는데, 아마도 우리들이 탈출한 소식을 듣고 찾아온 것이었다.

임수원(林守元)과 박연(朴連)이 돌아가겠다고 인사하였는데, 각기 포한 필씩을 주어 보냈다. 좌수(座首: 나수천)과 훈도(訓導: 이상림)이 우리와 함께 잤다.

初十日。

莫石作麵以進。踰沙峴, 過弱水洞, 越朝坡, 已平明矣。李汝霖出拜馬首。遂至味屯峴[3]下朴玉孫家, 訓導李商霖, 持酒來見, 金成慶·羅士彦·羅壽千·李敬祖·李時霖·智大成·大明皆來。因時霖, 得聞家兄來寧越, 蓋聞吾等脫還而尋來者也。林守元·朴連辭歸, 各賜布一匹而送之。座首·訓導同宿。

9월 11일。

아침밥을 먹은 뒤 길을 떠나 기우론(其于論: 기화리) 마을에 이르러 김석진(金石陳) 집에서 점심을 먹었는데, 김방복(金方福)이 소고기를 바쳤고 신끋정(申末叱丁)이 생밤을 바쳤고 김옥경(金玉京)이 마늘을 바쳤다.

가노(家奴)인 원정(元丁)·임손(林孫)·석문(石文)·개석(介石)이 영천(榮川: 榮州)에서 찾아왔는데, 비로소 왜적이 8월 18일 사문단천(沙文丹川)을 쳐들어와서 온 집안의 상하 사람들은 달아나 숨었다고 하였다. 임손(林孫)·개석(介石)을 정동(井洞: 泉洞里)으로 들여보내어 서모(庶母: 信川康氏)가 묻혀 있는 곳에 흙을 두터이 단단하게 덮어 주도록 하였다.

오후에 칠족현(柒足峴: 칠족령)을 넘어서 엄근신(嚴謹臣)의 집에 이르러 그곳에서 묵었다.

十一日。

朝後, 至其于論里, 金石陳家午點, 金方福進牛肉, 申㖙丁進生梨, 金玉京呈蒜。家奴元丁·林孫·石文·介石, 來自榮川, 始聞倭賊, 八月十八日, 犯沙文丹川, 一家上下奔竄云。入送林孫·石介于井洞, 庶母埋置處, 使之堅厚加土。午後, 踰漆足峴, 抵嚴謹臣家,

3 味屯峴(미둔현): 멧둔재인 듯. 강원도 평창군 평창읍 노론리에 있는 고개.

宿焉。

9월 12일。

아침밥을 먹은 후에 화을곡현(火乙谷峴)을 넘어 석항(石項)을 지났다. 낮에 점심을 영월(寧越) 상동면(上東面)에 있는 이향(李香)의 집에서 먹었다. 직실(直實)을 지나 십을현(十乙峴: 열재)를 거쳐 미사리(瀰沙里: 未死里)에 이르자, 날이 이미 저물어서 김세후(金世厚)의 집에서 묵었다.

十二日。

朝後, 踰火乙谷峴, 過石項。午點于寧越上東面李香家。歷直實, 由十乙峴, 至瀰沙里, 日已夕矣, 宿金世厚家。

9월 13일。

아침밥을 먹은 뒤 마해천(馬孩川: 마포천)에 이르러 승려 신관(信寬)을 만났는데, 길가의 집으로 맞아들여서 밥을 지어 주었다. 마아령(馬兒嶺: 마구령)을 넘는데 고개 위에서 김덕란(金德鸞)을 만났고, 우동(愚洞: 우곡리)에 있는 인척 류치운(柳致雲)의 집에 들어갔다. 잠시 뒤에 가형(家兄: 權黜)이 또 영춘(永春)에서 왔는데, 가군(家君)을 찾으러 갔다가 서로 어긋났던 것이다. 권회인(權懷仁)·민조숙(閔肇叔)·박경승(朴景承)이 각기 술을 가지고 와서 위로하였다.

저녁을 먹은 뒤 길을 떠나 초저녁에서야 광현(廣峴)에 이르러 말에서 내려 선조(先祖)의 묘에 절하였다. 조와동(助臥洞)에 이르자, 권경섭(權景涉), 이여흡(李汝翕) 및 당내(堂內) 여러 친족과 가솔(家率) 노비들이 나와 맞이하였다. 바로 원당(圓塘: 元塘里)의 임시처소에 이르니 밤이 이미 깊었다.

十三日。

朝食後, 過馬孩川, 遇僧信寬, 延入路傍家, 作飯以饋。踰馬兒嶺, 嶺上逢金德鸞, 入愚洞柳戚致雲家。俄而, 家兄自永春而至, 蓋尋家君行而相違也。權懷仁·閔肇叔·朴景承, 各持酒來慰。夕後發行, 初昏到廣峴, 下馬拜先祖墓。至助臥洞, 權景涉·李汝翕及堂內諸親·率奴輩, 來迓。直抵圓塘寓所, 夜已深矣。

【부기】

선조(先祖) 남천 선생(南川先生)이《호구록(虎口錄)》에서 다음과 같이 기록하였다.

○ 칼을 휘두르며 나를 공격하였는데, 강녀(康女)가 곧장 달려와 나의 등을 감싸며 말하기를, "원컨대 첩을 죽이고 남편은 살려주오."라고 하자, 권주(權黈) 또한 울면서 감쌌다. 마침 석굴 안이 비좁아 칼끝이 벽에 부딪쳐 칼날이 몸에 닿지 않았으나, 단지 내 팔만 순식간에 다쳐 피가 물처럼 흘렀다. 적이 나를 먼저 결박지어 내려보내고 또 강녀를 붙잡자, 강녀는 마침내 용감하게 자신의 몸을 날려 스스로 떨어져 죽었다.

권주(權黈)는 나보다 먼저 결박되어 석굴에서 나와 있었고, 권주가 입은 옷의 앞자락을 보았는데 핏자국이 크게 있어서 그 까닭을 물어보니 권주 또한 그 사실을 알지 못하였다. 거친 기침과 함께 뱉어낸 가래가 피범벅이었다.

先祖南川先生[4], 虎口錄曰:

賊揮劍擊我, 康女卽趨覆吾背, 曰: "願殺妾而存夫." 黈亦號泣覆之。適窟內狹窄，劍頭觸壁，而刃不犯身，揮霍之際，只傷吾臂，流血如水。賊先縛我而下，又執康女，康女遂勇身自墜而死。黈則先我縛出。黈所着衣襟大有血痕，問之則亦不省。厲喉唾涎，則乃純血也。

○ 적이 권주에게 묻기를, "너는 글을 아느냐?"라고 하였는데, 권주가 고개를 흔들며 "알지 못한다." 하니, 여러 왜적들이 손에 든 것을 오래도록 주목하였다.

적이 말하기를, "석굴 안에서 떨어져 죽은 사람은 누구인가?"라고 하자, 권주가 울면서 말하기를, "나의 서모(庶母)이다." 하였다. 왜장이 서로 탄복하고 칭찬하여 말하기를, "바다를 건너온 이래로 네 어미 같은 사람은 오직 단 한 사람이었을 뿐이다."라고 하였다.

賊問曰: "汝解文字乎?" 黈撓頭曰: "未也." 諸倭手持, 目屬久之。賊曰: "窟中墜死者, 何人?" 黈泣且言曰: "我之庶母也." 倭將相與歎美而言曰: "自渡海以來, 惟一汝母而已."

○ 통역 왜인이 권주를 불러서 적의 수괴 앞으로 데리고 들어갔는데, 묻기를, "너의 이름이 무엇이냐?"라고 하자, 권주가 속여서 대답하기를, "나의 이름은 한신(漢臣)이다." 하였으며, 또 묻기를, "너는 문자를 알고 있지 않느냐?"라고 하여 알지 못한다고 대답하였다. 왜장이 꾀어서 말하기를, "너는 상관(上官)의 아들인데다 용모 또한 영민하고 비범

---

4 先祖南川先生(선소남천선생): 權泰泳이 1922년 權黈의 《春睡堂逸考》를 발간하면서 《호구일록》의 발췌한 것임을 알려주는 징표.

한데 어찌 배우지 않았다고 하느냐? 네가 만약 문자를 안다면 나는 너를 죽이지 않을 것이다. 장차 비단옷도 입혀 주고 진귀한 음식도 먹여 줄 것이며, 너에게 좋은 칼도 차게 해주고 너에게 좋은 말도 타게 해줄 것이며, 시종도 딸려 주어 존귀하게 대우할 것이다. 만약 일본으로 돌아간다면 응당 좋은 벼슬을 얻어 부귀를 누릴 수 있으리니 또한 즐겁지 않겠는가?"라고 하자, 권주가 말하기를, "부모와 자식은 인륜의 지극함인데 지금 죽을 처지에 이르러서 형세상 목숨을 모두 보전하지 못할 것이니, 만약 내 아버지를 살려 풀어 보내 준다면 나는 이곳에 있을지라도 안심할 수 있을 것이지만, 그렇지 않다면 어찌 아버지가 죽는데 자식만 홀로 살려고 할 이치가 있겠는가?" 하였다. 왜장이 말하길 "네 아버지가 지금까지 죽음을 면한 것은 오로지 너 때문이다. 당연히 너희 부자(父子)를 사면할 것이니, 함께 일본으로 돌아가면 네 마음을 기쁘게 해줄 것이다."라고 하니, 권주가 말하기를, "내 아버지에게는 늙으신 부친이 계시는데 여생이 얼마 남지 않았는데도 끝내 형제마저 없고 봉양할 사람도 없어 멀리 떠날 수가 없는데다 몸에 병까지 있어서 거의 죽을 지경에 이르렀으니, 내 마음을 기쁘게 해주려 한다면 아버지를 풀어주는 것만 한 것이 없다. 다른 의심은 하지 말라." 하였다. 왜장이 말하기를, "그렇다면 네 아버지의 노친에게 편지를 보내 불러와서 함께 일본으로 가면 더욱 좋겠다."라고 하자, 권주는 또한 아무런 답을 할 수가 없었고 다만 머리를 바닥에 찧으며 울부짖을 뿐이었다. 왜장은 권주를 어루만지며 위로하여 말하기를, "너는 우선 울지 마라. 당연히 네 말대로 할 것이다." 하였다. 적이 종이와 붓을 주고 글자를 쓰게 하였는데, 권주가 몇 줄을 적으며 말하기를, "내 아버지가 평소에 병이 많은 데다 또 이처럼 상하였으니, 비록 칼을 대지 않더라도 필시 절로 죽을 지경에 이르게 될 것이다. 바라건대 속히 아버지를 풀어주고 자식을 남기도록 하라." 하니, 적이 또한 위로하면서 답하여 말하기를, "경성(京城)에 대장이 있으니 마땅히 네 뜻을 아뢰겠다. 너는 의심치 말라." 하였다. 적은 권주가 쓴 글을 본 뒤에, 비록 결박한 것을 풀어 주지는 않았더라도 돌보고 아끼는 마음이 있는 것 같았다.

通使[5]倭, 招黈入賊魁前, 問曰: "汝名爲誰?" 黈紿應曰: "吾名漢臣也." 又問: "汝知文字否." 答以不知。倭將誘之曰: "汝是上官之子, 容貌且英邁, 豈未之學乎? 汝若識字, 則我不殺汝。將錦衣衣之, 珍食食之, 佩汝好刀劍, 騎汝美鞍馬, 給以徒從, 待之尊重。若歸日本, 則當作美官, 可享富貴, 不亦樂乎?" 黈曰: "父子人倫之至, 今到死地, 勢不俱全, 倘活我父, 放而送之, 則我雖在此, 可以安心, 不然, 安有父死而子獨生之理乎?" 倭將曰: "汝父之至今免死者, 專爲汝也。當赦汝父子, 幷歸日本, 以悅汝心." 黈曰: "我父有老親, 臨年, 而終鮮兄弟, 奉養無人, 不可遠離, 身且有病, 幾至死域, 欲悅我心, 莫若放父。勿爲他疑." 倭曰: "然則, 汝父之老親, 通書招致, 共往日本尤好." 黈亦無以爲答, 但碎頭號泣。倭將撫而慰之, 曰: "汝且勿啼。當如汝言." 賊給紙筆, 令書字。黈寫數行曰: "我父素多疾病, 又且[6]傷毁, 雖不加刃, 必至自隕。願速放父而留子也." 賊又慰而答之, 曰: "京城有大將, 當以汝意, 稟之。汝其勿疑." 賊見黈書後, 雖不解縛, 而似有眷愛之意。

---

5 通使: 通事.

6 且: 此.

○ 심신이 상란(喪亂)을 겪느라 종일토록 곤히 잤다.

밤 삼사경(三四更: 밤11시부터 새벽 3시)쯤 목을 매어 자결하려 했으나, 권주가 울면서 극구 말려 거의 목숨이 끊어질 뻔하다가 다시 깨어났다.

心神喪亂, 終日困睡。夜三四, 結項欲自決, 而黈泣而力止, 幾絶復甦。

○ 나는 앉아 있다가 부엌 입구에 기대어 몰래 일어나 서서 목을 맬 줄이 들보에 매단 것을 여러 번 감고 단단히 묶어 저절로 목숨이 끊어지고 권주가 알지 못하길 바랐다. 권주는 내 목구멍에서 나오는 소리를 듣고 곧바로 달려 들어와 새끼를 풀었다. 두 눈이 빠질 듯했고 피가 입에서 나왔지만, 권주는 밤새도록 울면서도 감히 소리내지 못하였다.

吾坐依竈口, 潛起而立, 以項繩之懸樑者, 屢屈而重結之, 期於自盡, 而使黈不知。黈聞吾咽喉聲, 卽趨入緩其繩。兩眶如拔, 血自口出, 黈達曙涕泣[7], 不敢出聲。

○ 내가 권주(權黈)를 어루만지며 말하기를, "너는 나이가 어려 아직 관례도 치르지 않았지만 다소 배움에 뜻을 두어 정진할 줄 알아 장래가 유망하였으나, 지금 이 지경에 이르러 이미 다 끝났으니 무슨 말을 하겠느냐?"라고 하자, 권주가 말하기를, "벼슬길이 열리고 막히는 것에는 운명이 있는 데다 죽고 사는 것은 하늘에 달려 있으니, 하필이면 자식 때문에

7 涕泣: 潛泣.

마음속으로 애통히 여기십니까? 단지 천지일월(天地日月)·산천귀신(山川鬼神)이 도와 아버지가 호랑이 아가리로부터 벗어날 수만 있다면, 자식으로서 제 한몸이야 비록 적의 칼날에 죽는다 한들 무슨 여한이 있겠습니까?" 하였다. 마침내 서로 함께 눈물을 흘렸다.

吾撫黈, 曰: "汝年少未冠, 稍知向學, 將來有望, 而今乃至此, 已矣何言?" 黈曰: "通塞有命, 死生在天, 何必爲子傷懷? 但願天地日月山川鬼神, 使父得脫虎口, 則子之一身, 雖死賊刃, 何憾?" 遂相與泣下。

○ 통역 왜인이 권주를 서쪽에 있는 상방(上房)으로 끌고 가 부장(副將) 원개연(源介緣)의 앞에서 묻기를, "너는 부장에게 소속되었으니 지금부터 좌우에서 가까이 모시도록 하라. 너는 이곳에서 자고 이곳에서 지낼 것이니, 두 마음을 갖지 말라." 하였는데, 권주는 그 장수가 아비를 죽이고 자식을 살려 둘 것이라서 즉시 대답하기를, "늙으신 아버지의 병이 위중하여 잠시라도 곁을 떠날 수 없다. 하물며 병가(兵家)에서도 효제(孝悌: 효도와 우애)를 우선으로 하였거늘, 어찌 남의 아비를 죽이고서 그 아들의 마음을 얻으려고 할 수 있다는 것이냐? 만약 내 아버지를 풀어 보내주지 않는다면, 나는 마땅히 아버지와 함께 죽을 뿐이다." 라고 하자, 왜장이 그의 무리들과 함께 서로 돌아보고 많은 말을 하였으나 그 말을 알 수가 없었으니 한참 뒤에 말하기를, "우선 너의 말에 따라 네 아버지가 있는 곳으로 돌려보내겠으니, 때때로 이곳에 와야 할 것이다." 하였다.

通使[8]倭, 引黈往西上房, 副將源介緣之前, 謂曰: "以汝屬副將前,自今昵陪左右。汝可宿於此遊於此，無有二心[9]."黈慮其將殺父存子，卽應之曰:"老父病重，不可暫離。況兵家以孝悌爲先，寧有殺人之父而欲得其子之心者乎? 若不放送我父，則我當俱死而已."倭將與其徒，相顧多話，而未解其言，久之，曰:"姑從汝言，歸汝父所，時時來此可也."

○ 감역(李監) 이사악(李士岳)이 포로로 잡혀 와서 우리에게 말하기를, "적들이 곧장 우리를 죽이지 않는 것은 한편으로 우리를 빌미로 삼아 장차 저들의 나라에서 큰 공을 인정받으려는 것이요, 다른 한편으로 어르신의 귀한 아드님을 중한 보물로 여겨 우선 어르신에게 칼을 대지 않는 것 같습니다. 구차히 사는 것은 비록 의(義)에 맞지 않는다고 하지만 헛되이 죽는 것 또한 아무런 도움이 없을 것이니, 어찌 사세를 보지도 않고 죽을 곳을 찾는단 말입니까?"라고 하였다.

李監役士岳，擄入謂曰:"賊徒之不卽殺之者，一 則以我等爲奇貨，將徼大功於渠國也，一則以貴胤爲重寶，姑不加刃於尊丈也。苟活雖非義，徒死亦無益，盍觀事勢，以求死所乎?"

○ 권주(權黈)가 섬돌에서 피를 흘리며 머리를 조아려 말하기를, "늙은 아비가 오랫동안 갇혀 병이 날이 갈수록 더욱 심해져서 목숨이 오늘내일한다. 바라건대 속히 풀어 돌려보내주오." 하였는데, 말과 눈물이 뒤범벅되었다. 왜적의 수괴가 급히 그의 무리를 불러서는 달려가서

---

8 通使: 通事.

9 無有二心: 毋有貳心.

부축해 일으키도록 한 뒤에 온화한 말로 위로하였고, 또한 결박한 새끼줄을 잠시 느슨하게 풀어주도록 하였다.

黈叩頭濺血於階石[10], 曰: "老父久係, 病日益甚, 命在今明。乞速放還." 言淚俱發。倭魁急呼其徒, 趨救扶起, 溫辭慰之, 且令暫緩結縛之索。

○적의 수괴가 글자를 아는 왜인에게 우리 성상(聖上)의 휘자(諱字)를 쓰도록 하고는 권주에게 보이며 말하기를, "이는 누구의 이름이냐?" 하였는데, 권주가 대답하지 않았다. 왜적이 다시 묻기를, "정말로 알지 못하느냐?"라고 하였는데, 권주가 말하기를, "자식은 아버지의 이름 부르기를 피하고 신하는 임금의 이름 부르기를 피하는데, 무슨 대답할 것이 있겠는가?" 하자, 왜적이 말하기를, "너의 왕은 나라를 버리고 멀리 달아날 수 있단 말이냐?"라고 하니, 권주가 말하기를, "국운이 불행하여 도성을 떠나게 된 것은 형세상 면하기 어려운 것이었다." 하였다.

또 왜적이 김성일(金誠一)의 이름을 쓰도록 하고서 말하기를, "이 사람도 또한 아느냐?"라고 하였는데, 권주가 말하기를, "내 아버지의 벗이다."라고 하자, "지금 무슨 관직에 있느냐?"라고 하는지라, "지난번에는 왕명을 받들어 일본에 사신으로 나갔었는데, 지금은 정벌을 전담하는 임무를 받들어 영남(嶺南)에 있다."라고 하였다. 또 묻기를, "이덕형(李德馨)은 어디에 있느냐?"라고 하였는데, 답하기를, "여러 차례의

---

10 階石: 堦石.

서면 보고에서 대가(大駕)를 호종하고 있다고 하였다." 하자, 왜적이 말하기를, "김성일·이덕형은 과연 너희 나라의 어진 재상이다. 너희 나라에 김성일·이덕형과 같은 이가 몇 사람이나 있는가?"라고 하니, "네가 아는 사람은 오직 이 두 사람뿐이나, 그 밖에도 어진 장수와 재상이 이루 다 헤아릴 수 없다." 하였다. 적의 수괴가 고개를 끄덕일 뿐이었다.

적의 수괴가 또 말하기를, "너희 나라는 중국에 구원병을 청하여 우리들을 죽이려고 하나, 중조(中朝: 명나라)의 군사가 비록 많을지라도 우리가 어찌 두려워하겠는가?"라고 하였는데, 답하기를, "중조가 우리 나라와는 부모 자식의 관계와 같으니, 자식이 병들까 근심하는 것은 진실로 당연하다. 천자가 지금 장차 천하의 병사를 동원하여 곧장 부상(扶桑: 일본)을 공격할 것이다."라고 운운하자, 많은 왜적들이 서로 돌아보며 크게 웃었다.

賊魁令解文之倭, 書示我聖上諱字, 以示黖, 曰: "此何人名耶?" 黖不答。倭更問曰: "果不知乎?" 黖曰: "子諱父名, 臣諱君名, 有何所答?" 倭曰: "汝王棄國遠走耶?" 曰: "國運不幸, 去邠之行, 勢所難免." 又書金誠一名, 曰: "此亦知之乎?" 曰: "是我父友也." 曰: "今作何官?" 曰: "頃奉王命, 出使日本, 今受專征之任, 方在嶺南." 又問: "李德馨何在?" 答曰: "屢有書報云扈從大駕矣." 倭曰: "金李, 果汝國之賢相也。汝國, 如金李者, 有幾人耶?" 曰: "汝之所知者, 惟此二人而已, 其他將相之賢者, 不可勝數." 倭魁鎖頭而已。賊魁又問曰: "汝國請兵於中國, 欲殺我輩, 中朝之兵雖衆, 吾何畏哉?" 答曰: "中朝之於我邦, 猶父母之於子也, 其疾之憂, 固其所也。天子, 今將動天下之兵, 直擣扶桑."云, 群倭相與太笑。

○ 원주(原州)에 도착하여 문서를 넣어 두는 누상고(樓上庫)에 있었다. 날씨가 점점 추워졌지만, 권주(權黈)는 겹옷과 홑바지 하나 외에 달리 입은 것이라고는 없었으니, 장적책(帳籍冊: 호적책)을 싸고 있던 베를 찢어서 취한 뒤 종이로 끈을 만들어 버선 모양처럼 꿰매 두 다리를 가렸고, 종이를 찢어 신발에 묶어 우리 네 사람이 신을 수 있도록 했는지라 그 고통을 알만 하였다.

到原州, 在文書樓上庫。日氣漸寒, 黈一裌衣·一單裙外, 無他所着, 裂取帳籍所粧之布, 以紙作繩, 貫縫如襪樣, 以掩兩脚。裂紙捆屨, 以着我四人, 其苦可知。

○ 권주(權黈)에게 벽의 흙을 몰래 제거하도록 하였는데, 적이 없을 때를 기다려서 외(椳) 구멍으로 손을 꺼내어 벽 밖의 흙을 가져다 벽 안으로 다시 들여와 그 아래로 떨어지지 않도록 하였다. 권주의 손이 작아서 외(椳)의 구멍으로 드나들 수 있었으니, 권주가 아니었으면 어찌 능히 할 수 있었겠는가? 모두 "정말 기특하다."라고 하였다. 벽의 흙을 다 없앤 뒤에 이어서 외(椳)의 얽은 나무를 풀었다. 그리고 가운데에 있는 큰 외 한 개가 가로로 꽂혀 있었으니 곧 떡갈나무로 된 통나무인데, 해가 오래될수록 더욱 단단해지는 것이라서 권주의 힘으로는 꺾을 수 없었고 땀이 물처럼 흘렀으니 기대는 이미 끊어졌다.

권주가 생각을 한참 하다가 말하기를, "문득 한 가지 방도가 떠올랐으니 우리들이 살 수 있을 것입니다. 불로 외(椳)를 태우면 외가 저절로 탈 것입니다."라고 하였는데, 우리 모두는 그렇게 여겼다. 마침 기와 조각을 불에 달구어 나의 아픈 발을 지졌는데, 권주가 늘 그 일을 맡았으니 비록 누대에서 내려가 불을 가지고 오더라도 적은 반드시 의심하지 않을 것이었다. 이에 권주가 기와에 불을 담아서 올라왔는데도 적은 과연 의심하지 않았다. 마침내 그 외(椳)를 태우자 외는 곧 타면서 떨어졌다. 경진(景鎭)이 권주에게 일러 말하기를, “우리들이 만약 탈출하여 돌아가 하늘의 해를 다시 볼 수 있다면 모두 그대의 힘이다.”라고 하였다.

令黈潛去壁土, 伺賊不在, 而出手於椳穴, 取壁外之土, 而還入之不令落於其下。黈手小能出入於椳孔, 非黈何能爲乎? 僉曰: “奇特奇特.” 土旣 然後, 仍解椳木。而中有大椳一介橫揷, 卽柞之全木, 而年久益堅, 黈力不能折, 汗流如水, 望已絶矣。黈思之良久曰: “忽得一策, 吾等其生矣。以火燃椳, 椳可自燒.” 等皆然之。適以瓦片, 方炙火以熨病足, 黈嘗任是事, 雖下樓取火, 賊必不疑。於是, 黈以瓦盛火而上, 賊果不疑。遂爇其椳, 椳卽燒落。景鎭謂黈, 曰: “吾等, 若得脫還, 再覩天日, 則皆君之力也.”

○ 수직 왜적 5명이 등불을 가지고 번갈아 들어와 살펴보는 까닭에 틈을 엿볼 수가 없었다. 내가 말하기를, “오늘 밤에는 일이 성사되지 않겠다.”라고 하니, 권주(權黈)가 밤새도록 빌기를, “하늘이 혹시라도 저의 아버지를 살리고자 하시어 만약 속히 폭풍우를 쏟아주신다면 왜적은 필시 의심하지 않고 허술하게 가둘 것이니, 힘입는 바가 있게 될 것입니다. 하늘이시여! 하늘이시여! 비를 주소서.”라고 하면서 마음속으로 가만히 빌었다.

直倭五人, 持燈火, 迭相入見, 無可乘隙。吾曰: “今夜, 事不諧矣.” 黈終夜祝之, 曰: “天其或者, 欲活我父, 若迅注雷雨, 則倭必不疑而緩囚, 庶有所賴。天乎天乎 其雨其雨." 潛心默禱。

○ 통역 왜인이 와서 권주(權黈)에게 묻기를, "근래 너의 결박을 느슨하게 해주었는데도 너는 마음대로 자신이 편하기만을 꾀하니, 네 뜻을 어찌 헤아릴 수 있겠는가? 또한 너는 상관(上官) 앞에서 조금도 가까이 하여 따르려는 뜻이 없으니 이 무슨 까닭인가?"라고 하니, 권주가 말하기를, "병든 아버지의 발 통증이 낫지 않으니, 기와를 데우는 일은 내가 아니면 누가 하겠는가? 드나드는 것이 일정치 않으니 그러하지 않을 수 없었다. 만약 내 아비를 풀어 주어 돌아가서 병을 조리하게 해 준다면, 나는 비록 여기에 머물러 있을지라도 안심할 수 있을 것이다."라고 하였다. 통역 왜인이 말하기를, "상관이 너를 단단히 묶어두라 명하였다."라고 하였다. 마침내 새끼줄을 이어서 다시 더욱 뒷짐결박을 하고 또 목줄을 들보 위에다 묶었으니, 우리들은 제각기 기대가 끊어졌다.

이경(二更: 밤 10시 전후)쯤에 큰비가 느닷없이 몹시 쏟아붓고 벼락과 천둥이 계속 진동하며 사방이 온통 어두워져 지척을 분간할 수 없었다. 경진(景鎭: 李士岳의 자)이 말하기를, "지금 이 비는 어젯밤 자제께서 기도하여 하늘이 감응한 바가 아니겠습니까? 지극한 정성에는 하늘도 감동한다더니 과연 빈말이 아닙니다."라고 하였다. 우리는 마음속으로 기뻐하면서 말하기를, "오늘 밤에는 하늘의 뜻을 알 수 있을 것이니 탈출하지 않고 무엇을 기다린단 말이냐?"라고 하였다. 제각기 스스로 결박을 풀고서 탈출하였다.

通使倭來, 問黈, 曰: "近日緩汝之縛, 任汝意自便, 汝意何測? 且汝於上官前, 少無親附之意, 是何故耶?" 黈曰: "病父足痛未瘳, 熨瓦之任, 非我則誰? 出入無常, 不得不爾。若放歸我父, 使之調病, 我雖留此, 可以安心.” 通使倭曰: “上官, 命堅縛汝矣.” 遂以綿索, 更加北結, 且係項索于樑上, 吾等各望絶。夜二更, 大雨無端急注, 雷霆震疊, 天地晦塞, 不辨咫尺。景鎭曰: “今此之雨, 豈非令胤祝天之感也? 至誠動天, 果非虛語.” 等私喜曰: “今夜天意可知, 不出何竢?” 各自解結而出。

○ 위 《호구록》의 여러 항목은 공(公: 권주)의 하늘을 감동시킨 효성, 민첩하게 대처한 꾀 등이 모두 근거한 바가 있는 것이니 삼가 그 대강만을 뽑아 여기에 함께 덧붙여 적는다.

右虎口錄諸條, 公感天之孝, 機警之謀, 俱有所據, 謹撮其大槩, 幷附于此。

부록 2

공통의 경험에 대한 기록과 기억의 거리

《호구일록(虎口日錄)》과 《평창일기(平昌日記)》를 중심으로

한의숭*

1. 머리말

전통 시대 문집 속에는 인물과 당대를 둘러싼 다양한 기록이 담겨있다. 한시와 산문을 중심으로 한 문학 작품을 비롯하여 철학적 논변과 일상의 신변잡기적 기록에 이르기까지 한 인물을 아우르는 수많은 흔적들이 포섭된 결정체가 바로 문집인 것이다. 이는 문집에 수록된 수많은 글에 관해 장르별 접근이 필요함과 동시에 넘나듦에 대한 고려 역시 동시에 수행될 필요가 있음을 의미한다. 왜냐하면 전통 시대 문인이 오늘날과 같이 시인, 소설가 등으로 특정된 인물이 아닐 뿐더러, 문집에 수록된 글들은 한 인간의 총화라 불릴 정도로 그 인간을 둘러싼 수많은 시간과 고민의 흔적이 총체적으로 집약된 산물이기 때문이다.

전통 시대 문집과 수록 작품에 대한 접근은 이러한 측면에서 필요한

* 전남대학교 인문학연구원 교수.

데, 문제는 수많은 연구가 현재도 끊임없이 이뤄짐에도 불구하고 대상이 폭넓지 못하다는 점, 그리고 아직까지 도처에 연구자의 손길을 기다리는 문집과 작품이 산재하며 발굴, 조명되지 못하고 있다는 점이다.

이 점과 관련해서 그동안 중요한 위상을 확보하고자 노력한 게 바로 지역학이었다. 지역학의 출발은 지역의 인물과 문집을 발굴, 소개하는 데 우선적인 목적을 두고 시작되었으나, 예전과 달리 최근 지역학은 로컬리티의 관점에서 새롭게 조명되면서 서울과 지방이라는 이분구도 속에서 특히 중앙 중심으로 구축된 불균형성을 돌파하는데 중심을 둔 시각으로 활용되고 있다. 물론 이러한 시각 또한 완전히 새로운 것이라 하기는 어렵다. 당대를 바라보는 시각에 있어서 한쪽으로 경도된 양상에 대한 균형을 조금 더 강조한 것에 해당된다.

이러한 측면에서 지역학은 대상 자료에 대한 외연 확장을 모색할 필요가 있다. 이는 우선 구축된 성과가 최종의 것이 아니며, 또한 지역에서는 지속적으로 새로운 문집과 문헌 자료가 발굴, 소개, 정리되고 있기 때문이다. 영남학의 경우 새로운 양상에 대한 흔적 찾기[1]가 진행되고 있는 것에서 볼 수 있듯이, 지역학은 여전히 지역에 대해 심층적으로 접근해야 한다.

이와 관련하여 필자는 문집 가운데 '잡저' 항목을 주의 깊게 살피고 있다.[2] 잡저라는 명칭에서 유추되듯이 그다지 관심을 요하지 않을 것

---

1 이에 대해서는 한의숭, 「《斗庵集》·《斗庵叟隨錄》·《斗庵題詠》을 통한 斗庵 金若鍊의 산문 연구(1): 傳을 중심으로」, 『한국한문학연구』 87, 한국한문학회, 2023, 241~274쪽 참조.

2 한의숭, 「牧齋 黃斛의 문학 연구: 雜著를 중심으로」, 『한국학논집』 71, 계명대 한국학연구원, 2018, 121~148쪽; 「嶺南 南人 散文 연구를 위한 試論적 접근: 雜著

같은 글들을 모은 것으로 예상되지만, 그 속에서 새로운 자료를 발견하게 되면 잡저는 그저 잡스러운 글로만 다가오지 않게 된다.[3]

특히 문집 소재 잡저에는 다양한 기록이 남아있는데 그 속에 수록된 실기의 존재를 주목할 필요가 있다. 실기는 문집에 수록되기도 하지만 독립된 텍스트로 존재하기도 하는데, 사실의 기록이라는 성격으로 인해 문학과 사학 두 영역에 공히 걸쳐져 있으면서 공통의 관심 영역으로 다뤄지기도 한다.[4] 이점은 실기가 전쟁, 사화 등과 같은 굵직한 사건들을 중심으로 기록된 측면이 강하며, 이를 중심으로 기록된 자료들이 다수 남아있는 것에서 확인된다.

본고는 실기 가운데 임진왜란이라는 역사적 사건 속에서 전쟁포로라는 부자(父子)의 공통 경험을 기록한 텍스트를 주목하고자 한다. 논의할 대상은 권두문(權斗文, 1543~1617)의 《호구일록(虎口日錄)》과 권주(權黈, 1576~1651)의 《평창일기(平昌日記)》이다. 권두문과 권주는 부자관계로 두 사람은 임진왜란 때 사로잡혀서 포로 생활을 같이한 특별한 경험을 가지는데, 이것이 《호구일록》과 《평창일기》라는 텍스트에 각자의 시각으로 기록되어 있다.

수록 散文을 중심으로」, 『국학연구론총』 30, 택민국학연구원, 2022, 189~217쪽 참조.

3 일례로 최남선에 의해 소개되기 이전까지 조선에서 제대로 읽혔는지 의문스러웠던 김시습의 《금오신화》가 18세기 경주 지역 문인 목재 황곡의 「남강만록」에 〈남염부주지〉의 일부가 고스란히 기록된 게 대표적이다. 이에 대해서는 한의숭, 「조선후기 문집에 나타난 《금오신화(金鰲新話)》와 《기재기이(企齋記異)》의 흔적」, 『고소설연구』 50, 한국고소설학회, 2020, 196~201쪽 참조.

4 실기에 대한 최근 논의는 이서희, 「임병양란기 실기의 외국인 형상 연구」, 전남대 대학원 박사학위논문, 2021, 1~179쪽 참조.

이들 텍스트는 먼저 자료적 관점에서 특별한 기록으로 주목된다. 왜냐하면 임란시기 전쟁포로에 대한 기록은 주로 일본으로 피랍되었다가 생환한 것이 다수로, 예를 들어 강항(姜沆, 1567~1618)의 《간양록(看羊錄)》, 노인(魯認, 1566~1622)의 《금계일기(錦溪日記)》, 정경득(鄭慶得, 1569~1630)의 《만사록(萬死錄)》, 정호인(鄭好仁, 1579~?)의 《정유피란기(丁酉避亂記)》, 정희득(鄭希得, 1573~1640)의 《월봉해상록(月峰海上錄)》 등이 대표적이다.[5] 이들 텍스트와 비교했을 때 《호구일록》과 《평창일기》는 국내 포로기록이라는 점에서 일단 차별성을 가진다. 뿐만 아니라 이들 텍스트는 동일한 경험을 기록한 것임에도 불구하고 기록의 양상에 있어서 많은 차이점을 노정하고 있는 게 발견된다.

《호구일록》과 《평창일기》 가운데 《호구일록》은 몇 차례에 걸쳐 논의가 진행된 바 있다. 먼저 권두문의 문집인 《남천집》을 해제하는 과정에서 소개된 바 있고,[6] 임란 실기문학의 서술 특징과 관련하여 편년체 서술 방식의 일례로 지적되거나,[7] 조선 관료의 입장에서 일본군을 바라본 시각을 탐색하는 데 활용된 바 있다.[8] 작품의 해석과 관련해서는 개인과

---

5 이에 대해서는 장경남, 「임진왜란 포로 기억의 서사화와 그 의미」, 『지역과 역사』 31, 부경역사연구소, 2012, 41~62쪽; 정출헌, 「임진왜란과 전쟁포로, 굴절된 기억과 서사적 재구」, 『민족문화』 41, 한국고전번역원, 2013, 5~40쪽; 조현우, 「포로실기에 나타난 전란의 기억과 자기 정당화」, 『민족문학사연구』 54, 민족문학사학회, 2014, 185~214쪽; 전송희, 「포로서사 독법에 대한 소고」, 『동양한문학연구』 48, 동양한문학회, 2017, 223~249쪽 참조.

6 영남대 민족문화연구소 편, 『영남문집해제』, 영남대학교출판부, 1988; 한국국학진흥원 편, 『문집해제』 6, 2005 참조.

7 장경남, 「임란 실기문학의 서술 특징 연구」, 『숭실어문』 13, 숭실어문학회, 1997, 355~373쪽.

8 방기철, 「임진왜란기 조선 관료가 바라본 일본군」, 『군사』 60, 국방부군사편찬연구

사회, 국가 사이에서 충·효·열이 작동되는 양상을 통해 나와 우리, 국가가 새롭게 호명되고, 전쟁이라는 공통의 재난을 통해 유교 이념이 개인, 사회, 국가의 교집합인 가족과 연결되면서 가족 윤리로 전유되어 작동되었던 것으로 이해하거나,[9] 충의 이념이 명시적이자 묵시적으로 구현된 텍스트로 《호구일록》을 분석하는 논의가 제출되었다.[10]

하지만 선행 연구에도 불구하고 《호구일록》과 관련된 논의는 임진왜란 관련 여타 실기와 비교했을 때 여전히 다양한 관점에서 조명이 요청된다. 게다가 본고에서 소개하는 권주의 《평창일기》는 자료의 존재조차 그동안 제대로 알려진 바가 없다.[11] 따라서 아버지인 권두문의 《호구일록》과 아들인 권주의 《평창일기》를 비교하여 동일한 경험임에도 기록에 차이가 나타나는 양상을 중심으로 둘 사이의 거리를 주목할 필요가 있다. 이는 같은 시공간에서 동일한 사건을 경험하였으나 바라보는 시각의 차이가 서술을 통해 드러나는 의미를 조명하려는 것에 해당되며, 본고에서는 이 점을 집중적으로 밝혀보고자 한다.

所, 2006, 77~110쪽.

9 한의숭, 「南川 權斗文의 《虎口日錄》을 통해 본 유교이념의 가족윤리 전유 양상과 의미」, 『영남학』 69, 경북대학교 영남문화연구원, 2019, 153~174쪽.

10 우명길, 「權斗文의 〈虎口日錄〉에 나타난 충 이념의 구현 양상」, 『동양고전연구』 87, 동양고전학회, 2022, 65~100쪽,

11 權䵣, 《春睡堂逸稿》, 「平昌日記」, 한국국학진흥원 소장본.

2. 공통의 경험에 대한 기록의 양상

《호구일록》과 《평창일기》는 실기에 해당되는 텍스트로 일자별로 기록이 되는 형식을 띠고 있다. 이는 기본적으로 사실을 기록하는데 중심을 둔 텍스트임을 의미한다. 하지만 동시에 경험의 기록이라는 점에서 경험에서 비롯된 복잡다단한 감정이 부분적으로 유입될 가능성 또한 내포하고 있다. 특히 두 텍스트는 공통의 경험을 바탕으로 각자가 기록한 것이기에 같으면서 다른 지점이 포착되었을 가능성이 높다. 그렇다면 그러한 지점을 살펴보는 게 중요할 것인데, 먼저 두 텍스트에 기록된 일정을 비교해 보면 아래 표와 같다.

〈표 1〉 《호구일록》과 《평창일기》의 일자별 기록

《호구일록》	《평창일기》	비고
서문	서문	전쟁 대비 상황
	6월 25일	서모를 모시고 내갑산 석련사에 우거
	7월 23일	정동으로 이동하여 혜정 스님의 초막 이거
8월 7일	8월 7일	동촌으로 이동
8월 8일		적병 탐지
8월 9일		내부 동요 단속
8월 10일	8월 10일	피란한 굴의 위치 탄로
8월 11일	8월 11일	왜적과 전투 및 포로로 잡힘
8월 12일	8월 12일	아들 주에 대한 왜장의 회유
8월 13일		아버지 권두문의 자결 시도
8월 14일		아버지 권두문의 자결 시도
8월 15일	8월 15일	권주에 대한 왜장의 회유와 탈출 시도 다짐
8월 16일	8월 16일	다른 지방으로 포로로 이송
8월 17일	8월 17일	서산감역 이사악과 만남

8월 18일	8월 18일	이사악과 신세 한탄 및 요기용 음식 비축
8월 19일	8월 19일	고종길, 고종원 형제와 옥중에서 만남
8월 20일	8월 20일	서책을 베끼는 일에 참여
8월 21일		무녀가 점을 쳐 길조를 알림
8월 22일	8월 22일	석개라는 여성에게 옷을 얻어 입고 사례함
8월 23일	8월 23일	제천으로 가는 길에서 왜병의 무리 관찰
8월 24일	8월 24일	신림으로 가는 길에 말을 빼겨 고난을 당함
8월 25일		젊은이와 늙은이에게 영원 목사의 소재 취조
8월 26일	8월 26일	수직하는 왜병들의 행동 관찰
8월 27일	8월 27일	봉화현감 황시의 노비인 천우를 만남
8월 28일	8월 28일	왜병의 감시가 느슨해진 틈을 타 탈출 모의를 시도
8월 29일	8월 29일	권두문 이하 4명이 밤을 틈타 탈출 시기를 엿봄
9월 1일	9월 1일	장동을 통해 탈출 경로를 사전에 탐지함
9월 2일	9월 2일	큰비를 틈타 탈출에 성공함
9월 3일	9월 3일	산속에 숨어서 왜적을 피하고자 갖은 고생을 다함
9월 4일	9월 4일	산마루를 넘어 피란 도중 몇 사람을 만나 도움을 받음
9월 5일	9월 5일	임원이란 늙은이를 만나 식사와 숙소를 제공받음
9월 6일		주인 늙은이에게 식사와 숙소를 도움받음
9월 7일	9월 7일	밤을 틈타 주인의 배웅 아래 중방리에 도착함
9월 8일	9월 8일	원씨와 안백령에게 후의를 받고 서진을 평창에 보내 탐문함
9월 9일	9월 9일	사오질 고개를 넘어 관노 학지를 영주로 보내 생환을 알림
9월 10일	9월 10일	탈출 이후 왜군 소식을 원주에서 피난 온 사람에게 들음
9월 11일	9월 11일	전쟁 통에서 드러나는 인정의 현실을 확인함
9월 12일	9월 12일	정선에서 가져온 서신을 확인하고 언영이의 영천행을 허락함
9월 13일	9월 13일	고향으로 돌아와 친척과 친우, 모친을 만남

위의 표에서 확인되듯 부자가 경험한 일정은 8월 7일~9월 13일까지의 기록이다. 이는 부자가 포로로 잡혀서 갖은 고생을 하다가 탈출하여 돌아온 기록이 중심을 이룬다. 두 텍스트의 기록은 아버지와 아들의

공통 경험에 기반한 것이기에 기록 일자의 차이가 그다지 크지 않다. 《호구일록》은 36일치의 기록이고 《평창일기》는 31일치의 기록으로 아버지에 비해 아들의 기록이 5일 정도가 빠져있다. 반면 아버지의 기록에는 들어있지 않은 부분인 6월 25일과 7월 23일의 기록이 아들의 기록에는 담겨있다. 그렇다면 드나듦이 있는 기록을 중심으로 세부적 양상을 비교해 보도록 하자.

2.1. 자세한 상황 서술과 경험 중심의 축약 서술

《호구일록》과 《평창일기》는 아버지와 아들이 공통으로 포로 생활을 경험한 기록이 중심을 이룬다. 포로라는 불안한 생존의 경험은 늘 긴장의 연속에 이르기 마련이다. 이는 본인의 목숨이 본인에게 달려있는 게 아니기 때문에 그러하다. 따라서 《호구일록》과 《평창일기》에 기록된 내용은 생존과 생환의 것으로 먼저 주목된다. 일단 살아있었고 살아남았기에 기록으로 남길 수 있었으며 때문에 기록은 사실성이 기저에 깔려 있다. 그러나 사실성에 기반을 둔 텍스트임에도 불구하고 아버지와 아들의 기록은 다른 노선을 노정하고 있는 게 확인된다.

㉮ 임진년 음력 3월에 평창군수에 제수되어 4월에 왜변을 만나니 군민을 거느리고 방비를 설치할 계획을 세웠다. 군의 남쪽 15리쯤 되는 정동 아래에 천길 절벽이 깎은 듯 가파르게 마치 병풍을 두른 것 같이 서 있는데, 아래로 깊은 물에 임하여 10리를 가로지르고 있었다. 절벽의 가운데는 위아래로 두 개의 굴이 있는데 아래 굴은 수백 명을 수용할만했고, 위의 굴은 10여 명을 수용할만했다. 평지에서 올려다보면 일찍이

굴이 그 위에 있는지 알 수가 없었고, 굴에 올라 내려다보면 앞에 서로 마주 보는 봉우리가 없어 형세가 마치 허공에 떠 있는 듯했다. 배를 타고 물길을 통해 1~2리를 따라가니 언덕이 나와, 언덕을 경유하여 동쪽으로 작은 골짜기로 들어가 10여 걸음을 걷어 돌 틈을 붙잡고 비로소 발을 붙이고 오르자 10여 장의 사다리가 있어 이내 오를 수 있게 되었다. 위에는 100여명이 앉을 만한 대가 있으니 바로 외대인데, 외대를 거쳐 서쪽으로 수십 걸음을 돌아가면 언덕이 끝나니, 큰 새끼줄을 묶어 원숭이처럼 당겨서 오르면 바로 굴 안이다. 아래 굴은 곧 피난 온 여러 사람이 들어갈 곳이고, 윗 굴은 곧 관청의 권속이 들어갈 곳이었다. 고을 사람인 전 봉사 지사함으로 대장을 지정하고 100여 사람을 병사로 뽑아 심복을 만들었다. 먼저 방패로 외대에 울타리를 설치해서 군기를 많이 배치하고 석거를 나열해 걸어두어 적을 방어하도록 대비하였다. 외대에서 작은 골짜기를 건너 벽 위를 바라보니 또 작은 누대가 있어 기계를 설치하니 또한 외대와 같이 하였다. 작은 골짜기의 입구 좌우 양쪽 언덕이 서로 마주하는 게 마치 문과 같았고 문 안에 개울이 있어 갈증을 족히 걱정할 게 없었고, 굴 안에 양식이 쌓여 있어 굶주림을 족히 걱정할 게 없었다. 산을 둘러싸는 네 방면으로 인적이 통할 수 없고 오직 석문으로만 출입할 수 있었다. 왜적이 비록 여기에 이르더라도 내가 먼저 배를 숨기고 사다리를 없애버린 뒤 좌우의 대에서 일시에 화살을 쏘고 돌을 던진다면, 진실로 '한 사나이가 관문을 지킴에 만 명이 공격해도 열지 못하는 땅'이라 이를 만하였다. 혜정 스님의 정사가 굴의 남쪽 몇 리쯤에 있는데 초가삼간으로 절벽에 의지하고 못에 임해 있어 관청의 사람들이 4월에 미리 도착해 있었다.[12]

---

12 權斗文, 《虎口日錄》, 8월 7일.

㊃ 임진년 3월에 가군이 평창군을 맡고, 4월에 왜변을 만났다. 군의 남쪽 정동에 위아래로 두 개의 굴이 있으니 절벽이 천 길이나 가파르게 서 있는데, 위는 백여명을 수용할만했다. 가군이 고을 사람인 전 봉사 지사함으로 100여명을 뽑아 외대에 울타리를 설치하고 군기와 양식을 굴 안에 많이 두고 적을 방어할 대비를 하였다.[13]

위의 예문 ㉮와 ㉯는 《호구일록》과 《평창일기》의 서문 격에 해당되는 것으로 8월 7일부터 두 일기는 공통적으로 시작되는데, 임진왜란이 발발한 이후 직접적으로 대적하기 전까지 몇 개월의 준비 상황에 대해 기록하고 있다. 두 부분의 차이는 내용에 있어서 바로 확인이 가능하다. 아버지의 기록인 《호구일록》이 상대적으로 준비 상황의 흐름을 전반적으로 서술하고 있는 반면, 아들의 기록인 《평창일기》는 전쟁의 발발 시기, 피신처, 방어 준비 상황을 간략하게 기술하고 있다. 마치 메모하듯 간명한 기록으로 서술되어 아버지의 기록에 비해 내용이 소략한 양상이 상대적으로 두드러진다. 이러한 양상은 《호구일록》과 《평창일기》 전반에 걸쳐 확연하게 드러나는 현상이기도 하다. 그렇다면 두 텍스트 사이의 층차는 어떠한지 아래 기록을 통해 살펴보도록 하자.

㉰ 8월 초 7일 맑음. 영동의 왜적이 큰 고개를 다 넘었다는 소식을 듣고 무기와 장비를 정돈하라는 명을 내렸다. 형세를 두루 살피기를 마친 다음, 강녀(선생의 부실)에게 말하길 '나는 지역을 지키는 신하가 되어 의리상 떠날 수 없는 까닭에 이렇게 험지에 의지하는 계책을 세운 것으로

---

13 權黚, 《平昌日記》, 8월 7일.

굴 안은 위험하니 너는 동촌으로 가서 깊이 숨는 것이 어떻겠느냐?' 강녀가 말하길 '진사께서 여기 계시니 죽고 사는 사이에 어찌 떨어질 수 있겠습니까? 하물며 동촌 또한 적의 길에서 멀지 않으니 만약 곤란한 바가 있게 되면 어떻게 하겠습니까?' 주(선생의 작은 아들인 진사공으로, 호는 춘수당이다)와 고언영(수령의 시중드는 사람으로 서울 사람이다) 등이 모두 말하길 '험지에 웅거하는 것은 비록 적을 방어하기에 편리하나 적을 제압하는 요체는 형세를 헤아리는 데 있습니다. 지금 삼경을 지키는 데 실패하자 여러 성(城)이 바람에 쓰러지듯 하니 이러한 잔약한 병사들을 돌아봄에 마치 사마귀가 수레를 막는 것 같으니 헛되이 죽는 것은 이로운 게 없습니다. 동촌 또한 고을의 땅에서 가장 험지인 곳이자 또한 영주 고향과 가까워 통문하기에 편리함이 있으니 우선 가서 병사를 숨겨두고 복병을 두거나 야습을 한다면 오히려 영성한 적을 붙잡을 수 있을 것입니다. 일의 형세가 만약 급박해지면 우선 흉포한 칼날을 피해 훗날의 효험을 도모하시는 것이 어찌 의리를 손상시키는 것이겠습니까?' 봉사 지사함과 여러 군관들은 모두 팔뚝을 휘날리며 큰 소리로 말하길 '굴이 이처럼 험하고, 무기의 대비함이 또한 이와 같은데 비록 수많은 적이 있을지라도 어찌 두려울 바가 있겠습니까? 성주께서 이곳을 버리시면 큰 일을 그르치는 것입니다.' 내가 말하길 '내 뜻 또한 그러하다'라고 하였다. 저녁에 선봉의 왜적이 정선에서 고을로 들어오자, 이에 배를 불러 강녀와 주, 고언영과 노비 4~5명을 데리고 굴에 들어갔다. 지사함, 품관 지대성, 우응민, 지대용·대명, 이인서, 이대충과 충주에서 피난 온 사람인 최업, 우윤선 및 관청의 식솔과 마을 사람 수백 명도 아울러 각자 가속을 데리고 같이 들어갔다.[14]

14 權斗文, 《虎口日錄》, 8월 7일.

㉣ 왜의 선봉이 정선에서 군으로 들어오자 이에 가군 및 서모를 모시고 중방의 언영과 사내 노비인 언이, 희수, 천수와 여종인 언진이와 언진이의 남편인 임손 및 가리 손수천 등과 정동의 석굴로 함께 들어갔다.[15]

㉢와 ㉣의 기록은 분량에서부터 기본적으로 차이가 크다. 엄밀히 말하면 아들의 기록은 아버지의 기록 가운데 특정 부분에 한정된 양상이 두드러진다. 하지만 상대적으로 특정 부분만 기술한 것이기에 바로 그 부분에 있어서는 아버지의 기록에 비해 자세하게 기록될 수 있었다. ㉣의 예문은 아들의 기록으로 해당 내용은 아버지의 기록인 ㉢의 예문에서 밑줄 친 부분에 해당된다. 아버지는 노비를 4~5명으로 숫자만 기록한 데 반해, 아들은 이름을 상세히 기록하는 방식으로 처리한 것에서 차이가 발견된다. 이점은 지방관인 아버지의 입장에서 노비의 이름은 그다지 중요한 게 아니지만, 아들은 어머니를 모시는데 중요한 역할을 함께 담당했기 때문에 실제로 그들을 부리고 운용하는 입장에서 이름을 알았던 것이라 할 수 있다. 노비와 같은 하층민의 이름을 고스란히 기록으로 남긴 것은 실기의 특성을 보여주는 것으로, 핵심은 하층민일지라도 그들의 이름을 기록으로 남김으로써 살아있는 인물로 소환하는 실기의 기록성을 아들인 권주의 《평창일기》를 통해 확인할 수 있다는 점이다.[16]

---

15 權黈, 《平昌日記》, 8월 7일.

16 이와 유사한 양상은 조정의 《검간 임진일기》에서도 두드러지게 확인된다. 《검간 임진일기》에 대해서는 조정 원저·신해진 역주, 『검간 임진일기』, 보고사, 2021 참조.

2.2. 정보 제공과 공백의 보완

《호구일록》과 《평창일기》는 위의 표에서 확인되듯이 기록된 일정이 유사하다. 아버지의 기록인 《호구일록》이 세부적인 기록과 양에 있어서 핵심을 이루지만, 아들의 기록인 《평창일기》 또한 독립적 기록으로 주목할 부분이 있다. 대표적인 예로 아버지의 기록에서 누락된 6월 25일과 7월 23일의 내용이 별도로 서술되어 있는 게 그것이다.

> ㉮ 6월 25일. 나는 성근하는 것으로 서모를 모시고 영천 사문천에서 난리를 피해 길을 출발하여 고을의 동촌 덕천에 가서 우거하여 내갑산 석련사에 머물렀다.[17]

> ㉯ 7월 23일. 군의 남쪽 정동에 혜정 스님의 초막으로 옮겨 우거하였다.[18]

㉮와 ㉯의 기록은 아들 권주의 《평창일기》의 것으로 아버지의 기록인 《호구일록》에서 공백에 해당되는 5월에서 8월 7일 이전까지 펼쳐진 상황에 대한 정보를 담고 있다. 즉 《호구일록》의 기록은 8월 7일부터 시작되고 그 앞에 서문 격의 기록이 임진왜란이 발발하던 4월까지의 상황을 서술한 반면 《평창일기》는 《호구일록》의 공백에 해당되는 기간에 아들인 권주가 한 행동을 기록하고 있어, 그 기간 동안 아버지와 아들이 어떤 상황에 처했는지 대조해 볼 수 있다. 특히 아들인 권주는 6월 25일 서모를 모시고 피란하여 내갑산 석련사에 머물렀다는 것,

---

17 權黈, 《平昌日記》, 6월 25일.

18 權黈, 《平昌日記》, 7월 23일.

7월 23일 당시 지역을 방어하는 요충지에 해당되는 정동으로 이동하여 혜정 스님의 초막으로 옮겨 거처했다는 것을 알 수 있다. 이를 통해 아버지인 권두문은 평창군수로 왜적의 공세를 방어하는데 집중하고 있었으며 따라서 서모를 모시는 역할은 자연스레 아들인 권주가 맡았음을 확인할 수 있다.

이와 함께 권주의 《평창일기》에서는 8월 8~9일, 13~14일, 21일, 25일, 9월 6일의 기록이 누락되어 있다. 누락된 내용을 아버지의 기록을 통해 살펴보면 크게 두 가지로 나눠지는 게 확인된다. 먼저 아들인 권주가 곁에서 직접 견문하지 못한 내용의 것이 그것이다. 이는 8월 8~9일과 25일의 기록을 통해 알 수 있는데, 이 가운데 8월 8일의 내용을 살펴보면 다음과 같다.

> 8일. 아침에 비가 내리다 낮에 개었다. 상호장 이응수와 병방 이난수가 고을에 와서 고하길 '왜적이 이미 고을 안에 가득찼습니다.'라고 하였다. 이날 밤에 지사함·대성, 우응민·윤선, 고언영 등을 왜군 진영에 보내어 그들로 하여금 몰래 잠복하여 활을 쏘게 하였으나 겁을 먹고 두려워하며 돌아왔다.[19]

위의 예문을 살펴보면 아버지인 권두문이 지방관으로 왜적에 대비하는 상황을 설명하고 있는 내용임을 알 수 있다. 이때는 권주가 서모 및 노비들과 굴 안에 들어가 대피한 시점이었기에 전시 상황을 맞이한 아버지의 공적 활동에 같이 참여하지 않아서 이날에 대한 기록이 누락

19 權斗文, 《虎口日錄》, 8월 8일.

되었던 것으로 보인다. 이점은 이튿날인 9일의 내용 또한 누락된 것도 같은 연장선상에서 이해할 수 있다.

반면 13~14일의 기록은 아들이 아버지의 곁에 있었음에도 불구하고 내용이 누락되어 있다. 먼저 해당 일자의 아버지 기록을 살펴보기로 하자.

㉳ 13일. 아침밥을 주었으나 먹지 않았다. 왜병이 말하길 '너희들은 어째서 먹지 않는 것이냐?'라고 하여 내가 말하길 '인생이 이 지경에 이르렀는데, 먹는 게 어찌 목구멍으로 넘어가겠는가? 다만 속히 죽기를 기다릴 뿐이다.'라고 하였다. 낮에 왜적의 우두머리가 병사를 거느리고 굴 안을 들어가 본 뒤 돌아와 말하길 '참으로 천혜의 험지다. 네가 만약 굳게 지켰다면 나 또한 어찌할 수 없었을 것이다.'라고 하였다. 적진이 이동할 때 잡혀 들어온 평민은 모두 풀어주었다고 한다. 때문에 출입하는 관리에게 종이와 붓을 얻어 집에 보내는 편지를 써서 언진에게 부치고자 하였으나 적의 무리가 말로 통하는 것을 엄하게 금지하니 어찌하겠나? 내가 언영에게 말하길 '평민은 적이 모두 풀어주었으나 너는 서울 사람으로 외모가 양반과 비슷한 까닭에 나와 함께 갇히게 되었으니 가련하구나.' 라고 하였다. 언영이 말하길 '굴에 있을 때 제가 활을 쏘며 막았으니 왜적의 무리가 나를 필시 미워한 것입니다.'라고 하였다. 관리 손수천·이응수·이순희·이붕과 관노 명천·몽현이 서로 연이어 잡혀 왔는데 나를 향해 가련히 여기고 근심하는 뜻을 보이니 차마 볼 수 없었다. 심신이 어지러워 하루 종일 피곤하고 졸렸다. 저녁에 밥을 주었으나 먹지 않았다. 밤에 3~4번이나 목을 매어 자결하고자 했으나 주가 울면서 힘써 저지하고 언영 또한 달려와 그것을 풀어주니 거의 목숨이 끊어질 듯하다가 다시 살아났다. 마당 안에 민가를 철거하여 횃불을 크게 만들고

울타리 안에 또 기름 등불을 펼쳐놓아 밤새도록 환하게 비추었다. 왜적은 군사들을 여러 명 정해서 서로 자고 깨면서 교체하니 견고하게 수직하는 일을 조금이라도 게을리하지 않았다. 우리들이 간혹 깊이 잠들면 왜병은 반드시 죽었을까 의심하여 흔들어 깨우니 오히려 자진하는 걸 두려워하는 듯했다. 이렇게 잡혀 들어온 이후로 밤마다 그러지 않은 적이 없었다. 수직하는 군사는 반드시 포수를 배정하되 당번을 나누어 날마다 교대하도록 하였다.[20]

㉮ 14일 맑음. 아침에 통역하는 왜인이 지나가자 내가 불러서 말하길, '어째서 나를 죽이지 않는가? 속히 죽기를 원한다.'라고 하였다. 통역하는 왜인이 왜적의 우두머리에게 말하러 들어가더니 곧바로 돌아와 우두머리의 말을 전하길, '살리고 죽이는 것은 내 마음대로 할 수가 없다. 대장이 서울에 있어 지시를 받은 다음에 결정할 것이다.'라고 하였다. 내가 말하길, '이곳은 서울과 거리가 매우 먼데, 그 사이에 어찌 구차하게 살겠는가? 속히 나를 죽여라.'라고 하자 통역하는 왜인은 대답하지 않고 가버렸다. 저녁에 먹을 것을 주었으나 먹지 않았다. 언영이 말하길, '지는 해 바라보니 돌아갈 마음마저 끊어지네. 라고 한 것은 바로 이것을 말한 것입니다.'라고 하자 내가 말하길, '네가 고시를 아니 취할만한 것은, 마땅히 소무의 절개를 지녀야지, 이릉의 마음을 배워서는 안될 것이다.'라고 하였다. 언영이 말하길, '진사의 말씀은 감복하기에 충분합니다.'라고 하였다. 밤에 수직하는 왜군이 잠시 조는 사이에 불빛도 잠시 희미해졌다. 언영이 곧 잠들자 나는 부엌 입구에 기대어 앉아 있다가 몰래 일어나 서서 목에 감은 새끼줄을 들보에 매단 것으로 여러 번 감고

20 權斗文, 《虎口日錄》, 8월 13일.

거듭 묶어 짧게 만들었다. 그런 다음 곧바로 주저앉아 스스로 죽기를 기약하니 주는 알지 못하도록 하였다. 주는 내 목구멍에서 나오는 소리가 평상시와 다른 걸 듣고 곧바로 달려 들어와 새끼를 풀고 또 언영을 발로 차 깨워 그로 하여금 간호하게 하였다. 수직하는 왜병들이 또 무슨 일이 있는지 의심하여 불을 밝혀 살펴보니 모두 아무 일 없는 듯 하였고 간혹 코고는 소리를 거짓으로 내자 왜병들은 돌아가 앉았다. 나는 두 눈이 빠질 듯했고 피가 입에서 나오니 주는 밤새도록 몰래 울면서도 감히 소리를 낼 수 없었다.[21]

위의 예문 ㊄와 ㊅는 8월 13~14일에 기록된 내용으로 공통점은 아버지인 권두문이 포로로 잡힌 상황에서 자결을 시도하였다는 점이다. 밑줄 친 부분이 그것으로 이틀에 걸쳐 여러 번 자결을 시도하자 아들이 그 모습을 목격하고 뜯어말리는 상황이 반복되고 있다. 즉 생사를 다투는 다급한 상황이 발생함으로 인해 아들의 입장에선 아버지를 살리는 것 외에 다른 것은 전혀 생각할 수 없는 상황이었기 때문에 해당 일자의 기록이 아들의 기록에서는 누락된 것으로 이해할 수 있다.

3. 기록과 기억에 담긴 의미

3.1. 기억 주체의 입장에 따른 기록 성향의 분기

《호구일록》과 《평창일기》는 포로라는 공통 경험을 한 부자의 기록

---

21 權斗文, 《虎口日錄》, 8월 14일.

이라는 점에서 특이하다. 무엇보다 전쟁이라는 재난 속에서 포로라는 공통 경험을 한 아버지와 아들이 각자의 시각으로 기록한 텍스트라는 점에서 주목되는데, 문제는 기록의 양상이 사뭇 다른 지점을 드러낸다는 점이다.

먼저 아버지의 기록인 《호구일록》은 서술이 자세하게 되어있다. 우선 개별 일자별 기록마다 날씨 정보를 빠짐없이 기록한 게 눈에 띈다. "初八日, 朝雨午晴[8일, 아침에 비가 내렸다가 오후에 갬]"[22]라는 기록에서 볼 수 있듯이 일기에서 날씨와 관련된 정보는 일상적이고 기본적이다. 하지만 포로라는 특수한 상황에서 기록을 남길만한 시공간적 여유나 도구조차 만만치 않았을 것인데, 날씨를 매일 기록한 것은 기억력도 정확할뿐더러 해당 기록을 대하는 태도가 남달랐음을 보여주는 것으로 이해된다.

이러한 측면에서 권두문의 《호구일록》은 매일 같이 급변하는 상황을 기록으로 남기되, 최대한 상세하게 서술하는데 주안점을 두고 있는 게 확인된다. 여기서 한 걸음 나아가 《호구일록》의 서술 양상을 살펴보면 기록자인 권두문의 의식이 어떤 부분에 주안점을 두고 있는지 짐작해 볼 수 있다.

> ㉶ 대개 고종원은 횡성의 세족으로 새로 영월에 우거하다가 왜변을 듣고 그 아우인 종경과 함께 고을에 통문을 돌리고 의병을 모아 난리에 달려가니 향리에서는 모두 종경을 문무를 겸비한 인재라 여기고 장수로 추천하였다. 향병 수백명을 모아 장차 홍천과 춘천 사이로 가서 험지에 거처하

22 權斗文, 《虎口日錄》.

여 길을 가로막고자 하였다. 도백이 듣고 불러 보고 의기를 장하게 여기고 홍원의 진영이 고단하고 약하기 때문에 그로 하여금 영군 오백명을 데리고 가서 홍원을 돕게 하였다. 이러한 뜻으로 홍원의 진영 군대에 관문을 보냈으나 중도에 뿔뿔이 흩어져 기회를 잃어버리게 되었다. 진영의 대장이 영문에 보고하여 영문에서는 군율을 범한 것으로 본군으로 압송하고 형을 집행하는 관문이 내려졌다. 종경은 처음에 비록 병사를 모아 난리로 달려갔으나 이미 영문의 통제를 받고 진영으로 가다가 군대를 잃고 시기를 놓친 까닭에 이런 관문이 있게 된 것이었다. 때마침 이때 나는 겸관으로 군에 도착하였는데 고을의 크고 작은 백성들이 뜰을 가득 채우고 하소연하여 말하길 '종경은 숭상할만한 의기가 있지 죽을만한 죄는 없습니다. 영군이 오늘 모였다가 다음날 뿔뿔이 흩어진 것은 종경 군대의 군율이 엄하지 않아서가 아니라 군심이 갑자기 사라진 것입니다. 또 재주와 국량이 한 모퉁이를 막을만하니 이처럼 위급한 날을 당해 죄가 하나도 없는 의사를 죽인다면 어찌 억울하고 애석함이 크지 않겠습니까?' 이때 피난 온 사람으로 완산군 이축, 전 부사 윤면, 선전관 신경징, 교관 홍식 등이 앉아 있다가 모두 말하길 '이러한 때에 이 사람이 먼저 창의하였으니 쓸만한 인재임을 알 수 있습니다. 그를 용서하고 스스로 몸 바치게 한다면 국가에 이익이 될 것입니.' 나는 이에 이러한 논의를 알렸으나 공무를 맡은 사령이 길이 막혀 빈손으로 돌아왔다. 나는 수령의 도리로 상사의 영을 오래도록 멈출 수가 없다고 생각하여 부득이하게 형을 집행하였다. 잠시 뒤에 도백이 그가 죄 없음을 깨닫고서 용서하여 돌려보내라는 관문이 다시 도착했다. 내가 비록 놀래며 탄식하였으나 이미 미칠 수가 없었다. 내가 애매하다고 말한 게 이것이다.[23]

23 權斗文,《虎口日錄》, 8월 19일.

㉷ 영월 선비인 고종원·종길 형제가 잡혀 들어왔다. 대개 고군은 횡성의 세족으로 새로 영월에 살면서 왜변을 듣고 아우 종경과 함께 병사를 모아 난리에 달려갔다가 종경은 결국 비명횡사하였고, 지금 또 형제가 사로잡혔으니 가군께서 보시고 눈물을 흘리며 말씀하시길, '공이 어쩌다 이러한 지경에 이르렀소. 공과 내가 만나는 바가 어찌 그 혹독함이 서로 비슷한가.' 이로 인해 더불어 서로 위로하였다. 저녁에 왜복을 입은 자가 와서 오랫동안 보길래 물으니 마을 사람 엄인진의 아들이었다.[24]

위의 예문 ㉶와 ㉷는 8월 19일자 《호구일록》과 《평창일기》의 기록이다. 해당 날짜에 권두문 부자는 고종원·종길 형제가 붙잡혀와 만나게 되었다. 그런데 이들 형제와 권두문은 서로 껄끄러운 관계가 있었다. 즉 권두문이 겸관으로 있을 때 고종원 형제의 아우인 고종경이 의병으로 종군하여 도백에게 흥원을 도우라는 명을 받고 가던 중 중도에 흩어져 기회를 잃고 군율을 어겼다는 이유로 압송되어 치죄를 받게 되었다. 이때 권두문은 종경을 살려 난리에 쓸만한 인재로 삼으라는 말을 주변 사람들에게 들었으나, 수령의 도리로 국가의 명을 오래도록 멈출 수가 없다는 논리로 형을 집행하였는데, 이후 도백이 용서하여 돌려보내라는 공문을 내렸으나 이미 형이 집행된 뒤였다. 결국 고종원 형제의 아우인 고종경은 억울한 죽음을 당하게 되었고, 이를 집행한 인물이 권두문이었기에 고종원 형제와의 구면은 서로 어색한 관계일 수밖에 없었다.

8월 19일자 《호구일록》은 바로 고종원 형제를 만나게 된 권두문이

---

24 權黊, 《平昌日記》, 8월 19일.

과거의 일을 상기하여 기록하되 수령이라는 신하된 입장에서 일을 처리한 것과 관련된 일을 중심으로 기록되어 있다. 이는 난리 중에 만난 사람과 관련된 구연을 기록하되, 서로 비슷한 처지에 놓이게 된 상황에 대한 기록보다는 국란에 대처하는 자세를 중심으로 기록한 것에 방점이 찍혀 있음을 알 수 있다.

특히 이점은 곁에서 지켜본 아들의 기록인 《평창일기》의 것과 대조된다는 점에서 더욱 두드러진다. 위의 예문 ㉶를 통해 알 수 있듯이, 아들의 시점은 아버지인 권두문과 고종원 형제가 만나게 된 상황에서 두 집안 사이에 저간의 사정은 생략되고, 현시점에서 서로 같은 처지에 놓이게 된 상황에 중심을 두고 기록하는데 집중하고 있다. 바로 이 점에서 《호구일록》과 《평창일기》에 기록된 양상은 그 지향이 다른 결을 노정하고 있음을 알 수 있다.

3.2. 기억 주체의 인식에 따른 기록 성향의 차이

권두문의 《호구일록》을 살펴보다 보면 과연 이러한 기록이 포로 생활을 하면서 가능했는지 의구심이 들기도 한다. 이는 《호구일록》이 보여주는 사실성, 정밀함 등으로 인해 야기되는 것이다. 실제로 권두문이 당시 상황 속에서 상세히 기록할 수 있었던 것인지, 아니면 메모 형식으로 기록해 둔 것을 생환하여 고향으로 돌아간 이후 정리했던 것인지 선뜻 결론짓기 어려운 측면이 존재한다. 두 가지 경우를 모두 상정하더라도 《호구일록》의 기록이 매우 자세한 것은 특기할 만한 사실이다. 이 점은 특히 포로 상황에서 탈출하는 과정을 기록한 것에서 뚜렷하게 드러난다.

밤에 이경쯤 되자 큰비가 조짐도 없이 갑자기 퍼붓고 벼락과 격렬한 천둥이 계속해 진동하니, 사방이 어두워져 지척을 분간할 수 없었다. 잠시 뒤에 두 명의 왜병이 한참을 둘러보고 따지는 듯한 말을 한 뒤에 등을 가지고 돌아 내려갔다. 왜병 하나는 창밖에 쌓아놓은 곡식 위에서 잠을 자고, 다른 수직하는 왜병 또한 처마 아래에 나란히 잤다. 등불이 비록 밝았으나 한 번도 올라와 보지 않으니, 이는 반드시 뇌우 때문에 우리들이 도망칠 것이라 의심하지 않은 것이었다. 경진이 말하길 '지금 이 비는 어찌 지난밤에 아드님이 하늘에 빈 것에 감응한 게 아니겠습니까? 지극한 정성이 하늘을 감동시킨다는 게 과연 헛된 말이 아닙니다.'라고 하였다. 우리는 각자 기뻐하면서 조용히 말하길 '오늘 밤 하늘의 뜻을 알겠으니 나가지 않고 무엇을 기다리겠나?'라고 하며 각자 묶은 것을 풀었다. 그러나 세 사람은 도리어 내가 발이 아프고 몸집이 커서 구멍으로 빠져나가 건물 아래로 내려가기가 쉽지 않은 것을 근심하였다. 내가 말하길 '지금 비가 이와 같으니 하늘이 우리를 살려주려고 하는 게 분명하다. 발이 비록 낫지는 않았으나 만약 대문 밖으로 무사히 나갈 수 있다면 무슨 근심이 있겠는가?' 그런 다음 마침내 목에 걸린 새끼줄을 잡고 먼저 나가서 행랑 위에 서니 오랫동안 묶여 있다가 벽 밖으로 탈출하는지라 비록 수많은 기와 위에 서 있더라도 마치 평지를 밟는 듯 하였는데, 의도는 왜적이 혹시라도 그것을 알게 되면 여기서 스스로 떨어져서 생사를 결단하고자 함이었다. 하물며 큰비가 막 쏟아져 내리니 적이 어찌 알겠는가? 이에 벽 모퉁이에 있는 방목에 새끼줄을 매 아래로 드리우고 또 처마 기와 몇 장을 거두어 옮겨 그것으로 바닥으로 내려가는데 편리하게 하였다. 마침내 새끼줄을 잡고 누각 기둥을 더위잡아서 타고 내려갔다. 처마 끝에서 흙덩이가 간혹 떨어지기도 했으나 빗소리에 묻혀 아는 사람이 없었다. 중문 밖으로 달려 나가니 아픈 발이 조금 가벼워지는 듯했다.

동쪽 벽에 몰래 기대어 서서 자세히 살펴보니 숙직하는 자가 없었다. 주가 뒤따라 이르자 무사히 바닥으로 내려온 것을 기뻐하며 대문 밖으로 데리고 나가니 이때 부자 사이의 정은 더욱 말로 표현할 수 없었다. 대문에는 수직하는 왜병이 단지 한 사람만 있었는데 잠이 깊이 들어 알지 못했다. 은행나무 아래로 곧바로 나가 장동이 언문으로 보여준 데로 따라갔다. 경진이 다음 차례에 이르러서 또한 서로 만난 게 다행이었으나 언영은 아직 나오지 못해서 그를 기다리다가 추포될까 두려워 세 사람은 함께 달려 장차 남산에 올라 길을 찾아 달아나려고 했다.[25]

위의 예문은 9월 2일 기록의 일부로 권두문 부자가 왜병의 감시를 피해 탈출한 내용을 서술한 것이다. 때는 큰비가 내려 주변 상황을 살피기에 대단히 불리한 상황이었으나 권두문 부자와 일행은 기회라 여기고 탈출을 감행했다. 그 자세한 이동 정황을 위의 예문에 기록된 단어로 살펴보면 '행랑 위 → 벽 밖 → 기와 위 → 바닥 → 중문 밖 → 대문 → 은행나무 → 남산'로 이어지는데, 이를 통해 탈출 이동 경로를 확인할 수 있다. 문제는 대단히 위급한 상황에서 이동 경로와 방법, 당시 왜군의 수직 상황과 내면 감정의 토로에 이르기까지 서술이 전방위적으로 기록되고 있다는 점이다. 이렇게 기록이 자세한 것은 자칫 기록의 정확성과 신빙성에 대한 의구심을 품게 만든다. 부자가 겪었던 경험은 대단히 위급하면서 특수한 것인데, 세부적 정황을 마치 사진 찍듯이 기억해서 기록한다는 게 오히려 인위적으로 가공되었을 가능성을 불러일으킬 수 있기 때문이다. 때문에 위급한 상황에서 사람이 과연

25 權斗文, 《虎口日錄》, 9월 2일.

자세하게 기억하고 기록하는 게 가능하냐라는 반론이 충분히 제기될 수 있다. 이점은 아들의 기록과 비교했을 때 더 부각되는 지점이기도 한데, 왜냐하면 《평창일기》는 아버지가 상세하게 기록한 내용을 아래와 같이 축약하여 기술하고 있기 때문이다.

> 저물녁에 우레와 비가 크게 내려 지척을 분간할 수 없었다. 수직하는 왜병이 등불을 끄고 문을 닫고서 문루에서 내려가 잠을 잤다. 그날 밤 이경이 안되어 나는 가군을 붙잡고 고언영, 이경진과 함께 벽을 뚫고 도망쳐 나갔다. 경진이 먼저 가고 우리 부자는 곧 언영과 함께 가서 이현에 이르렀는데 적의 추격이 거의 미칠 듯해 마침내 길 아래로 피해 있다가 곧 오르길 산에 모이는 것처럼 하자, 비가 비로소 그쳤고 날이 이미 밝아 왔다.[26]

이처럼 《평창일기》는 《호구일록》과 비교했을 때 탈출한 사실의 기록에 중점을 두고 있는 게 확연히 드러나며, 핵심은 언제, 누구와 어떻게를 중심에 두고 서술하고자 했다는 점이다. 이러한 점을 두루 살펴봤을 때 두 텍스트를 둘러싼 기록의 양상은 다른 지향을 표출하고 있음이 확인된다.

《호구일록》의 서술 양상은 여타 임진왜란 관련 실기류와 비교해 봐도 대단히 자세하고 상세한 특징을 지닌다.[27] 물론 그것이 여타 포로실

---

26 權䵹, 《平昌日記》, 9월 2일.

27 이러한 이유로 인해 〈호구일록〉은 당대에 많은 관심을 받았고, 목재 홍여하가 〈書虎口錄後詩〉, 창석 이준이 〈題承旨公虎口錄詩〉 등으로 〈호구일록〉에 대한 소회를 남기거나, 매암 이숙량이 〈임진왜변일기〉 9월 10일조에 〈호구일록〉에 대해 기록하

기와 같이 정보 제공과 활동상에 대한 기록은 아닐지라도 《호구일록》은 피랍과 탈출로 이어지는 제반 과정을 충분히 반영하여 서술하고 있다. 이 점에서 아버지의 기록인 《호구일록》은 여느 포로 일기에서 드러나는 신원진술서의 성격 또한 일정 부분 엿보이기도 한다.[28]

반면 아들의 기록인 《평창일기》는 상대적으로 서술이 상당히 간소하다. 이점은 아들의 입장에서 당시의 기억을 환기할 때 견문한 실제에 기반하여 언제, 누구와 어떻게 행동하였는지를 중심으로 기록했던 것에서 비롯된 것이라 할 수 있다. 생사를 다투는 위급한 상황의 경험은 오히려 그 특수성으로 인해 인상적인 장면을 중심으로 각인될 소지가 크다. 이점은 공통 경험에 기반한 기록임에도 불구하고 기억의 주체가 당면한 처지와 시각에 따라 기록의 양상은 사뭇 상반되게 드러날 수 있음을 의미한다.

특히 이점은 실기로 통칭되는 기록에 대해서도 세부적인 결을 다르게 이해할 필요가 있음을 제기한다. 다시 말해 《호구일록》과 《평창일기》의 서술 방식을 통해 실기와 일기의 결이 나름 구분될 필요가 있지 않나 생각되는 것이다. 《호구일록》의 서술 방식은 사실의 기록과 나열에 그치지 않는다. 당시의 정황, 대화, 환경 묘사, 감정 서술에 이르기까지 다채롭게 펼쳐져 있다. 반면 《평창일기》는 사실의 기록에 입각한 서술 방식을 고수하고 있는 것으로 보인다. 마치 신문 기사를 보는 듯 인물, 사건, 시공간을 중심으로 서술하여 객관적으로 기록하려는

기도 하였다. 이에 대해서는 한의숭, 전게 논문 및 「매암 이숙량의 문학에 나타난 가족과 공동체의 의미」, 『대구지역 퇴계 학맥의 전개』, 중문, 2023, 36쪽 참고.

28 우경실, 전게 논문, 74쪽.

의식이 도드라지는 게 그것이다. 물론 이러한 서술 방식의 차이는 권두문과 권주 부자의 개별적 글쓰기 취향으로도 읽을 수 있다. 하지만 두 텍스트를 통해 공통 경험을 기록하는 방식의 차이를 살펴보면 이른바 실기, 일기로 혼용되는 기록 문헌의 성격 또한 통칭할 게 아니라 개별적 특징을 부각시켜 선명하게 구분할 수 있는 기준을 마련할 필요가 있는 게 아닌가 생각된다.

4. 맺음말

본고는 임진왜란 때 포로 생활을 같이한 권두문과 권주 부자가 기록한 《호구일록》과 《평창일기》를 중심으로 기록과 기억의 거리를 탐색한 것에 해당된다. 두 텍스트는 공통의 경험을 바탕으로 각자가 기록한 것이기에 같으면서 다른 지점이 포착될 가능성이 높다. 《호구일록》과 《평창일기》의 서술 양상을 살펴보면 자세한 상황 서술과 경험 중심의 축약 서술로 구분해 볼 수 있다. 먼저 《호구일록》은 당시의 정황, 대화, 환경 묘사, 감정 서술에 이르기까지 다채롭게 펼쳐져 전체적인 흐름을 충분히 확인할 수 있도록 서술되고 있다. 반면 《평창일기》는 사실의 기록에 입각한 서술 방식을 고수하고 있는데 마치 신문 기사를 보는 듯 인물, 사건, 시공간을 중심으로 서술하여 객관적으로 기록하려는 의식이 도드라지고 있다. 이러한 서술 양상은 두 텍스트 전반에 걸쳐 확인되며 확연하게 대조를 이룬다.

《호구일록》과 《평창일기》라는 두 텍스트를 통해 기록과 기억에 대한 기록 주체의 의식을 읽을 수 있다. 《호구일록》의 기록 주체인 권두문은 임진왜란이라는 재난 상황에 대한 기록보다는 신하된 입장으로 국란에 대처하는 자세를 기록하는데 중심을 두고 있는 반면, 《평창일기》의 기록 주체인 권주는 자식된 입장에서 포로 상황을 기록하는 데 중심을 두되, 당시의 기억을 환기할 때 견문한 실제에 기반하여 언제, 누구와 어떻게 행동하였는지를 중심으로 기록하려는 의식이 엿보인다.

두 텍스트를 통해 우리는 공통적으로 경험한 것을 기억하는 방식에 차이가 나타나는 양상을 확인할 수 있다. 물론 그 차이는 단순히 기록 주체가 다르다는 점으로 이해될 성질의 것이 아니다. 기록 주체를 둘러싼 다양한 역학이 기억하고 기록하는데 영향을 끼쳤으며, 두 텍스트의 존재는 공통의 시공간을 경험하되, 그것을 바라보는 시각과 이해는 다르게 형성될 수 있음을 보여준 것으로 중요하다. 특히 공통의 경험을 기억하고 기록하는 것에서 상호의존성이 존재의 목소리를 낼 수 있고, 관계의 단단함을 견인하는 중요한 요소로 작동할 수 있다. 그러한 측면에서 시공간은 사건과의 결합을 통해 관계의 특수성을 발견하는 장소로 의미를 가지게 된다. 이 점에서 기억과 기록은 다른 시공간과 연결되는 매개체로 존재 가치를 드러낼 수 있다.

본고는 《호구일록》, 《평창일기》와 같은 유형의 사례를 더 발굴할 필요가 있음을 새롭게 제안하고 있다. 물론 많지는 않을 것으로 예상되나 그렇다고 아예 도외시할 수도 없다. 새로운 자료의 발굴로 인해 우리의 시각은 수정될 것이며, 그것은 곧 고전에 대한 이해의 방향을 전환시키는 계기가 될 것이기 때문이다. 본고는 이에 대한 연구를 향후 과제로 제시하고자 한다.

참고문헌

1. 기본자료
權斗文,《南川集》,「虎口日錄」, 한국국학진흥원 소장본.
權黈,《春睡堂逸稿》,「平昌日記」, 한국국학진흥원 소장본.

2. 참고논저
경북대학교 퇴계연구소 엮음,『대구지역 퇴계 학맥의 전개』, 중문, 2023, 36쪽.
방기철,「임진왜란기 조선 관료가 바라본 일본군」,『군사』 60, 국방부군사편찬연구소, 2006, 77~110쪽.
우명길,「權斗文의 〈虎口日錄〉에 나타난 충 이념의 구현 양상」,『동양고전연구』 87, 동양고전학회, 2022, 65~100쪽.
이서희,「임병양란기 실기의 외국인 형상 연구」, 전남대 대학원 박사학위논문, 2021, 1~179쪽.
영남대 민족문화연구소 편,『영남문집해제』, 영남대학교출판부, 1988.
장경남,「임란 실기문학의 서술 특징 연구」,『숭실어문』 13, 숭실어문학회, 1997, 355~373쪽.
______,「임진왜란 포로 기억의 서사화와 그 의미」,『지역과 역사』 31호, 부경역사연구소, 2012, 41~62쪽.
전송희,「포로서사 독법에 대한 소고」,『동양한문학연구』 48, 동양한문학회, 2017, 223~249쪽.
정출헌,「임진왜란과 전쟁포로, 굴절된 기억과 서사적 재구」,『민족문화』 41, 한국고전번역원, 2013, 5~40쪽.
조정 원저·신해진 역주,『검간 임진일기』, 보고사, 2021.
조현우,「포로실기에 나타난 전란의 기억과 자기 정당화」,『민족문학사연구』 54, 민족문학사학회, 2014, 185~214쪽.
한국국학진흥원 편,『문집해제』 6, 2005.
한의숭,「牧齋 黃斛의 문학 연구-雜著를 중심으로」,『한국학논집』 71, 계명대 한국학연구원, 2018, 121~148쪽.
______,「南川 權斗文의《虎口日錄》을 통해 본 유교이념의 가족윤리 전유 양상과 의미」,『영남학』 69, 경북대학교 영남문화연구원, 2019, 153~174쪽.
______,「조선후기 문집에 나타난《금오신화(金鰲新話)》와《기재기이(企齋記異)》의 흔적」,『고소설연구』 50, 한국고소설학회, 2020, 196~201쪽.
______,「嶺南 南人 散文 연구를 위한 試論적 접근-雜著 수록 散文을 중심으로-」,

『국학연구론총』 30, 택민국학연구원, 2022, 189~217쪽.
한의숭, 「《斗庵集》·《斗庵叟隨錄》·《斗庵題詠》을 통한 斗庵 金若鍊의 산문 연구(1) －傳을 중심으로－」, 『한국한문학연구』 87, 한국한문학회, 2023, 241~274쪽.

[초출 알림]

「공통의 경험에 대한 기록과 기억의 거리－『호구일록(虎口日錄)』과 『평창일기(平昌日記)』를 중심으로－」, 『어문론총』 97, 한국문학언어학회, 2023.

찾아보기

남천 권두문 호구일록

南川 權斗文 虎口日錄

영인 자료

고려대학교 중앙도서관 소장본

여기서부터는 影印本을 인쇄한 부분으로 맨 뒷 페이지부터 보십시오.

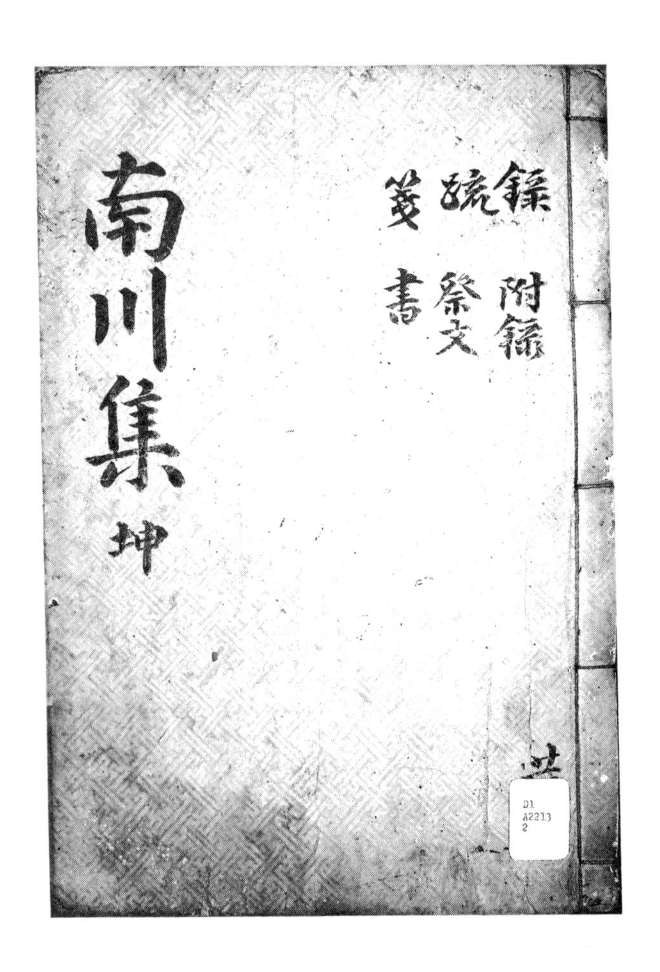
南川集 坤
錄 疏 箋
附錄 祭文 書
D1
A2213
2

南川先生文集卷之二

虎口日錄

萬曆壬辰三月除授平昌四月遭倭變率郡民約爲設險郡南十五里許井洞之下有千仞絶壁削立如屛下臨潑潭攢截十里壁之中央有上下二窟下窟可容數百人上窟可容十餘人自平地而仰觀未嘗知有窟在其上登窟而俯視前無相對之峯勢若憑虛舟通于潭沿洄一二里而得崖由崖而東入小谷十數步而攀石隙始接足以上作十餘丈浮梯乃可攀登上有臺可坐百餘人卽外臺也歷臺而西轉數

十步而崖盡結巨索援引而上方是窟中下窟卽避
亂諸人所入也上窟卽衙眷所入也以郡人前奉事
智士涵定代將抄兵百餘人結爲心腹先以防牌設
柵於外臺多置軍器列懸石車以備禦敵自外臺越
小谷相望壁上又有小臺設器械亦如之小谷口左
右兩崖相對如門門內有澗渴不足憂也窟中峙糧
飢不足憂也環一山四面無人跡可通而惟石門爲
出入焉賊雖到此我先藏舟去梯而左右臺一時發
矢放石則眞所謂一夫當關萬夫莫開之地也惠正
僧舍在窟之南數里許草屋三間依巖臨潭衙屬預

到予西厓偽矣
八月初七日晴聞嶺東之賊盡逾大嶺令整飭器械
巡視形勢畢謂康女(先生小室)曰吾爲守土之臣義不可
去故爲此據險之計處危矣汝盍往東村深藏乎康
女曰進退在此先生之間豈可分離況東村亦不遠
於賊路若有所難則奈何黠(先生小子進士公號春膽堂)及高彥
英(中房京人)皆曰據險雖便於守禦制敵要在乎量勢方
今三京失守列城風靡則顧此殘兵如螳拒轍徒死
無益東村亦郡地最爲險阻且近榮鄉通問有便姑
往藏兵或設伏或夜襲猶可掠捕其零賊矣事勢若

南川先生文集卷之二　二

悪則姑且轉避兇鋒以圖後效何損於義乎智奉事
及諸軍官皆揚臂大言曰窟險如此械備又如此雖
有萬賊何畏之有城主去此則大事去矣吾曰吾意
亦然夕先鋒倭自旋善入郡於是呼舟率康女縣及
高彦英奴婢四五名入窟智士涵品官智大成禹應
縉智大用大明李仁恕李大忠忠州避亂人崔業禹
胤善及官屬村民并數百名率家屬同入
初八日朝雨午晴上戶長李應壽兵房李蘭秀自郡
來告曰賊已滿郡內矣是夜送智士涵大成禹應縉
胤善高彦英於倭陣使之潛伏窺射則畏㤼而還

初九日晴朝潮波伏兵軍執[illegible]賊付倭者一人來問之則曰持倭先文者也卽令斬之倭將豐臣吉成自稱江原監司所經之邑必出先文山谷愚氓靡然從之可痛也吾謂智士涵等曰君等皆衣君食君寧顧其身況今擧家一齎死生將迫盍相與一乃心力僉曰敢不從命吾曰孤軍據險非不知大陣之難敵而敢爲此者只欲避賊保民而已毋或恃險而輕敵但可守我而應彼愼勿妄動智士涵曰惟我關東素稱險阻此賊謂我無人恣行不忌吾輩雖單苟有應援乘機竊擊誠所不難徒愼奈何今得此窟萬賊誰何

城主勿疑民等尚在吾曰君勿妄言尚愼旃哉夜又
送智士涵大成禹胤善崔業智大明官奴黑守等使
之潛射亦大驚空還
初十日晴賊連四晝夜絡繹畢至午藥水井洞等處
亦皆來陣閭閻稀少故或多結幕以處望見之莫不
震懼夕未及藏舟去棟之際忽有二倭尋路直到窟
下良久跱立以手加額左右顧望一倭見林中所藏
盤器以石打破因入水取舟其意欲探窟路智大成
適醉酒彎弓欲射吾止之曰愼勿輕犯待幾半上來
後放石可也大成強發片箭誤中其衣賊初不知人

在窟上毅矣後始知之大驚還走須臾率其徒無慮三十餘隔水林立大聲齊呼人皆失魂智大成曾有畜鷹一坐峙於窟壁上賊望見而呼之曰願得鷹子吾令割繫而放之鷹自洋洋向雲霄矣時日已黑賊皆退去然已置伏兵于山前山後是夜夢以一鞋給族從啓法康女亦夢以索結其腰曳入於倭將前云吾曰兩夢皆不好待天而已窟中軍數雖小皆是精勇而昇平之餘人不習戰見賊先㥘蒼黃畏縮坐失機謀舟既見奪梯未及去勢將危矣奈何乎天越臺分守之軍亦震㥘趍還外臺覸其事勢無復可恃

十一日晴未明倭將作陣于越邊平原羣倭遍滿于山上山下賊鋒已入小谷而登越臺矣上山巓者放大石雜以沙土登越臺者放丸如雨呼聲齊發天地晦冥川岳震動我軍遮截外臺且戰且非攀登之賊中矢觸石而倒者亦不知其幾智士涵禹應緡李仁恕智大忠皆中丸先倒高彥英所射之弓亦中丸而折更執他弓丸又中之僅以身免餘軍無統惶㤼走入于窟賊徒已登外臺矣先鋒十餘攀緣棧途先入下窟窟中男女束手而就擒賊當上窟之口拔劒促余出吾亦持長鎗示勇而叱之曰以此擔汝汝當退

去寧死於此吾不可下窟高於棧三丈餘有上下浮
梯賊欲上之吾令彥英彎弓欲發賊皆顚倒却走崖
棧之外良久且前且說偃寢然漸近彥英彎弓賊又
却走如是八九通窟之棧甚狹人不並行窟口僅容
一二倭而餘倭皆在崖外未見處彥英雖一夫若當
窟口發矢則猶可箇箇射倒而怯怱不敢可憎可憎
蚌鷸相持日已午矣上下窟人皆爲所擄餘存者惟
我與康女黙彥英奴彥伊而已彥伊仰見窟壁上最
高處有野鴿巢穴攀登還墜者再三可見生道之窮
也勢已惡矣欲爲自決黙呼泣而扶之曰姑且觀勢

吾責彦英曰何不發矢先倒數賊則餘皆自北矣彦
英曰當觀勢射之賊亦畏其地勢險隘且知有備不
得輕犯率被擄人學倭語者來通語曰上官若不出
吾且屠之出則可保不死謂余不信有大盟焉且曰
長驅八道無敢當我者有何所恃而乃敢抗耶吾答
曰出亦何爲寧爲自決不當爲汝虜所殺彦英顧余
答問之際一倭挺身突入執彦英衣而牽之彦英不
得已被曳而下吾以兩手持鎗而立欲向先入者刺
之轉頭之間賊已飛上揮劒擊我康女即趍覆吾背
曰願殺妾而存夫賊亦時泣覆之適窟內陜窄劒頭

觸壁而刃不犯身揮霍之際只傷吾臂血流如水賊
先縛我而下又執康女康女知將辱及其身溫辭平
色而出窩賊欲扶下卽曰夫在前妾焉往未及棧道
遂勇身自墜於千仞之壁羣倭亦爲之却立歎惜良
久下視黙則先我縛出奴婢輩不知所在旣下江邊
將上船見康女之屍落在巖下目偶及之不忍更視
倭將立於巖上江邊盡是青色劒戟旌旗羅列如林
至井洞智大成家前路賊問我曰汝是上官乎吾曰
我非上官乃品官也羣倭爭相問一以品官答之給
食一沙楪却而不食黙亦不食見黙所着衣襟大有

血痕問之則黙亦不省周視一身而無傷處厲喉唾
涎則乃純血也必是被執時五內驚傷而吐出者可
憐也一倭率黙入其將倭前俄而還出所問雖多語
音不同不能答一辭云有少年倭眼者來通言語問
之則自稱中樞府下人而其名則不言疑必京中兩
班也一賊騎馬先行盛陳威儀趍從如雲騎我於卜
鞍馬繫項索于鞍後又以北結索纏之腰脚過弱不
諸倭之屯於路傍者爭與聚觀皆問上官乎吾以品
官答之黙與彦英結縛步行被擄諸人亦皆隨後彦
伊林孫及智大成則中路逃躲至郡內旌旗蔽野如

入異地馮郡門外倭軍解余纏縛扶持下馬牽入于東上房賊魁二人當牕對坐有錦衣好面者三十餘倭侍立左右又倭人之學我國語者張目大聲督促跪余于庭吾不跪而平坐倭持鐵鎖着吾項項大鎖陜不能着之移着於彥英之項所謂鐵鎖者以鐵條長可數尺餘者二枝交頭而合釘之左右皆彎屈而圓之僅可容項以其兩端相合而爲一柄又以竹筒數尺貫其柄而結之於筒端使不得自手解之者也吾與黙則以熟麻索合繫項與兩肩而貫其索端於衣背之外各立柱木而懸之相次而坐賊魁使通

南川先生文集卷之二　二

事倭問吾曰汝是上官乎答曰品官也羣倭相與笑
曰先擄之人皆謂汝爲此邑上官而汝欲諱之耶指
黙曰誰答曰吾兒問彦英曰誰彦英曰我是京商人
以興販事來此云云又問黙曰汝解文字乎黙撓頭
曰未也諸倭手持目屬久之又問吾曰我軍入汝國
境遍踏八方無一抗我者汝國今爲我國故日本天
王以我爲江原監司一道之人爭趍恐後汝獨何人
敢據巖險而拒我耶汝其不量力也擒汝之時我軍
之上死傷亦多汝首非汝首也吾曰汝無多言速殺我
也我國之爲蹂躪者天也守土之效死不去者義也

今爲汝擄致辱君命不死何爲彦英在旁而垂淚曰
聞其言勢吾等之命已矣吾正色叱彦英曰主辱臣
當死義命何惜汝勿悲也賊曰窟中墜死者何人黙
泣且言曰我之庶母也倭將相與歎美而言曰自渡
海以來惟一汝母而已聞賊積薪於屍上而焚之蓋
倭俗以火葬爲禮此必取其死節而葬之以禮也賊
魁知我等終不屈而猶未之加怒且不卽殺其意未
可知也必將以獻俘於其大將也歟夕給食不食庭
中先已撤入閭閻之材設柵如井間數十餘房被擄
男女縛囚其內守直之倭更加堅縛使不得伸屈兩

臂與項痛不可忍呼泣之聲徹夜不絶
十二日晴朝給食不食東上房竈舍空間設柵移囚
吾等三人地坐冷甚適逢虎皮破方席在階上黙請於
直倭取以坐我右臂劒傷處血流滿袖袖重難擧一
倭鼻酸而憐之援劒割袖縫血瀉如倒瓶水午通事
倭招黙入賊魁前問曰汝名爲誰黙詒應曰吾名漢
臣也又問汝知文字否答以不知倭將誘之曰汝是
上官之子容貌且英邁豈未之學乎汝若識字則我
不殺汝將錦衣衣之珍食食之佩汝好刀劒騎汝美
鞍馬給以徒從待之尊重若歸日本則當作美官可

享富貴不亦樂乎黙曰父子人倫之至今到死地勢
不俱全倘活我父放而送之則我雖在此可以安心
不然安有父死而子獨生之理乎倭將曰汝父之至
今免一死者專爲汝也當赦汝父子並歸日本以悅汝
心黙曰我父有老親臨年而終鮮兄弟奉養無人不
可遠離身且有病幾至死域欲悅我心莫若放父勿
爲他疑倭曰然則汝父之老親通書招致共往日本
尤好黙亦無以爲答但碎頭呼泣倭將撫而慰之曰
汝且勿啼當如汝言賊給紙筆令書字黙寫數行曰
我父素多疾病又此傷毀雖不加刃必致自殞願速

南川先生文集卷之二

放父而畱子也賊又慰而答之曰京城有大將當以
汝意禀之汝其勿疑賊見黙書後頗有喜色雖不解
縛而似有眷愛之意婢彥眞被髮與智奉事智大成
禹應縉等家屬及官婢數人同在庭中設柵之內時
時望余而泣余亦淚下不禁心思煩亂因昏塞顚卧
終日不起夕給食不食夜夜女人呼泣之聲出於柵
中處處必是倭徒侵之也
十三日朝給食不食倭曰汝等何不食乎吾曰人生
到此食何下咽只待速殞而已午倭魁率徒衆往見
窟中還曰眞天險也汝若固守我亦無如之何云云

賊陣移去之時擄入常人例皆放送云故因出入官
吏得紙筆欲修家書以付彥眞而賊徒嚴禁其通接
言語奈何奈何吾謂彥英曰常人則賊皆放送而汝
以京人貌類兩班故同我被拘可憐彥英曰在窟時
小人執弓以禦倭徒之憎我必矣官吏孫壽千李應
壽李順希李鵬官奴命千夢賢相繼擄入而其向吾
憐悶之意不堪見矣心神奄亂終日困睡夕給食不
食夜三四結項欲自決而黙泣而力止彥英亦趨而
解之幾絶復甦庭中撤民舍而大設燎火柵內又張
油燈達宵洞照多定軍徒相遆眠覺守直之固一刻

不意吾等若或睡熟則倭必疑其死而撓覺之猶恐
其自盡也此則擄入之後無夜不然守直之軍必以
炮手分番日遞
十四日晴朝通事倭過去吾呼而言曰何不殺我願
速死通事倭入言于賊魁卽以賊魁之言還報曰生
殺吾不可自擅天將在京城取旨後當決之吾曰此
去京城甚遠其間何可苟生須速殺我通事倭不答
而去夕給食不食彥英曰落日歸心絶正謂此也吾
曰汝知古詩可取當持蘇武節莫學李陵心彥英曰
進賜之言足以感服夜直倭暫睡火光暫微彥英就

眠吾坐依竈口潛起而立以項繩之懸梁者累屈而重結之令繩促短旋即頹坐期於自盡而使黠不知黠聞吾咽喉聲殊常即趍入緩其繩又蹴起彦英使之看護直倭等亦疑有何事明火視之則皆黙黙無所爲或佯出鼾鼻聲倭等退而坐吾兩眦如拔血自口出黠達曙潛泣不敢出聲

十五日雨朝給食不食通事倭呼入旋善官吏言曰汝去速捧還上以待十月行次重來云云又呼本郡吏使速率村民以來衙吏官屬亦皆專數率來云而曾入五六人外更無來現者午吾淚下如泉彦英曰

愼勿出涕賊輩最忌出涕吾曰男兒死則死耳不能
爲不義屈況上念　聖主播遷中念老父奔竄下哀
此身命薄涕豈無從而出乎仍撫兒曰汝年少未冠
稍知向學將來有望而今乃至此已矣何言兒曰通
塞有命死生在天何必爲子傷懷但願天地日月山
川鬼神相助使父得脫虎口則子之一身雖死賊刃
何憾遂相與泣下有我國兩班子削髮弁服着年可
十七八來見吾等曰可憐可憐吾曰倭等何時殺吾
云耶答曰明日大陣當移移時必斬然彼年少童子
則賊將愛之重之免死無疑父子永別只隔一宵云

云吾曰速死則可幸黙鳴咽血涕曰寧死一劒獨活何爲彦英曰命矣夫吾生父母兄弟妻屬不可得以復見矣答問良久倭徒生疑大聲訶禁不暇問名通事倭引黙往西上房副將源介緣之前問曰以汝屬副將前自今昵陪左右汝可宿於此遊於此毋有貳心黙慮其將殺父存子必如前所聞者故卽應之曰老父病重不可暫離況兵家以孝悌爲先寧有殺人之父而欲得其子之心者乎若不放送我父則我當俱死而已倭將與其徒相顧多話而未解其言久之曰姑從汝言歸汝父所時時來此可也夕聞先鋒倭

昨已分向寧越酒泉而知明曉大軍將出吾等以為
臨發必殺於是不能不動心孫壽千過庭招之則畏
倭不來竢間乃至吾問曰今夜欲逸出非不知伏兵
星羅必為所獲獲則見殺無疑而惟願速死故欲出
壽千曰出則登山誰能獲之黙曰果無事出去汝之
德也彥英懼吾獨出則吾及其身似有難色此則事
勢然也非彥英不欲我得生也直倭亦相遞警察未
果決意皆羣倭爭出摸鎗各自理行此時心神漠漠
不可勝言

十六日晴曉給食不食守倭等先引黙出去後持項

鎖者來將着吾項吾以項大鎖陜大聲拒之其倭卽
俱告于將倭還以索繫之引吾及彦英出大門則縣
已上馬矣亦使吾二人騎馬吾手持破方席加于鞍
上賊禁令稟之强而後許馬卽兒馬體小喜驚騰
善鬪五里十里之内幾落者不一再直倭二人隨之
又有一倭面縛且黑着紙甲於亦身騎善步肥馬先
之領吾等而行馬上高聲言笑不絶眞如誦經然前
後衆倭皆絶倒大笑時時顧瞻吾等驅迫促行馬鈍
不前訶策不歇殆不勝其苦矣過弱水石路嶢巖所
騎兒馬顚躓而落且起且倒右足未脫鐙子壓入馬

腹下見觸於路中石齒如犬牙處拇指違折痛極失
聲而纏縛在身不自周便直倭趍扶蹴馬以起之馬
纔起立又有他馬爭路而踶正中吾所傷之足氣絶
不省良久復蘇他馬即領去倭之所騎也主既凶惡
馬亦暴戾其狀如虎甚可畏也望見井洞之窟適與
落馬處相近只隔一水想康女之尸落在巖下此時
傷心江水應知點所騎之馬偶追及喜得相見具言
落傷之由點雖欲下馬見之得乎從倭策馬疾驅或
先或後使不得相語點驚惆痛泣而過領去倭躍馬
加鞭呼直倭二人瞪目怒叱之於是馬與倭長走馳

突此則故令吾等困苦之也傷足或觸於路傍之石或曳於草樹之上痛苦之極不知有此身也血且滿袖衣不勝體命之不絶僅如縷耳賊行彌漫馬疾如飛奴希守削髮爲倭形騎馬立路傍目適及之各自呼泣而過仍復不見至古德峴道陜而傍且阻隘人馬駢闐喧嘩勇躍之狀駭不可視矣踰峴峴底路邊有一倭先至鑿地燃火俣湯具而臥此賊倭晝點處也過延平驛距寧越不遠行軍益促吾渴甚求飲而不可得至　魯山廟前領倭暫駐馬使之下飲而渗水甚濁不可掬也從倭卽扶上馬行過廟門式於鞍

上淚下不禁矣直倭引吾與彥英止于倉前日已午
矣然則不知所在俄而將倭等皆至夕直倭饋吾二
人以飯累日飢餓之餘又困於驅馳腹虛氣乏試抄
一二箸而入口則一箸之食石不下二三介而糠則
倍之浸水畧吃而止每食四五合許甘醬半沙楪菁
莖一梱箸則隨所見折木給之水或湯或冷此則總
言前後也觀其徒衆所食亦然賊魁朝夕之供則極
潔而簡一倭先以小盤盛一紅漆器如鍾子大者排
於倭魁及左右侍坐者之前又一倭以木器之如斗
樣而稍長者盛白飯盖以油紙奉置於坐側必倭一

人持出將前曾排之空木器以大木匙分盛小許以
進之倭嵬先飯訖以木匙次進羹如是次進沉菁亦
如是次進海魚數片之蒸熟者亦如是吃盡復進如
前凡飯與饌之進惟取其簡不拘其數或二三度或
四五度隨其量之大小最後進湯水而撤當午則或
進西瓜數片或進桃栗數箇而已而止酒與肉饌則
未之見也有一擄人見路傍牛斃割持塊肉其詐將
欲炙食賊徒見之嗕鄙而怒叱以杖打其背使之速
速投去必是倭俗不喜喫牛也昏因吾三人于鳳棲
樓下防牌木柵已先設之本郡之人亦多擄入夜欲

爲遷出計仍遺矢防牌外而周視北墻則伏兵重匝
帳望而已
十七日晴午後擄入之人紛不知其幾許而其中有
北結而來者賊以其容貌俊秀且擄於永春地故誤
認爲永春縣監而並囚之見吾等垂淚言曰我是四
山監役李士岳也吾亦曾聞其名而今始見之相對
良久各淚下未暇問及他言仍氣困而卧傷足甚痛
令鮏取火熨之是日朝夕皆無所食鮏得菁根於擄
入之人咀嚼數本喉腸稍沃
十八日晴朝李監役問吾字吾曰入此死地問字何

[illegible][illegible]不與言之且曰君吾皆是食祿之臣不能自死
延此數日之命不敢仰視天日監役曰賊徒之不卽
殺之者一則以我等爲奇貨將徼大功於渠國也一
則以貴胤爲重寶姑不加刃於尊丈也苟活雖非義
徒死亦無益盍觀事勢以求死所乎況蘊武文山豈
不識忠臣義士而亦不免矣力之所窮勢固然也仍
與握手而泣有老嫗持菁根來饋吾等飢餓中得而
嚙之因各飲水足以忘飢嫗乃忠州北村人也名曰
德非云郡吏嚴守一亦以黃太數升來饋此則守一
爲倭所使出入於官廳時所取來者也黠以軍器鐵

頭具魚之於坐邊分啗之且曰吾等苟活到此天或
使我遄脫則盍各藏數掬以備療飢乎仍借布端於
擄入人又請德非造四小帒四人各持之太與菁根
或桃栗得輒分儲之平昌吏四五人亦來服役於賊
中吾到此視之雖憤奈何
十九日晴午寧越士人高宗遠宗吉兄弟擄入先至
吾前拭淚而言曰公何以至此答曰平生多積惡數
年以來連喪骨肉今又父子同入虎口老父時年七
十一方在奔竄中亦無如之何矣惟願速死而賊輩
當初以老妾冒刃覆我之致不卽殺我厥後賊亦誘

恍男黙之心姑緩其殺今日雖存明日何知高君曰
此則命也中郎文山亦所不免豈盡積惡而然哉公
之所遭與吾畧同吾亦有八十老父方竄山谷弟宗
慶始倡義旅竟死非命妻爲我圖生捐軀石窟兄弟
被執公我所遭何其酷相似也吾曰語到令季我心
慽慽當時行刑實是曖昧吾嘗食息不忘至今思惟
亦似我之過也高君乃掩抑曰吾弟之死雖極曖昧
本邑救解之牒路梗未達營門還赦之關後於行刑
則亦命也公何與焉盖高宗遠橫城世族新寓寧越
聞倭變與其弟宗慶通告鄉中募兵赴難一鄉咸以

爲宗慶有文武才推以爲長募鄕兵數百將往洪春
之間據險遮截道伯聞而召見義而壯之以興原陣
之單弱故使之押營軍五百往助興原而以此意發
關原陣營軍中途潰散自致失期陣將報營營門以
犯軍律推送本郡有行刑之關宗慶初雖募兵赴難
旣受營門之節制而赴陣亾軍失期故有是關也適
於此時吾以兼官到郡一邑大小人民滿庭呼訴曰
宗慶有可尚之義無可殺之罪營軍則今日交附明
日潰散非宗慶師律之不嚴軍心之遽失也且其才
器可防一隅當此危急之日殺一無罪義士豈非可

寃可惜之大者乎伊時避亂人完山君李軸前府使尹勉宣傳官申景澄教官洪湜在座皆曰此時此人能先倡義可知其可用之才也赦之自效國家之利也吾乃以此論報而公事使路梗空返吾念守令之道不可久稽上使之令不得已行刑俄而道伯悟其無罪還赦之關又到吾雖愕然嗟惜已無及矣吾所云曖昧者此也高君見吾男黙在側扶護誠意懇至歎曰忠孝之家一氣相傳天必佑之倭亦不能害也吾曰兄亦不忘世受之 恩以匹夫倡大義令季中途抱寃兄及弟矣今又至此天若保吾父子亦必保

兄之昆弟矣酬酢之際不覺夜深高君喟然嘆曰念
我從王考翼莊公爲三道體察使威聲遠振於殊俗
倭寇自戢故 敎旨若曰惟卿學識通徹智勇邁人
今其子孫反爲倭奴之所擄人家之汙隆寧不寒心
哉仍垂涕於悒吾亦感憤交中不知何辭可慰也
二十日晴平昌於是寺僧亦擄入負卜而來將放還
告歸覓紙筆於嚴守一欲修家書則不知所云良久
後心思暫定僅成點兒先生長子進士公號休溪處一書書時臂
血滴染滿紙家屬見之應倍傷心仍悲痛欲絶老親
則天地罔極病妻則情懷漠漠皆不成一字書擲筆

而仆縣在傍掩泣扶救賴以復起倭將倭軍皆不識
文惟將魁前近侍倭一二人畧知寫字而亦不解蒙
然必尊而貴之如有答問事或書示而不成字體文
理亦不通餘卒有同聾瞽故雖求覓紙筆而修書或
寫日記倭徒規而笑之不復有疑也縣叩頭濺血於
堦石曰老父久繫病日益甚命在今明乞速放還言
淚俱發倭魁慜呼其徒趍救扶起溫辭慰之且令暫
緩結縛之索通事倭持本郡所上土產貢物案上樓
上令嚴守一賸寫空册守一拙寫字畫若或不正則
輒以笞杖猛打其背守一呼泣且書不勝其苦守一

曰何不持往本冊而必以謄寫耶倭曰本冊當留上
本郡將以新寫者持往行次吳守一苦於盡寫哀乞
於倭曰舊案中如被襟子石耳等不關之微物則減
除不必書之如何強而後許還上冊亦令寫之通事
倭自言本以對馬島人平時講和時往來我國云粗
解我國語而未分明十語只知二三矣賊魁令解文
之倭書我　聖上諱字以示縣曰此何人名耶縣不
答倭更問曰果不知乎縣曰子諱父名臣諱君名有
何所答倭曰汝王棄國遠走耶曰國運不幸去邠之
行勢所難免又書金誠一名曰此亦知之乎曰是我

父友也曰今作何官曰頃奉 王命出使日本今受專征之任方在嶺南耳又問李德馨何在答曰屢有書報云扈從 大駕矣倭曰金李果汝國之賢相也汝國如金李者有幾人耶曰汝之所知者惟此二人其他將相之賢者不可勝數賊魁頷頭而已賊魁又曰汝國請兵於中國欲殺我輩中朝之兵雖衆吾何畏哉答曰 中朝之於我邦猶父母之於子也其疾之憂固其所也 天子今將動天下之兵直擣扶桑云云羣倭相與大笑一倭褰裳叩肫曰不足畏不足畏

二十一日晴有巫女亦擄入同郡擄人皆卜死生景
鎭(李士岳字)方臥防牌上悲泣不歇聞推命之聲忽起坐
遂招巫問以吾四人吉凶巫思索而言曰皆吉且散
米於盤上以手拈示曰無墓門𪏭問之又同吾最後
問之答曰亦吉吾另言曰四人無不吉者入此虎口
雖脫一二人亦幸之萬一而謂四人皆吉巫果信乎
巫曰謂余不信請以五六日後爲證等相笑而止
二十二日晴景鎭着獤皮耳掩及紫紬長衣恐賊徒
知爲兩班則必殺之故換着常者之狗皮耳掩又以
紫長衣請換木綿長衣於德非德非曰何必換爲吾

葦則賊必放送而兩班則不放日氣漸寒願加着景
鎭稱謝不已其衣則懸鶉百結襤莫甚焉而其意則
珍重吾亦赤脫而身上只有破紬中赤木綿縷緋中
赤外更無他物呼平昌吏葦言曰汝輩中能有解裙
救我者耶我家聞之寧無報乎吏輩莫有應者傍有
一女聞而憐之曰孰謂進賜求裙於下吏乎我袱中
有家夫破襦裙而陋如之何黙樂聞而借之即解袱
出給曾無各色吾曰但得單裙掩此赤身足矣襦裙
則過望女曰亦有布裙而甚破不敢入也吾曰破亦
何辭襦裙則實所未安女遂出布裙而並與之吾欲

取單而辭襦景鎭曰當此寒凉何其不思耶黙與彦
英亦憫其不受於是百謝而受之又給足巾甚大且
厚眞宜病足之着此意何以當之問其名則曰石介
其夫曰彦福彦福適爲賊所使出外未還皆是靈光
人而數年前行乞來此云於是着單裙又着襦裙又
着足巾斂衣束帶氣似安固仍謂景鎭曰君旣得衣
吾亦得此天幸天幸且此女於吾前所不知非有他
日之望而不問於其夫舉而與之非人人所能爲無
乃吾有可生之望耶仍呼平昌上户長李應壽得紙
筆具書其由使傳于家庶得認此不忘之恩仍與黙

執手相泣夕聞明日賊徒將發而或云指酒泉或云
指提川使吾等不能的知叟呼平昌吏曰吾在此未
死其至原州見殺無疑汝等遠送吾箇于家則吾子
吾奴必尋拾我骸骨矣語塞不成說只言此箇勿留
滯且曰節婦身體棄在汝地今必狗鳥食之汝等若
掘土掩之以待吾家取去則他日汝郡亦有光矣吏
輩曰敢不如命又謂吏等曰當初被擄時吾處印信
兵符之見失投納窟壁小孔以他石塞之汝往見之
必在矣吏曰若或得之其幸如何
二十三日晴子夜後饋飯何可入口卽引吾等而出

騎馬于大門外始知閭閻諸陣已先發去所見稀疎
矣行至壯川前去之賊停聚水邊以待吾等攀執吾
等馬轡而有所語吾等皆未解其語不知所答疑必
於此殺吾等而投諸水矣一倭以手畫地或指南或
指西吾謂必問堤川酒泉岐路也而吾等皆不知路
擧手偶指於西羣倭遂渡水踰可大洞到峴上見峴
之內外賊行彌漫不可測數萬無脫身之計馬上求
墜倒必死處則地無極險身且纒鞍奈何所經岐路
輒斬棘以防掛紙爲標此必先行者示所向於後行
也至一息許見一倭俱湯具獨臥於路邊此亦倭將

晝點處也路傍村舍有建旗而方焚蕩者或不焚而
只取財物者且有馱女而行者然女則不多見矣午
後至堤川守倭使吾與景鎭下馬于善政碑前碑凡
三其一則金弘敏之碑也見之心懷益惡倭魁既入
後引吾二人於舊衙饋夕食皆不食皆引入於東上
房北空廊設檮囚之縣與彦英追會一處賊徒有明
曉早發之計彦英問通事倭曰何不留此答曰此邑
乃他道非所管故過去云云每於行軍時必先以炮
手爲先鋒而步行之厥數未滿百餘次以鎗劍之軍
亦不衆多持弓矢者絶無而僅有乃長木弓也旗則

南川先生文集卷之二　二十三

衣甲著負持之甲背有孔孔中揷旗竿繫繩於竿杪
而手捧之馬軍亦皆著甲冑假面大小二劒則擧一
軍無不佩也輜重負載或先或後半是我國人之爲
倭形者喧囂笑語多我國聲音軍人千飯各裹諸布
囊而佩之又大張旗幟威儀有若將帥行次者然此
則虛設也倭魁則單騎微服間於行伍
二十四日晴雞初鳴給食不食倭引吾等騎馬大門
外行至新林賊魁之行將至守倭引避吾等馬宇田
中賊魁過後隨之後有一將追至乃井洞執我之酋
也又錦服而隨後者乃井洞所見中樞府下人云者

也過新林改騎余他馬倭奪其吾所跨坐方席於路中厭其馬背重也景鎭之從倭奪騎其所乘馬繫景鎭項索於其馬後又從而北結之景鎭且行且仆如或徐步則他倭以杖打其背其爲苦痛之狀不可忍見吾從倭亦欲奪騎吾以傷足示之僅以得免至可利峴防備處倭軍若干人下馬盡燒其刈幕及設柵又有人頭十餘列置于石上屍則倒路傍乃助防將曺大坤防守之處而昨日先鋒倭等所斬我軍之頭也午後入州中從倭等引吾等于渠寓家炊飯分饋飢餓之中不能辭又饋未漉酒一中鉢二人皆稱不

飮而却之乃主家秋夕釀餘也昏後入囚于東上房
文書樓上庫彦英已先囚矣庫凡四間多積各官帳
籍冊只虛中一間僅容吾四人各繫項索于樑上東
有兩隻板牕不許任意開閉閉則白晝如夜初置高
足長床於牕外以爲上下之梯而旣囚後撤之雖欲
如厠不易聽焉古人三年不下樓正吾今日事也
二十五日晴朝通事倭來問曰此州牧使何在吾曰
等非此州人何知之其倭便生不豫色而去憑虛樓
下以防牌圍之擄入男女終日相繼其中抽出二人
則一老一少先問少者曰牧使何在答以不知一倭

持長鎗一倭揆長劍左右交脅曰汝不直言卽刺汝
又以劍引其頸少者半死告之曰令監在靈原城問
倉穀何在曰盡輸靈原衙吏何在曰隨令監矣州內
品官及京中避亂人亦多入云次問老者所答亦同
卽出少者之母老者之妻而囚之書給牌子懸送靈
原援牧使存否又招率吏屬以來賊魁二人所在東
上房等處各以防牌圍之又重設帳屛以防其外邊
也庭中設柵先以藁索正其方面又量地而立木木
之相距纔尺此皆民家椽木倭徒五十餘人自外収
入瞬息成之極其精堅虛其前面數步以通出入而

南川先生文集卷之三　二二五

全圍大庭折取憑虛朱欄設栫於柵內峙鷹連五坐
其下築石階作路而魁倭尋常往來摩撫副賊所在
亦如之倭性愛鷹每出獵或以長繩繫足而放之盖
恐其見失也
二十六日晴朝庭中磚石一邊盡撥移築于列柵下
三面如短墻焉大小旗旌皆建于柵池邊亦設短欄
列植長白旗二十餘夜則捲入日出還建鳥銃長鎗
夜皆收入東上房椽下作架滿插朝必分授散出之
大小二劒則出入坐臥動輒各佩每夜庭墻內通望
處搆結高木如樓之數倭登守與諸外伏兵相應撒焉

吁終夜不止此則所經皆然食後賊魁二人出向靈
原軍則昨已先送而所率亦不知其幾許軍機秘密
莫測端倪午一少倭持人頭先至以示吾等曰此誰
頭耶等皆無言留陣群倭爭會見之有老妓亦擄入
適過謂吾等曰此令監子弟頭也吾曰順初牧使金惇甲字
令公死亦先矣恨吾之不能自死而同其死也夜設
庭燎於二處一則吾等所在一則州人擄入者所在
也廣庭洞照終夜不滅直倭等列宿於樓下每二人
相遞上樓達夜張燈而坐審察吾四人眠否是則夜
夜皆然日氣漸寒懸一袂衣一單裙外無他所著裂

取帳籍冊所粧之布以紙作繩貫縫如襪樣以掩兩
脚其苦可知且黠能裂紙捆屨以著我四人亦一幸
也
二十七日晴朝賊分送擄人于靈原輸致軍糧又書
給牌子招集州民授牌子出去者拘留其妻子故莫
敢逃避勸率男女老弱而至各給章標還放愚民爭
持桃栗西瓜納之倭前甚可痛也老宗親及京士族
十餘人亦自靈原擄入於憑虛樓下連月飢餓常受
毆辱而吾等所在各異不得問名亦可憐也皮匠一
人亦擄入來見吾等曰我是奉化縣監黃是之奴其

名天祐云時或因其出入而與之相語稍可慰也夕
青驢二隻鳴于庭畔問之則乃牧使畜也其聲甚悲
似戀主也物固然矣況於人乎尤可以起感也虎皮
阿大介熊皮阿大介各一件鋪於倭魁前甚珍翫之
亦牧使所藏者也是夜夜直稍歇雖設庭燎倭不上
樓吾等相謂曰夜夜每如此則可謀出去矣
二十八日晴朝定州人五名倭二名送于京城封出
片簡不知其數又以新造二櫃封送乃牧使父子二
頭之各盛者也人各給粮申戒其甚速往還吾謂景
鎭曰守令之頭如是封上吾頭從可知也頑命亦難

自決兒輩何不速殺我也景鎭曰速死亦吾願不願
苟生也且聞賊魁報稟于京城大將曰原州牧使則
斬首以封上其餘平昌永春等倅已爲生擒其斬與
不斬當待大將分付云云食後賊魁二人出大門外
令羣倭修治道路又伐鴨脚樹作板而入之未知何
用嚴守一告歸等各泣下目送因言幸傳時不死三
字於家鄉也百姓連絡入來賊魁分給桃栗而慰之
書給章標庭中擾擾桃栗卽村民所納或倭陣所摘
者也每見出去人欝欝不自堪譬如籠中之鳥望長
天之濶而不能同飛也守直漸不如初時或緩其結

縛而間又久曠不來等相喜曰自今可以謀矣審見
四隅則西壁外連構長廊廊之甍與壁相接若穴其
壁以脫身而從廊上仍降外霤則賊不知矣僉曰諾
遂令黙潛去壁土吾四人相遞坐於窓外以瞰賊之
來否壁內之土已能無聲而去之壁外則接廊處有
大隙穴土若墜落樓下有倭劫不可放心爲之伺賊
不在而出手於棖穴取壁外之土而還入之壁內不
令一點散落於其下黙手小能出入於棖孔非黙何
能爲乎僉曰奇特奇特內外之土旣去然後仍解棖
木恐聲聞於樓下且解且止立棖橫棖則已盡去矣

而中有大椳一箇橫揷卽柞之全木而年久益堅黙
力不能折汗流如水吾三人各試一撼頓不搖動寸
刃不可得望已絕矣吾見帳籍冊所藏薄鐵手折其
半而令黙磨於沙鉢之蹄期其生刃而割斷之終日
磨之筋力徒疲遂擲棄深奧景鎭失心而卧黙思之
良久曰忽得一策吾等其生矣以火燃椳根可自燒
等皆然之適以尾片方灸火以熨病足黙常任是事
雖下樓取火賊必不疑於是黙以尾盛火而上賊果
不疑遂爇其椳椳卽燒落此時吾四人之喜如何旋
以帳冊積塞於其壁使賊不得知景鎭謂黙曰吾等

若得脫還再覩天日更見父母則皆君之力也黙曰死生有命豈容人力是夜直倭又不上樓閉牕而宿於簷下尤見其守直之怠也各自解紉待羣倭睡熟而後將出夜深移其壁穴所塞之冊各自出頭以試之則穴外又有加防木橫之此則初不料也謂必陜隘而難出却坐失心吾體最大試先出頭則腰上無碍稍自慰喜還思之曰吾等之命天其或者不絶耶但死生之際不可輕易今夜忙迫來夜可圖且坐且起猶豫未決各攢手良久視天更積帳冊於其穴各就睡困頓不知東方之旣白

二十九日晴朝後兩魁賊率軍而出不知何處往還
也又聞分送倭軍於橫城及他處焚蕩擄掠靈原輸
米亦殆無虛日午州人李德守來餽西瓜吾等分食
曰此文山在燕獄時所食千載而同也所謂德守者
李參判壂之奴而忠州品官李允成之孽從弟也厚
意可感西上房副將處有靈原擄入婦女四五人使
之針縫倭服必或不正輒加叱打不勝其苦又有一
處女年可二八盡去其所服換着以草綠新天盆且
給湯水令自沐浴擲打弱質雖懷羞愧之心而不得
俛焉誠可痛哉有一兒倭年可十五持贈筆四柄墨

一笏於鞋以致其欵盖倭將子弟云而筆墨乃靈原所掠也賊魁寢房必設高床不用温堗達夜張燈令左右侍倭遆眠着某以警外患若日寒則庭中設燎親自赤身爆之且別置沐堂逐日湯浴此則卒徒無不如是觀其將卒之間居常言笑戲謔初若無等級及其出令應行如響上下嚴肅一軍生風彥英項鎖中絶賊若見之必逢其怒大爲是懼以手撑其竹筒而支持之吾慰之曰天將解吾等其兆矣號召使李墍觀察使姜紳助防將鈌三處欲修致情悃覔紙筆於州吏之擄入者使景鎮書之景鎮以手病不能楷

寫辭之吾曰等之所在何等地也亂草足矣景鎭遂
書之州吏元店守尋常出入且於吾等有眷眷意者
竢其過去而呼之重封申戒付送曰愼勿誤傳且無
浮沉(書在書卷)夜不設庭燎初昏等就睡將以夜潑出去
也吾先寤蹴默及彦英而起景鎭則不寐各喜其庭
中無火諸倭皆寢至有鼻息者於是使黙開穴吾將
先出而忽有直倭持燈火而上等卽還臥故處倭審
視拊點吾四人微笑還下私喜其無故皆在也等各
出吾驚之寒粟遍體相謂曰今已審視必不復來可
以出矣吾慮傷足未療時或酸痛若旣出後狼狽於

中路則痿足者先走吾則死生分矣更待來夜觀之
如何僉曰諾黙曰父主勿以足傷爲慮當初足若不
傷則必以輕動而爲賊所害矣足傷之故尚今免死
賊亦不疑其遲更加觀勢乘機圖脫焉知足傷反不
爲福乎俄而彥英項鎖又絶深患之吾與景鎭曰莫
患莫患項鎖再絶豈非天誘也景鎭曰吾亦來時項
索再絶心獨自喜云云
九月初一日晴朝州内居人張同爾爲衙吏亦在擄
中以生栗數升西瓜一顆來給之張同即張寬之孼
名者也本以三陟人移居于此乃張謹之四寸云元

店守亦給西瓜二顆俱感俱感病足酸痛連日以尾
慰之村民連續入現而苦於運米及他役卒多怨讟
若出則不復還入菊瓜及新小豆菉豆督令輸入於
外處亦甚怨之店守見百姓之入來者張目叱之曰
汝等何事入來我國終爲倭國乎店守潛謂吾等曰
今日欲出不復還等曰我輩亦欲出之汝須指路店
守曰堤川之路無賊云其知之張同又來過等更問
之答曰自軍器前大路通於東北其知之俄而又過
曰大事出矣等驚問何事曰可出之路以諺文書之
將欲投傳樓上爲倭所奪生事必矣黜曰諺是我國

之文倭本不解何能知見張同曰副將處多有被擄
女子若使之見之其不知乎此則亦有疑慮而反以
慰解曰雖使其女見之亦我國人寧有是也須覓書
以示張也頷頭而去卽書諸小紙裹以桃栗使德守
過牕下而投贈之其書曰自鴨脚樹下從貳衙後出
南山之外無賊云云等見之甚喜仍請放屎於直倭
直倭遂引余而出向廊廳房之厠吾強請出放於大
門之外盖欲詳見諺書中所指之路也旣出大門故
爲久坐審其形勢且託以足病徐徐行步往還且察
壁穴外廊上簷下所從出之路三人亦相繼察視皆

如之各賀其得路也又有一吏來見憫吾羈束吾曰
汝是誰也答曰進賜四月雉岳山堂祭時吾爲都色
也所謂堂祭爲倭變祈禱之國祭而吾以獻官來矣
奉命樓下左右分作兩房而樓上則圍以防牌爲候
望之所是爲脫出之路各解繫臂之索而新遆直倭
五人持燈火於牕外迭相入見無可乘隙吾曰今夜
事不諧矣彥英曰天生吾四人何命薄至此逃出無
計被害無疑仍良久泣下吾曰汝勿怨天 國運至
此何獨吾輩當此之時非命而死者何恨與其苟生
不如速死但當不辱國可也景鎭曰尊丈之言是也

君子先生聽天而已黙終夜祝之曰天其或者欲活
我父若迅注雷雨則倭必不疑而緩囚庶有所頼天
乎天乎其雨其雨潛心黙禱
初二日晴朝羣倭修飾慿虛樓下四面作壁塗土又
移圍防牌於樓上及樓庭四方爲欄將欲堅囚之計
可見矣忽然通事倭來問黙曰近日緩汝之縛汝任
意自便汝意何測且汝於上官前少無親附之意是
何故耶黙曰病父足痛未瘳熨尻之任非我則誰出
入無常不得不爾若放歸我父使之調病則我雖留
此可以安心通事倭曰上官命堅縛汝矣遂以綿索

更加北結且繫項索于樑上吾等各望絶且賊徒所
送京城報稟之人明日當還死生之分只隔一夜況
聞憑虛樓下築籬之役已畢今將并囚吾等於其處
云然則永無逃出之理矧此籬穴必添賊怒是時心
懷罔極倭軍若有過於牕下或急步而來者則疑必
移囚將恐將懼日已夕矣而猶未移焉亦慮當昏必
移之直倭已交遞而無一言然後始各定心焉直倭
二人又持燈火而上置諸樑上仍坐兩房鋪帳籍而
臥之其意欲窺其處等各憫之夜二更大雨無端急
注雷霆震疊天地晦塞不辨咫尺小頃二倭周視良

久詰語後持燈還下一倭宿廳外積穀上他直倭亦
列宿於簷下燎火雖明一不上見是必以雷雨之故
不疑吾等之逃出也景鎮曰今此之雨豈非昨夜令
胤祝天之所感也至誠動天果非虛語等私喜潛相
語之曰今夜天意可知不出何俟各自解結而三人
還以吾之足病體大未能容易出穴下屋爲憂吾曰
今雨如此天之欲活我等明矣足雖未差若無事得
出於大門之外則何患之有遂持項索先出而立于
廊上則久繫之餘得脫壁外雖立萬尾之上如履平
地意謂賊或知之可自此墜落以決先生況大雨方

注賊何知乎於是繫索于壁隅加防木而垂之又撤
移簷尾數張使之便於下屋遂執其索緣樓柱而縋
之簷端土塊雖或落之雨聲中無能知者走出於中
門外病足稍似輕矣潛依東壁而立審視之則無直
宿者黙隨至喜其無事下屋攜出于大門外此時父
子之情尤不可形言大門直倭獨有一人而睡熟不
知焉直出於鴨脚樹下從張同謗示也景鎮次至亦
幸其相遇而彥英則時未及出欲待之而恐其追捕
三人同走將欲登南山而尋路逢去縣日南山最近
賊藪草樹且茂路非曾識必見顚沛且賊應以爲病

足不能遠致先搜近山其見執定矣莫如從店守之
言宜向大路末明之前遠脫山外之爲愈也吾與景
鎭皆然之遂向司倉之路吾謂景鎭曰我足痛不能
行何能免於追捕之所殺也君有老親不可同我死
生君其先走乎景鎭固辭而終不得辭疾足如飛風
馬牛不相及矣彦英未及出來而吾父子難於留待
大有所失於心矣吾自出門後傷足益痛不能行步
自分顚斃中路而然能從傍扶持或顚或步過得司
倉則大路中多積木而焚之火焰極盛雖雨注而洞
照也此乃伏兵處而賊皆避雨入家也然折取路傍

籬木使我杖之大有所賴行到小橋頹破處不分水與路沒脛於泥渠中再顚而未起黙執吾手而僅僅扶出之足指足掌漸覺痛猛泥路多石時或觸之便即氣絶黙扶引而行恐有後追十步九顧衣濕體重不便於行步即脫一衣與襦裙令黙負之布裙則破甚故棄之路中有一物橫立者夜黑不知其何物却立審視乃馬也脫勒獨立黙喜其可騎以帶繫項而牽之則足蹇也棄而去之後有來人泥路中跫音雜沓吾與黙伏於路邊則其人微呼我名而過吾不能分明聽之故未即應之必是彥英也而渠亦慮吾等

爲他人相爲致疑不果攀援而或先或後要加詳察
焉行未幾又有人跡聲疑有追潛伏路下則又微呼
黙名黙卽應之乃彦英也三人各喜其得逢未暇成
說而促行且行且語曰今夜之事眞天耳倭亦其如
吾等何吾謂彦英曰緣何汝來之遲遲也彦英曰出
卽上南山尋之未遇故還由此路耳自南山俯望則
吾等逃出後眞倭等卽知之擧火遍搜於州內近處
今將追逐之遠及野濶山遠避隱實難行之不可不
速也有五人入向州內者初疑倭賊而審聞其語則
乃我國人之潛入賊中者也黙追問此何里也答曰

毋卯也吾謂彦英曰旣過賊藪何辜何辜彦英曰勿
以旣過賊藪而徐行毋卯去州僅五里前途尚遠夜
已向曙賊必追及矣強勸牽推不許小休足痛漸劇
難堪三步二顚勢無奈何然則前曳之彦英後推之
或挾持吾左右手而行之寸寸難進憫苦之極寧欲
卽死艱到門月論里有臭氣襲鼻此必前日來時所
見之屍也未至可里古介有數人奔自州內等疑必
倭賊追來分伏於路左審之則非倭也然追問曰何
急走其人亦疑我而愈懼但以手揮之而不答然必
欲知其所由趁挽其衣而強問之答曰我等宿于此

院倭賊來圍之僅以身免云云回望州內大雨中火
光漸近等大驚曰必追吾徒也病足顚倒不前半生
半死恐被其執遂避入路中右邊林澗中飮水數掬
仍失足而仆鼻額觸石碎傷未省人事䵝與彥英扶
而起之良久回生血流如瀉曙色已分矣
初三日雨猶不止攀磴而上山彥英前導䵝推後三
四步一憇或五六步一憇才上山腰日已晩衾草菜
欝茂三人連行犬有人蹤慮賊跟尋每數步輒却立
以手整頓委靡之草俾滅行跡因自山腰轉過三崖
而即上最高巓即如攢山也巖巒險阻林木深密眞

避亂地而大路切近不可延留谷中有人馬聲乃避
亂人所藏處也欲使彥英往而丐食則以勞苦辭之
雨脚如麻足痛猶劇仍爲止宿之計欲審其追賊所
向依巖嵒坐黙出剪帒糕大各嚼一㮕又啖生栗數
箇太則在寧越時嚴守一所與栗則州吏元店守張
同李德守等所與也囊帒之藏初皆有意今此療飢
良幸良幸昨夕彥英褁朝夕之飯下屋時使黙先持
以出黙難其持出門棄之彥英到此飢甚終日相詰
可笑午雨始止重覩日光等各百拜以謝天喉渴太
甚而山高無泉彥英先折𣃁葰藍葉而咀嚼咽中稍

潤仍以勸吾等等亦嚼之俯聽大路中倭徒二百餘
人騎馬急馳踰可里吾介必是追捕吾等各自失色
大懼使𪏭脫所負衣二件置於巖上登彼越峯省望
賊勢則旣登越峯又有外峯疊遮山上適値斥候之
人問之則賊向堤川云𪏭未及回來之際忽有一人
兀立於前山脫冠短衣遠望之眞若倭形彦英先見
而惑之吾亦疑焉又有數人來自巖後謂必賊徒左
右搜捕不暇待𪏭之還又未及取其所置二衣彦英
則潛投谷中已不知所在吾以謂賊旣猝至勢難叟
逃寧爲自決不可殞命於賊手遂自墜於巖崖之下

巖高可八九丈勢不斗起漸然而成故背石而落之
身雖傷破不至殞命掛在巖隙間其下最是絶險若
一動身則又將千仞死生只在一動之間忽聞巖上
有黙呼彦英之聲始知山上之人非倭賊也以手攀
巖上叢篠以足踐巖畔石縫出聲呼黙曰我墜在巖
石間難上難下奈何黙呼泣奔遑無以爲計以齒牙
囓斷獼猴葛枝之長者繫其端於巖上樹而倒垂之
吾得以扶執僅僅縋上父子更得相全攜手痛哭自
不知聲之遠徹也彦英落在葱欝之中亦艱難攀躋
上來且喜且悲心神莫定黙之脫置二衣則巖後之

人持去因忽不見所謂前山之人乃黠之越峯所遇之者巖後之人亦斥候者也彥英曰失二衣可惜吾曰細物何足關念餒甚欲摘山果以充腸而蔓藪徒茂無一結實松葉亦可資活而老幹參天枝踈葉踈黠艱得緣登採之亦不盈掬也和烏太而并嚙之猶可以療飢日落三人依於巖下有楓樹枝葉甚厚折而藉之仍各交股相枕而就睡山極峻險鳥跡亦絕虎狼無足畏焉夜乍雨旋霽此山雖險絕距州未遠且近大路賊若掩搜無所逃矣須速力疾促行轉向他山

初四日晴朝踰山脊逢壯者二人少者二人問之則
一人本州吹手不言其名一人姜判書奴而避亂來
此云吹手辭色藹藹謂吾等必是殊常人顯示欲害
之意吾等大畏和聲詒之曰我皆京中士族以牧使
之親友同入靈原見敗傷劍半死今始到此云則吹
手曾有怨於牧使者怒益勃然姜奴力止而僅免吾
在賊中因元居守聞姜紳新除本道監司之言姜奴
亦由我始知之頗以爲喜謂我前路甚詳亦一助也
所謂姜紳判書之子也少者一人佩小瓢借之卽許
得此一器亦一幸也跋涉險艱病足甚痛兩脚亦疼

千辛萬苦始下谷有粟田三人各挼數穗而嚼之田
邊有小坎涸掘之得泥水亦飮一瓢稍療飢腸終日
行未過一崖彦英曰今旣脫身可以速去而如是遲
遲於近地不亦可危乎吾曰我亦非不欲速去也速
還于官具由報使當憙也速還于家慰悅老親當憙
矣速還于鄕拜謁先廟當憙矣妻子相見當憙矣親
舊相慰當憙矣至於奴僕田里山川草木之情何莫
非爾謝之當憙而一足如此奈何奈何夕漸漸下山
山下草屋數三乃如攢里也欲投宿之而畏或遇賊
未果望見越邊林谷中火光明滅又有語聲知必避

亂人所寓而足痛難運止宿松下夜半驟雨衣濕寒
重口渴無水以瓢承雨而飮之又見落葉上有雨露
餘瀝拾取葉葉而傾瀉於瓢中亦可沃喉
初五日晴早朝下山始得澗流瓢以飮之彦英先導
得澗邊小逕披草莾透深林而上卽昨昏所見有火
光處也果有避亂人結數幕以居初見之相顧驚訝
氣色不好呼而不出言而不答似疑吾等荒唐人也
或彎弓而相視曰吾等避倭賊擇此窮深而隱之汝
等何爲者敢此尋到耶吾從容語之曰汝等莫疑等
亦避亂人也二日登山飢火太甚敢尋炯火來矣其

人等始許接談問我根因吾曰汝等視我容貌固非
盜賊仍以吐實則幕中諸人無不驚歎分其朝食而
饋之或飯或粥吾曰累日空腸得此穀味無乃僭乎
遂食其粥而畏其飯仍問姓名則新林驛子李忻孫
朴伐去之李一山也又有金注叱同朴今孫稱名者
從山上而來見我無冠脫與蔽陽子且貸米升於主
幕並給之彥英無鞋脫藁鞋與之今孫亦脫蔽陽子
與縣忻孫亦給米升吾曰萬死中幸逢汝等始得生
道豈非天乎若或吾命未絕當以厚報汝其人等曰
哀進賜耳豈望報乎賊徒分捕堤川酒泉等路吾等

莫知所向細問間道行過暮後逢一年少人腰間帶
飯彥英借持之問其名則驛子福只云南踰一峴抵
求利坡里則有草家四五門外歧中有三四人坐語
亦疑吾等殊常人吾與黙則着冠而彥英露髮尤疑
焉彥英曰莫疑京城人隨避亂兩班來此耳主人老
叟則別無答問卽揮門外三四人各令撤去吾等坐
路下黙見青菜滿畝[illegible]借其根以饋病父云則叟展
席延之曰行色太困請坐此少休吾曰奔竄中何用
席焉仍坐揃足而呻痛之主叟憐之呼其嫗促炊而
饋之牛羮羊炙亦俱男女並十餘人各有懸懃之意

皆是主叟子女與壻也主叟名林元以步兵老除年
六十五其子守元守丁銀希五十同也其壻張五十
金也吾感主叟之意俱陳終始以實則主叟及其下
尤致誠款謂余曰曾聞平昌倅率子弟與中房逃脫
吾意此路幽邃必或由歷也今見形貌不問可知仍
慮其人煩言播故門外諸人皆已送歸矣賊徒追捕
道路梗塞愼勿輕動此處窮僻幸留數日觀勢發徃
何如吾等稱謝曰非但路梗足痛如此行步誠難而
主人待吾等過望久留未安且念村民出入賊中者
比比若或媚賊潛通則此處閭閻亦緣我等並受其

禍矣主叟曰此無附賊之人且他里隔遠萬無是理
勿疑勿疑主叟以下強留之夕饋如朝寢余溫堗解
衣而臥使黠撫脚如在一室焉
初六日晴早朝欲登山以向堤川之境主叟又勸留
而止主人四子一壻以收取靈原秉穀事蓐食而往
空谷無人且近新林賊路不遠坐此似危三人登伏
於家前山麓午後主叟呼吾等曰日已夕矣可下來
饑而又呼之下來則已作粥待之曰必腹空敢進吾
曰違命亦是何點心之爲夕又作新粟飯以饋吾過
食而飽主叟性本勤厚長者敎子女亦必以善事愛

初聞京中士族避亂盈路跋涉困苦之狀心甚憐憫
委自出散於大路傍或作飯以饋飢者或織屨以着
跣者云盖其爲人以好施爲事者也五十同摘山果
薾葔分饋吾等可感
初七日晴夕張五十金邀吾三人于其家作飯饋之
肉羹亦具厚意可見牛肉則主叟之子女爲主叟委
屠以餉者也吾曰此地最近賊路歸心且促令欲乘
夜以發而足痛難步悶極悶極主叟巳與其子等相
議護送之計適新林驛子朴連持馬來在其隣主叟
力勸秉吾朴連欲取穀於靈原辭之吾曰汝若騎我

亦豈空乎於是朴連許之主叟手造三鞋分與吾等
且炊飯褁給守元亦許率行與朴連皆褁飯主叟相
送有同舊厚焉留贈主嫗襦長衣一襲乃景鎭在賊
時所搜德非而彦英著來者也黃昏踰紅峴過新林
入石南夜已黑矣至杻峴遇人持牛馬五六馱問之
乃偷穀事潛往靈原者也至溪餘里聞犬吠聲知閭
閻避亂還入也歷松峴守元與朴連思睡欲投新與
暫歇從其言朴連叩其所知家不答又叩一家有僧
先出主人隨之秉火以迎入余房中知吾等飢困作
粥饋之僧名西珍主人則金彦也僧居李鄒守大喪

齋舍而於景鎭亦有素聞景鎭被擄還出之由驚歎不已夜已半矣吾則催發西珍請從而措路其意可感由間道到中方里安百齡家西珍所知也迎入虛廳作粥饋之寒甚借主人厚衣覆之假寐天未明酒泉校生李夢吉聞奇來見渠亦被擄遠脫者相慰甚勤

初八日未明踰葛峴抵峴下李千福家亦作飯饋之縣居元生潑仍安百齡聞余飢寒送鴉靑破道袍及米數升脯五條百齡追贈于千福家元也於吾無素分而厚惠至此極感極感千福亦呈蒜二束過於于

論里將向入呑有男女四五人呼而言曰倭自太和當入平昌云愼勿去此則知吾爲平倅故言之也仍入其家家主乃酒泉前戶長尹希京云曰已亭午吾使西珍先往聞見於平昌珍也卽往吾等仍宿其家出元生所送米而飧之守元朴連則里人分饋焉夜雨

初九日晴食後踰沙五叱峴峴上逢假吏孫壽千官奴萬千鶴只乃西珍率來以迎也下馬而坐良久泣下西珍辭去座首羅壽千別監羅士彥亦來迓入入呑金莫石家孫壽千呈其畏飯莫石亦作粟飯分饋

座首以下諸人盤中有江魚別監李敬祖所送也莫大持納糖酒卽莫石之弟也皆南從年妻巫女亦呈糖酒及餅果夜衙吏李眉壽李信假吏李鵬李得春官奴鄭山使令仝千來謁慰送鶴只于榮川以告脫還之奇

初十日晴曉莫石作麪以呈踰沙峴過弱水越朝坡已平明矣李汝霖家在道邊出拜馬首遂至朴玉孫家訓導李商霖持酒來慰金成慶羅士彦李敬祖李時霖智大成大明亦來大成持曆書及兵符以納乃窩中所失也各良久痛哭而止仍李時霖聞點兒來

窖越亦爲之泣下盖聞我脫出而來壽也前者杜林
主安家門外坐語人等適過永春能傳吾等逃脫之
由云羅士彦及李鵬以持印信事往旌善當初印信
藏於窖壁之孔不爲見失鄕所納置於兼官今吾脫
來後兼官送還也林守元朴連辭歸守元布一匹朴
連布一匹半艱覓給之朴連有不滿色日暮仍宿校
宮座首亦同宿因原州避亂人聞之則吾等逃脫之
後倭魁卽斬當日守直倭數人後使其餘數百餘人
分摘遠近若不得捕將置死律故追捕之賊不意來
襲於堤川景鎭適在鄕校僅以幸免賊徒仍向忠州

了路而負罪之軍更難還陣且不得投附他陣別作
一聚力殘勢窮盡被捕殲云蓋吾等之被擄旣聞於
京城大將自以爲大奇貨則空乎賊魁之生怒於直
倭也賊魁亦豈免重責於大將乎校官座首皆曰守
直之倭皆是精勇炮手也今此自殲多至三百實乃
城主使之也康女死節之由郡守被擄之事智士涵
禹應縉李仁恕等戰亡之狀及斬馘之事道伯皆已
啓達于　行在所云
十一日晴促食朝飯後發至其于論金石陳家午點
金方福呈牛肉申末叱丁呈生栗金玉京呈蒜七束

家奴石文元丁林孫介石來自榮川相與痛哭先問
老親安否本家及耳廳道只村之奇良久泣下又聞
賊犯沙文丹一家上下奔竄卜馱雜物盡數被奪雖
蒙天地鬼神之德幸而不死其能終免於畢家飢凍
乎入送林孫介石于井洞見韋女埋置處要使堅厚
加土慮其當初賊藪中草草掩土也官人無一顧見
吾生還後問骸骨所在皆以不知答之死節之人終
必不爲泯沒而頑吏輩謂吾已死視衙屬之恝冥不
如路人之冤可痛如何擄在寧越時修付家書一封
於吏房李順希使之卽傳而亦不送之擄去所當定

送官人聞見吾先生於所經處而無意於此又當專
人奔告于本家而邈然不以爲念使本家轉轉得聞
於最久之後待吾如此況念亡妻之骸骨乎聞默與
景星尋吾向求春爲之泣下仍以輕入賊路爲慮午
後踰忝足峴抵北洞嚴謹臣家宿焉
十二日晴羅士彦及李鵬自旌善持印信來旌倅鄭
思伋慰簡亦來彦英曰小人身甚困疲姑留德川主
人家休調旬朔徐向榮川爲願云吾許之覓給留粮
早食後踰火乞峴過石乙項午點于寧越上東面李
香家歷曾谷直谷由十乙古介至瀰沙里宿金世厚

家山谷險阻人烟迥絶可爲避亂之地也
十三日晴促朝飯到馬孩川遇老僧信寬請路傍家
作飯以饋越馬兒峴峴上逢金德鸞欲下馬金也扶
而強止之相與且泣且語入愚叟洞柳叔致雲家得
見同腹相持痛哭俄而景星與黙兒又自求春而至
盒尋我而相違也亦相持痛哭權慄仁閔肇叔朴景
承各持酒來慰夕飯後搜騎柳汝新馬初皆不到廣
峴下馬松亭拜先祖墓良久痛哭助卧洞路上權景
涉李汝翁黙侄黙兒及奴輩來迓下馬扶哭至陵洞
墓前亦下馬拜哭良久奴妻春英與其母及其祖母

痛哭於李玉介家前路下曰吾子何獨不來耶吾無
以爲答只揮淚而已所謂其子即奴希守也被擄相
失後不知存沒至圓塘夜已深矣老親出柴門外執
吾手而泣吾恐老親過傷吞聲不敢但拭淚溫慰妻
子婢僕之相泣者亦皆禁之
壬辰八月初七日入窟中十一日被擄拘平昌五箇
日十六日移陣寧越拘七箇日二十三日堤川歷宿
二十四日移陣原州拘七箇日九月初二日逃脫登
山經四日夜初五日到求利坡林元家留三箇日初
十日還平昌十三日到榮川本家凡在賊中二十日

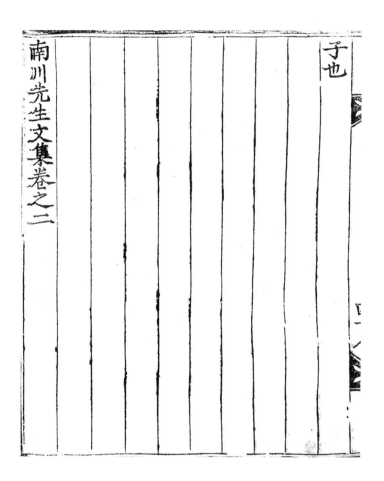

子也

南川先生文集卷之二

남천 권두문 호구일록

南川 權斗文 虎口日錄

영인 자료

고려대학교 중앙도서관 소장본

(청구기호: 대학원 D1-A2213-1-2)

여기서부터 영인본을 인쇄한 부분입니다. 이 부분부터 보시기 바랍니다.

역주자 신해진(申海鎭)

경북 의성 출생
고려대학교 국어국문학과 및 동대학원 석·박사과정 졸업(문학박사)
전남대학교 제23회 용봉학술상(2019) ; 제25회·제26회 용봉학술특별상(2021·2022)
현재 전남대학교 인문대학 국어국문학과 교수

저역서 『구포 나만갑 병자록』(2023),『팔곡 구사맹 난후조망록』(2023)
『이탁영 정만록의 임진변생후일록』(2023), 용주 조경 호란일기』(2023)
『암곡 도세순 용사일기』(2023), 『설하거사 남기재 병자사략』(2023)
『사류재 이정암 서정일록』(2023), 『농포 정문부 진사장계』(2022)
『약포 정탁 피난행록(상·하)』(2022), 『중호 윤탁연 북관일기(상·하)』(2022)
『취사 이여빈 용사록』(2022), 『양건당 황대중 임진창의격왜일기』(2022)
『농아당 박홍장 병신동사록』(2022), 『청허재 손엽 용사일기』(2022)
『추포 황신 일본왕환일기』(2022), 『청강 조수성 병자거의일기』(2021)
『만휴 황귀성 난중기사』(2021), 『월파 류팽로 임진창의일기』(2021)
『검간 임진일기』(2021), 『검간 임진일기 자료집성』(2021),
『가휴 진사일기』(2021), 『성재 용사실기』(2021), 『지헌 임진일록』(2021),
『양대박 창의 종군일기』(2021), 『선양정 진사일기』(2020), 『북천일록』(2020)
『괘일록』(2020), 『토역일기』(2020), 『후금 요양성 정탐서』(2020)
『북행일기』(2020), 『심행일기』(2020), 『요해단충록 (1)~(8)』(2019, 2020)
『무요부초건주이추왕고소략』(2018), 『건주기정도기』(2017)
이외 다수의 저역서와 논문

남천 권두문 호구일록
南川 權斗文 虎口日錄

2023년 12월 28일 초판 1쇄 펴냄

원저자 권두문
역주자 신해진
펴낸이 김흥국
펴낸곳 도서출판 보고사

책임편집 이경민
표지디자인 김규범

등록 1990년 12월 13일 제6-0429호
주소 경기도 파주시 회동길 337-15 보고사
전화 031-955-9797(대표)
팩스 02-922-6990
메일 bogosabooks@naver.com
http://www.bogosabooks.co.kr

ISBN 979-11-6587-658-6 93910

정가 23,000원